公证

四十不惑

公证四十不惑

北京市长安公证处 编

法律出版社 LAW PRESS · CHINA

2001年9月27日，司法部在京召开全国公证工作改革座谈会

时任司法部部长张福森，副部长刘飏、段正坤出席全国公证工作改革座谈会

2002年7月12日，司法部召开全国公证工作改革与发展经验交流电视电话会议

2007年1月11日，司法部召开全国公证工作座谈会

2002年5月20日，中国公证协会第四次代表大会在京召开

2001年12月8日，公证体制改革与完善理论研讨会在京召开

时任司法部律师公证工作指导司副司长邓甲明（右二），中国公证协会会长孙鸿祥（右三）、副会长管根茹（右四）、黄群（上海市公证处主任，右一）出席中国公证协会第三届常务理事会会议

2016年3月28日，中国公证协会与德国联邦公证人协会专业研讨会在京召开

1993年2月，国家公证处成立，
后更名为长安公证处

长安公证处由司法部直属机构划归北京市司法局交接仪式

司法部副部长熊选国（左一）为长安公证处荣获全国公证机构服务知识产权示范机构授牌

长安公证处与北京市朝阳区人民法院签订司法辅助合作框架协议

长安公证处为央企审计项目招标办理公证

长安公证处为北京市政府采购提供公证服务

长安公证处公证员进行体彩摇奖公证

长安公证处在商业街区为民众提供公证法律咨询

2015年9月，长安公证处举办"《公证法》十周年回顾与展望"主题学术论坛。全国人大法工委、最高人民法院、司法部、中国公证协会、北京市司法局有关领导和国内众多知名法学专家作为嘉宾参加会议，与全国各地参会的公证界代表进行了深入交流与探讨。

举办“长安公证论坛”

设立“长安公证奖学金”

中外公证工作交流

德国公证人访问长安公证处

《公证，四十不惑》
编 委 员

我们拿什么奉献给未来（代序）

周志扬*

2019 年是中国改革开放四十周年，也是中国公证制度恢复重建四十周年。

四十周年是个比较大的历史节点，对过去四十年走过的道路做些回顾，对过往的得与失、经验与教训做些总结归纳，应该算是一件正事。于是，从去年开始，北京市长安公证处专门成立了一个编辑组，邀约一批执业超过三十年的老公证员（有的已经退休）、司法部、中国公证协会和省市司法厅局从事过公证工作管理的老领导，请他们把过去几十年间最难忘的、特别是在中国公证历史重要节点上的几件事和一些所思所悟写下来，出一本集子，作为对公证制度恢复重建四十周年的纪念，也为中国公证未来的改革发展提供若干历史坐标。衷心感谢这些可敬的老领导、老同事，没有他们的积极响应和大力支持，便没有这本书的面世。

中国公证是改革开放的参与者、受益者。四十年前，对中国前途命运影响至深甚至改变了世界经济、政治、安全格局的改革开放大幕开启，与此同步，被废止多年的公证制度也得以恢复重建。四十年后，中国经济从濒临崩溃到成为世界第二大经济体，社会主义市场经济体制确立并向纵深发展，法律体

* 中国公证协会副会长、北京市公证协会会长、北京市长安公证处主任。

系、市场体系中的相当部分已经与国际接轨，中国的面貌焕然一新。中国公证在恢复重建四十年间成就斐然，无论是制度建设、规范规制还是公证法律服务的数量、质量，都呈现了巨大的飞跃，与制度重建之初相比不可同日而语。截至 2019 年底，全国共有 2900 余家公证机构、1. 3 万余名执业公证员、3. 5 万余名公证从业人员，年业务量达 1370 余万件，业务收入逾 70 亿元。

经过四十年的艰辛探索、改革与实践，我国的公证工作实现了三大转变，即由单纯办理涉外公证向涉外、国内公证并举方向的转变；由以民事公证为主向以经济公证为主的转变；由简单的证明向为社会提供多样化法律服务的转变。公证机构的体制机制也经历了由单一公务员体制到全部脱离政府机关，改为事业单位、合作制及其他组织形态共存的发展阶段。

作为国家法律制度的组成部分，公证着力服务政府中心工作和法治建设、民生保障、社会公益事业。近年来，公证又被纳入国家知识产权战略，积极参与人民法院司法辅助事务。公证制度弥补了信用不足，节约了司法资源，为国家降低治理成本、提高治理绩效发挥了重要作用。可以说公证已经渗透到国家建设、社会治理、百姓生活的方方面面。

今天的中国公证是几代公证人耕耘的成果。成绩和进步，当然首先归功于中国改革开放为公证颁发了“准生证”，之后的功劳，就要归功于四十年来在公证行业默默耕耘的公证人——包括 3 万余名公证一线从业人员，以及政府主管机关专事公证政策制定和行业管理的公务人员。其中，一些人经历过公证恢复重建之初的艰难岁月，在制度建设、政策制定和业务发展中发挥过重要作用的老领导、老同事，更应该得到格外的尊重。管振茹、岳军、赵宵洛、何敏、江晓亮是公证制度恢复重建之后，先后在司法部从事公证管理工作的老领导，他们从不同角度记述了当时当刻公证顶层设计、公证管理工作的背景和思路，一些重要政策的决策过程，读来令人感慨不已；刘向东、徐研、赵林、王红英等同志在省市司法厅局多年从事公证管理工作，他们从不同角度记述了所在省市的公证工作和自身公证工作经历，彼时彼境的一幅幅画面在他们的笔下生动再现；邓忠伟、贺晓山、刘疆、段伟、冷春、苏国强等在公证行业声名远播，是公证实务的一线领军人物，公证行业几十年的云卷云舒、潮涨潮落,在他们的笔下宛若幻灯片一般闪烁明灭,曾经的喜悦和荣光、曾经的苦痛与挣扎,恍如昨日。特别令人惊喜的是,作者们提供的大量老照片,重现了当年公证重要会议和公证工作场景,让我们一睹老一辈公证人昂扬奋发的风采。

就在我们整理书稿的过程中,本书的一位热心供稿者管振茹老司长离我们而去,我们为公证行业痛失一位可亲可敬的师长而惋惜,又为多抢救下一份珍贵的历史资料而庆幸。

中国公证的未来仍然寄望于改革。公证行业四十年的成就有目共睹,但在体制机制上一些不适应新时代发展要求、不符合人民群众需求、不利于公证行业良性发展的老问题依然有待进一步改革,这也是无可回避的客观事实。2017 年,全国公证工作会议召开,国家四部委联合发文推进公证体制改革和机制创新。司法部部署,全国积极响应,但改革推进仍嫌迟滞。总有一种阻力,无影无形又无所不在,每到车子要加速之际,阻力就自动启动,任你油门轰得山响,车子就是难以启动。

子曰"四十而不惑"。人到四十,春秋鼎盛,有了比较丰富的人生阅历和经验,该明白的基本上都明白了,人谓"成熟"。作为一项法律制度,运行了四十年,改革了四十年,发展了四十年,发生过问题,遇到过困难,走过弯路,都很正常。但这一制度应该是什么样的,现实中存在的主要问题有哪些,改革究竟应该怎么搞,应该说,公证行业的从业者、管理者和立法机关、司法部门早已形成共识,即便有一些不同声音,也并不影响绝大多数人达成的默契。搞了四十年如果还说不知道中国公证应该是什么样子的,不清楚阻碍公证行业发展的主要问题是什么,不明白什么样的改革有利于公证事业发展,那这种制度、这个行业还有未来吗? 四十岁的中国公证,惑乎哉? 不惑也。

公证的历史要由一代代公证人不断书写。在向行业老领导、老公证员发出约稿函的同时,我们也向当前奋斗在公证机构管理和业务一线的骨干公证人发出倡议,建议大家将公证工作的思考和实践的优秀成果作出阶段性总结;我们倡议长安公证处的年轻人梳理自己的工作,展望公证的未来。这本书就是由这些内容汇集而来。我们从未奢望通过这本书去呈现公证制度恢复重建以来的全景画面，如果能够通过几幅特写、几个片段管窥公证改革与发展的进程，就算是我们为公证制度恢复四十周年表达了一份纪念之情。

公证的职能属性要求公证人必须承载一部分社会公共职能。“不惑”之后，我们拿什么奉献给未来？希望公证行业内外能够增强对公证制度价值的认识，希望广大公证从业者明确使命、自觉担当，依托法律赋予的职能和效力，在参与国家治理、社会公共服务过程中发挥更加积极的作用，把公证行业融入社会治理现代化的进程中，成为社会治理体系中一个积极作为的治理主体。

目　录

CONTENT

公证制度复建发展壮大往事回顾

管振茹*

一、公证司工作回溯

我于1988年11月由司法部“中国法律事务中心”调到司法部公证管理司(以下简称公证司)。

公证制度我虽然有一定的了解,但公证管理工作从未接触过。

时任司法部公证管理司司长朱乐群自司法部复建不久就在公证律师司工作,非常熟悉工作情况;新来的徐健副司长是民商法教授,从西北政法学院副院长任上调来,公证业务指导和管理工作能很快进入角色;只有我需要尽快熟悉公证业务和管理特点。所以,我抓紧时间学习公证法律制度,尽快了解公证管理要点;同时,依靠群众,多与分管处室的同事们交流,多听取他们的意见,在边学习、边交流、边调研中,努力做好本职工作。

我在黑龙江省嫩江地区中级人民法院工作时,知道齐齐哈尔市有公证处,隶属市法院领导。1988年7月,齐齐哈尔市中级人民法院编写了《齐齐哈尔法院志》,我从该书中详细了解到齐市公证处的设立、发展、变化的过程,结合我对我国

* 司法部原公证管理司副司长、中国公证协会副会长。

公证制度，以及其他省市公证处、公证工作发展变化的了解和对比，发现齐齐哈尔市的情况（包括新中国成立前其他解放区的情况），还具有相当的代表性。

东北光复后（1946 年 4 月），齐齐哈尔市法院第一任院长王敏求率人接管齐市伪高等法院、齐市地方法院，组建了齐齐哈尔市地方法院；1947 年 6 月，成立嫩江省人民法院（两院合署办公）；1948 年 12 月末，嫩江省人民法院改称黑龙江省人民法院。1949 年初至 1949 年 10 月，法院内部设立刑事审判庭、民事审判庭、总务科、书记室；1954 年我国颁布《人民法院组织法》后，根据法律规定和工作需要，又增设了司法行政科、执行室和经济建设保卫庭；1955 年成立了公证处和法律顾问处；1956 年 8 月改为中级人民法院后，公证处分设为第一、第二两个公证处，法律顾问处也分设为第一、第二法律顾问处，同时管辖 7 个区人民法院。

就在公证法律制度建立和逐渐发展时期，1957 年至 1959 年，受“左”的路线干扰，法院系统在机构建设方面受到很大冲击：此间法律顾问处、公证处名存实亡，外面虽仍挂着牌子，而内部却无人办公；法院内部只设一人从事接待、公证和法律顾问三项工作。1959 年 3 月，地、市分设，齐齐哈尔市中级人民法院又改为初级（基层）人民法院，隶属嫩江地区中级人民法院管辖。1960 年 4 月，地、市合并，齐齐哈尔市初级（基层）人民法院又变为中级人民法院建制，称为黑龙江省齐齐哈尔市中级人民法院。在此期间，公证处、法律顾问处被撤销；除管辖 10 个法庭（实际起基层法院的作用）外，还要管辖原嫩江中级人民法院所辖的 12 个县法院。1961 年 9 月，地、市又分设，设置齐齐哈尔市中级人民法院和嫩江地区中级人民法院，其上级法院为黑龙江省高级人民法院。

1966 年 5 月，“文革”开始后，公检法被“砸烂”，实行军管；审判工作被“革委会”的“审判组”接管；公、检、法干部除审判工作需要留用极少部分人员外，于 1969 年均下放农村劳动；直至 1973 年 10 月法院恢复重建，1975 年重建公证处，1976 年重建法律顾问处。

1979 年 8 月，司法部开始恢复重建，公证处、法律顾问处划归司法行政部门管理，司法部设置了公证律师管理司。之后，各省、直辖市、自治区成立了司法厅(局),也相应设置了公证律师管理处,各地、市司法局也设立了公证律师管理科等。

1980 年 2 月 15 日,司法部刚刚重建,便颁发了《关于公证处的设置和管理体制问题的通知》,对作为国家公证机关(2005 年 8 月 28 日,第十届全国人大常务委员会第十七次会议通过的《公证法》改称为"公证机构")的公证处的恢复设置和管理体制,作出明确规定和要求。公律司在德高望重、新中国成立初期就曾任律师、公证界领导,司法部重建后任公律司司长王汝琪(女)老前辈的领导下,在司内公证业务处熟悉公证业务的资深领导卓萍和陈六书等几位老同志带领下,与全司同志一起,经过调研,并依据 1982 年 4 月 13 日国务院发布的《中华人民共和国公证暂行条例》规定,指导各直辖市、市、县、市辖区设置了公证处。司法行政部门对公证机构进行监督、指导。

20 世纪 80 年代,为适应改革开放后社会主义市场经济发展的需要,经司法部研究同意,批准广东、海南、四川、福建、西藏、江苏、黑龙江等设立了省、自治区公证处,并根据需要批准解放军总政治部司法局在酒泉基地设立公证处。司法部在 1993 年设立了国家公证处,公证司经济公证指导处原处长王福家调离公证司,任国家公证处主任。国家公证处直属司法部部机关领导和管理,经费实行自收自支。后来,国家公证处更名为长安公证处。根据《公证法》"不按行政区划层层设立"的原则,长安公证处划归所在地北京市司法局领导和管理。

公证处的经费管理在初建时期,采用国家全额拨款、差额补助的办法,收支由司法行政机关管理。随着公证体制改革的深入、公证业务的拓展和业务量的增多,部分规模较大、经济效益好的公证处,逐步实行自收自支的管理办法,司法行政机关对其实行财务监督。公证处设公证员、助理公证员;根据需要,公证处可以设主任、副主任。公证员必须是符合《公证法》规定的条件、并在公证处从事公证业务的执业人员。公证处负责人必须从有 3 年以上执业经历的公证人员中推选产生,并由所在地司法行政部门核准,报省、市、自治区人民政府司法行政部门备案。

公证制度是我国法律制度中的重要组成部分,它是为维护社会主义法制、预防纠纷、减少诉讼的一项重要的预防性的法律制度。公证是公证机构根据自然人、法人或者其他组织的申请，依据法定程序对民事法律行为、有法律意义的事实和文书的真实性、合法性予以证明的活动。司法行政部门的职责就是依照《公证法》的规定，对公证机构、公证员进行监督、指导。公证制度在建设法治中国、全面建成小康社会中具有重要作用。

经公证的民事法律行为、有法律意义的事实和文书，应当作为认定事实的根据（但有相反证据足以推翻该项公证的除外）。所以，公证书在认定事实中的法律效力最高。同时，这要求公证机构办理公证，要坚持依法、客观、公正的原则。提高公证队伍的专业素养，对保证公证质量、提高公证的公信力非常重要。作为公证机构的管理部门即司法行政机关，从司法部重建伊始，就把公证队伍的培训、提高公证员的业务素质作为工作重点，组织了各种类型的培训班、开展学术研讨、工作业务交流等活动。

1985 年，中央和国务院作出决定，实行专业技术职务聘任制，这是对专业技术人员管理工作的一项重大改革。目的是改变以往单一的职称评定制度，把职务和称号分开，实行职务聘任制。这一改革也是工资制度改革的重要组成部分。在司法部原公律司的领导、司内负责组织管理的领导及部人事司的指导支持下，1988 年经中央职称改革工作领导小组批准，颁发了《公证员职务试行条例》。1993 年 8 月，司法部成立了公证员职务评审委员会，由 11 名委员组成；由司法部职称改革领导小组颁发聘书，主任为时任主管公证工作的张耕副部长；副主任为时任司法部政治部主任孙鸿翔同志和我。另外 8 名委员中，有 4 名为高级公证员，其他 4 位是中国人民大学和中国政法大学的教授，即杨荣新、徐杰、赵中孚和江伟。公证员职务评审委员会负责指导全国公证员职务的评审、聘任或任命工作。使公证队伍管理迈出了向专业化、正规化发展的第一步。

1989 年，司法部针对提高公证人员和律师专业素质以适应社会发展需要的情况，颁发了《关于加强律师、公证人员管理工作的通知》（以下简称《通知》）。《通知》规定："把好进人关……今后调入公证处的专业人员，一律由省、市、自治区司法厅（局）通过考试考核，严格按照四级公证员的任职条件授予公证员资格。"从 1990 年开始，有部分省、市、自治区按照该《通知》精神，组织了辖区内的公证员资格考试。自此，建立全国公证员统一考试制度的问题，提到了公证司的重要工作日程。

随着改革深入和对外开放的需求，涉外公证业务数量增多、项目扩大，为提高办理涉外公证业务公证员的业务水平，保证办证质量，在公证司内以组织处处长岳军和处内宗玉惠、李梅等同志的具体筹划、精心组织下，公证司于 1989 年、1992 年举办了两次全国公证员涉外公证业务考试。在此基础上总结经验，又在公证处内部和司法行政部门内部符合公证员资格参加考试的人员中（因公证员的数量是根据公证机构的设置和公证业务的需要确定的），于 1992 年举行了第一次全国公证员资格考试。1994 年 8 月，在贵阳召开了全国公证员资格考试研讨会，并部署了第二次全国公证员资格考试准备工作。

1995 年举行了第二次全国公证员资格考试。虽然仅有几千人参加考试，但在组织工作中要做非常细致、繁多的工作，例如，组织法学专家、学者和有丰富公证业务实践的同志出考试题、建题库、设置考场、运送试卷、监考、阅卷，直至最后的确定分数线、核准、公布成绩、颁发证书、备案等大量具体工作，可谓“麻雀虽小，五脏俱全”。那时，全司都动员起来，由组织处处长岳军具体组织；各省、市、自治区都要参与，并全力以赴。虽有不足之处，但还是成功的，为公证处增添了业务力量，提高了业务人员的业务素质，确保了公证的质量。1997 年 2 月，在海南召开了第三次公证员资格统考的研讨会，由岳军副司长提出第三次全国公证员资格统考的意见供研讨。直至 1998 年底司法部机构改革，将公证司、律师司再次合并成律师公证管理司。

1994 年 8 月在贵州省贵阳市召开第一次全国公证员资格考试研讨会（主席台会标下左四为作者）

根据2000年7月31日发布的《国务院办公厅关于深化公证工作改革有关问题的复函》(国办函〔2000〕53号文)及《关于深化公证工作改革的方案》(以下简称《改革方案》)要求“公证员考试由限定在公证系统内”改为“面向社会,由司法部统一组织实施”。2002年司法部成立直属“司法部国家司法考试中心”具体组织实施。2005年《公证法》颁布并于2006年3月1日起施行之后,按照《公证法》第18条规定:“担任公证员,应当具备以下条件……(四)通过国家司法考试……”;从而提高了公证员的法律基础知识和社会经验等基本素质。此后,公证员资格考试工作,由司法部司法考试司管理的“国家司法考试中心”具体组织实施。

我于1995年因身体健康状况,也为把司里年富力强、有一定公证管理工作经验的处级干部推上司领导岗位,按照中央和部里有关文件规定,我退居二线,被任命为非领导职务的巡视员,并于1998年底办理了提前退休手续。由于当时我正负责筹备中国公证协会第三届会员代表大会的准备工作,在主管律师公证工作的副部长段正坤同志的坚持和挽留下,又在从司法行政机关独立出来的中国公证协会(后被选为第三届中国公证协会副会长)主持协会的常务工作,直至2002年换届彻底退休。

二、特殊办法

世界各国的法律制度基本分为两大法系,即英美法系(亦称普通法系、海洋法系)和大陆法系。前者主要适用于英国、美国以及英属殖民地等国家和地区(包括独立后)。其他国家基本属于大陆法系,法国、德国、日本等国家为大陆法系的代表,法律特征明显、较为发达;我国台湾地区和澳门特别行政区属于大陆法系。香港、澳门、台湾都是中国领土神圣不可分割的组成部分,但由于历史原因,三地已经形成了适合本地区的法律制度。在公证工作中,如何解决我国香港、澳门、台湾三地的公证制度与我国内地执行的公证制度在我国“一国两制”的方针、原则下,采取有效变通的办法得以解决,已经提到司法部的工作日程。

(一)委托公证人制度

中国内地委托公证人制度创始于1981年8月。在此之前,香港的法律文件、文书都要经过英国外交部,再由中国外交部认证后,才能在我国内地使用。由于历史的原因,造成香港地位的特殊性。但香港是中国领土主权的一部分,采用外交渠道和认证的办法显然不妥;同时,办证所需时间太长,而且当事人承担的费用也很高。1980 年后,随着国家改革开放政策的深入进行,香港居民回内地办理民事、经济法律事务日益增多。但由于内地与香港(属于英美法系)的法律制度不同,既要改变外交途径及认证的办法,又不能像内地那样在香港设立正式的官方公证机构。在这种情况下,司法部通过新华社香港分社联络香港律师,采用委托代为承办的办法,创立了委托公证人制度,公律司为此付出了很大的努力。

中国内地委托香港公证人制度,由主管公证职责的司法部制定规则和进行领导、管理,坚持香港是中国主权一部分的原则。香港的委托公证人接受司法部的委托,代为办理业务也是对证明对象的合法性、真实性和有效性进行证明。1997 年 7 月 1 日香港回归前,不受港英政府的"干预";香港回归当日及以后仍继续保留该制度。所以,中国内地委托公证人制度是中国公证制度的一个特殊的组成部分。

从 1981 年开始,司法部通过新华社香港分社联络香港 8 名对祖国内地法律事务有一定了解的资深律师,他们是阮北耀、何耀棣、胡百熙、陈子钧、翁家灼、张永贤、练松柏、廖瑶珠(女)。这 8 位资深律师应邀在新华社香港分社见面,中国司法部授权(委托)8 名律师承担办理香港关于涉及内地的公证事务和公证法律文书。

1985 年 6 月又委托了 18 名律师。当时因公证事务日益增多,内地和香港都有增加委托公证人的要求,于是,司法部在征询新华社香港分社及第一批委托公证人的意见后,又对香港很多律师进行了解考察,根据职业经验和对内地法律事务的了解这两个条件,委托了 18 位香港律师为中国委托(香港)公证人。

这次委托仪式仍在新华社香港分社举行,与第一批不同的是,这次有了书面委托书。第一批委托公证人也在 4 年后补发了委托书。这不仅是委托手续规范了,也是对委托公证做法的肯定。

1991 年进行了第三批委托(香港)公证人工作,此次距第一次委托已过十年。在这十年中,由于改革开放的深入发展,我国内地与香港地区的民事、经济、贸易交流日益密切，涉港公证书的需求增多，不少香港律师也通过多种途径打探、自荐，希望能被委托。司法部仍像前两次一样，经征询新华社香港分社和广泛听取香港律师界的意见后，根据选择标准，又选出23位香港律师为第三批中国委托（香港）公证人。但与前两批不同的是：委托颁证地点是在北京的人民大会堂，由时任司法部长蔡诚亲自颁证，使委托仪式更加正式和隆重。更重要的是，此次对委托公证人制度又有了新的发展：对委托设定了期限。无论第一批、第二批，还是第三批委托公证人，一律从1991年11月4日起，每次委托期限为3年，期满后双方满意可连续委托。此后，委托公证人变为香港律师界的自发要求，而不是“官方”的引导行为。

1993年进行第四批委托工作时，在总结前几次的经验和做法的基础上，也广泛听取了香港律师界的意见，更加重视申请的审批手续了。在申请的120多位律师中，除按已定的条件标准选择外，还规定：一个律师行已有两名以上委托公证人的，这次不再扩大委托；这次一个律师行同时有两位或两位以上提出申请的，条件都合格，只选一人；两个都不合格的，一个也不选。结果是从120多位申请人中，只选进39位委托公证人。

为使委托公证人工作规范化、制度化，从1993年下半年开始，由公证司具体负责这项工作的岳军处长着手起草《中国委托公证人（香港）管理办法》。在广泛征求国务院港澳办、新华社香港分社、中国委托公证人协会（由司法部委托的香港公证人在港设立的协会）的意见，经司领导研究、修改、审批后报部领导，经1995年2月22日肖扬部长签发司法部第34号令后实施。随着香港与内地在各方面、各层次的往来频繁，所需的法律服务也不断增加，为了适用这一形势的发展，对《中国委托公证人（香港）管理办法》（以下简称《管理办法》）进行了修改，以司法部第69号令发布并于2002年4月1日起施行。

1995年依照原《管理办法》，司法部第五批又批准授权122位委托公证人。至1997年7月1日香港回归前，司法部共委托香港公证人210名。据公证司不完全统计，截至1996年，经委托香港公证人办理发往内地使用的公证文书达40多万件，促进了内地与香港的经济繁荣和社会稳定。

1991年在香港成立的中国委托公证人协会，是由司法部委托的公证人组成的自律性组织，司法部通过该协会进行管理、传递资料、信息等，起到司法部与委托公证人之间的桥梁作用。这在原管理办法中也作了具体规定。

（二）在港澳设立中国法律事务服务机构

1987年7月10日，经司法部和对外经济贸易部审核同意，以“中华全国律师协会”的名义，在香港设立了“中国法律咨询公司”，后更名为“中国法律服务（香港）有限公司”。公司第一任董事长由贸促会中国专利代理（香港）有限公司的副董事长柳谷书兼任；中国法律事务中心原负责人、中华全国律师协会副会长任继圣担任副董事长兼总经理。公司的宗旨是为内地驻香港的经济、贸易、工程、技术等机构提供法律服务，同时也为香港同胞及他们所经营的经济实体，以及为外国人、外国公司、企业和其他经济组织，提供关于中国的法律咨询等法律服务。

1991年，随着委托公证人数量的增加，香港发往内地使用的公证文书大量增加。为了便于内地公证书使用部门，对委托公证人的签名章及出具的公证书的辨认，保证公证文书的质量，维护香港和内地当事人的合法权益，公证司拟对委托公证人出具的公证文书，增加一项审核把关，即加章转递（认证）的程序。经公证司领导与新华社香港分社协调部的领导商谈，听取了部分委托公证人的意见后，得到了委托公证人的认同和新华社香港分社的支持，向部领导汇报后，由香港的专门机构负责审核、加章转递的工作。这是得到部领导同意的，但部领导考虑司法部在香港已设立了公司，不宜再设新的公司。经部、司领导研究，此项业务挂靠在中国法律服务（香港）有限公司。后考虑为了慎重起见，同意外交部领事司关于“不要引起英国人敏感”的意见，司法部同意中国法律服务（香港）有限公司在深圳设办事处，承担加章转递工作。

有了解决内地与香港委托公证人通过中国法律服务（香港）有限公司（深圳办事处）加章转递办法的成功先例，1990年9月，司法部外事司、公证司领导组团赴澳门进行考察、调研后，认为在澳门设立中国法律服务机构，以解决澳门居民、法人回内地处理经济、民事法律事务所需证明和提供中国法律咨询很有必要。新华社澳门分社积极要求司法部在澳门设立法律服务机构，而且表示负责与澳葡当局的协调事宜。考察、调研人员回部汇报后，司法部多次拟文，在部办公厅的努力下，国务院港澳办于 1995 年 6 月 21 日复函，同意司法部在澳门注册设立中国法律服务(澳门)公司。

在相关部门的支持下，经过一段筹备工作，1996 年 11 月 26 日，中国法律服务(澳门)公司在澳门举行了揭牌仪式，公开对外开展法律业务活动，成为司法部在境外(特指澳门回归祖国前)登记注册设立的提供中国法律服务的又一专门机构。

中国法律服务(澳门)公司的业务范围，经司法部授权为：(1)为澳门居民、法人和其他组织提供涉及中国(内地)的资讯、咨询和其他法律服务，包括民事、经济、刑事以及行政诉讼和非诉讼法律事务；(2)审核、出具并加章转递澳门公共和私人实体出具的发往内地使用的法律文书；(3)审验内地公证处出具的发往澳门使用的公证文书的签名、印鉴属实并代当事人领取此类文书；(4)以公司在内地办事处名义出具发往澳门使用的公证书；(5)代理内地当事人在澳门办理有关法律事务；(6)澳门法律允许的其他法律业务。

中国法律服务(澳门)公司坚持"立足澳门、依托内地、面向世界"的发展方针，成为沟通澳门与内地的桥梁和纽带。从中国近现代史看，澳门有着极特殊的历史地位：它是东西方最早的交通点之一，至今也是中西方各民族交流共处、中西方文化交融最持久、最平和的地方。因此，祖国内地通过中国法律服务(澳门)公司也加强了内地与澳门、香港、台湾地区以及国外法律界的联系与合作。中国法律服务(澳门)公司的设立和发展，也赢得了澳门各界人士和 1999 年回归后的澳门特别行政区政府的支持与欢迎。

(三)《两岸公证书使用查证协议》

我国台湾地区的"公证法"，于 1943 年公布并在次年 1 月 1 日起施行。此法颁布前执行的是 1935 年 7 月公布的"公证暂行规则"，由地方法院推事(法官)兼办公证事务。因此，我国台湾地区公证制度由于历史沿革，虽然由专职公证人办理公证事务，但未民间化单独设置，仍继续配置在法院内部(渊源和效仿法国、日本等大陆法系国家)。其公证制度也与拉丁国家公证制度不同，拉丁国家的公证证明通常分为公证和认证两种制度。

由于历史原因，我国台湾地区与祖国内地的公证制度存在较大差异。在1987年7月15日蒋经国先生宣布解除戒严令，并开放台湾同胞可以回祖国大陆探亲、旅游后，两岸公证文书的使用量日益增多，但1989年之前，大陆发往台湾使用的公证文书只有5000多件。原因是1987年，特别是1989年3月起，台湾当局委托"海基会"向内地公证机构出具的公证文书，作为"私证文书"对待，并要进行验证，致使大陆出具的公证书在台湾使用严重受阻。

以上情况，在党中央和国务院的关注下，司法部积极主动地配合有关部门，经共同努力，1993年4月29日在新加坡举行的"汪辜会谈"中得以解决，双方签署了《两岸公证书使用查证协议》。双方约定，就涉及继承、收养、出生、财产权利等10项公证事项，双方采取互相寄送"公证书副本"的办法予以解决。从此，两岸公证文书的使用和双方业务的开展实现规范化运作，为两岸同胞的交往和经贸发展提供了方便。从《两岸公证书使用查证协议》生效即1993年5月至1997年底，内地各公证处办理各类涉台公证25万多件。其中，发往台湾使用的公证书23万多件，向"海基会"寄送公证书副本20多万件；收到"海基会"寄来的公证书副本6万多件。

据地处东南沿海台属较多的浙江省舟山市公证处主任介绍：舟山解放前夕去台人员达3万多人，台属达到20多万人。随着海峡两岸关系的不断改善，民间交往日益增多，办理涉台公证事项逐年上升。据不完全统计，自1994年1月至1998年6月，共办理各类涉台公证文书6549件；其中，用于涉台继承的公证文书达2184件，占全市涉台公证总数的33%。

(四)涉台公证研讨交流

为了做好涉台公证工作，司法部公证司于1989年12月25日至29日，在湖南省岳阳市召开了部分省市公证管理部门负责人参加的"涉台公证工作座谈会"。1991年11月29日，司法部下发了《关于办理涉台遗产继承公证若干问题的通知》。1996年11月14日至16日，在贵州省贵阳市召开了全国公证管理部门负责同志参加的"涉台公证工作座谈会"，因参加会议的负责同志多为中国公证员协会的理事，所以，一并在贵阳召开了“中国公证员协会”理事会。我虽已于1995年3月退居二线任巡视员，但一直担任中国公证员协会副会长职务。因此，也出席了这次会议。司法部主管公证工作的张耕副部长在会议上作了题为《提高认识，服务大局，努力做好涉台公证工作》的讲话；会议还总结、交流了履行《两岸公证书使用查证协议》签订以来的情况和经验，并研讨了涉台公证中存在的问题和如何进一步完善涉台公证制度等问题。会后，司法部公证司下发了《关于进一步加强涉台公证工作的意见》。

1997年初，公证司为加强涉港、澳、台公证业务的开展和提高办证质量，1997年2月26日公证司在深圳召开了“涉港、澳、台法律培训交流中心”成立大会。基于港、澳、台历史原因造成与内地公证制度差异，我们在“一国两制”的方针、原则的指导下，在香港实行了中国委托（香港）公证人制度，以及在香港、澳门设立中国法律服务机构负责审核、加章转递工作；在我国台湾地区按照《两岸公证书使用查证协议》的约定，把发往我国台湾地区使用的公证书向“海基会”寄送副本的做法，作为我国公证制度的必要补充，已经纳入我国公证制度的组成部分。

总之，这些特殊办法，为内地与港、澳、台地区人员交往、民间往来和经贸发展提供了方便；在促进港、澳、台的经济发展和社会繁荣、稳定中，发挥了重要作用。

三、公证协会

中国公证协会创建于1990年3月29日，创始时称“中国公证员协会”。依据2005年8月28日颁布、2006年3月1日施行的《中华人民共和国公证法》第4条：“全国设立公证协会，省、自治区、直辖市设立地方公证协会。中国公证协会和地方公证协会是社会团体法人。中国公证协会章程由会员代表大会制定，报国务院司法行政部门备案。公证协会是公证业的自律性组织，依据章程开展活动，对公证机构、公证员的执业活动进行监督。”从2006年3月1日起，“中国公证员协会”更名为“中国公证协会”。

中国公证协会自创建至多年的发展，大体可分为两个阶段。

(一)初创阶段

我国公证协会的初创阶段,即公证员协会与司法行政机关"合二为一"管理体制的阶段(第一届、第二届协会时期)。

1986 年 7 月 10 日,司法部成立"中华全国律师协会"之后,为维护公证员的合法权益,推动公证理论研究、健全我国公证制度,特别是改革开放以来,为了加强中国公证协会与国际公证组织的联系和交流(1985 年就与"国际拉丁公证联盟"建立了联系),随后又作出创立全国公证员社团组织的部署,具体工作在公证律师司分设后由新组建的公证司负责筹备工作,司里又具体落实到我分管的资格、机构管理处。

在我正式调入公证司之前,时任资格、机构管理处处长岳军在时任公证司司长朱乐群同志的领导下,在公证律师司分立前,就已经着手起草《中国公证员协会章程》《成立申请》,代部起草《审核意见》等具体工作。我于 1988 年 11 月调入公证司,经与"中国法律事务中心"交接完工作,于 1988 年底正式到公证司上班后,才在边了解边熟悉中投入筹备工作之中的。

就在这紧张工作之时,我于 1989 年 11 月查出患贲门癌住院,11 月 30 日做了开胸切除大手术。1990 年 3 月 29 日,司法部在北京回龙观饭店召开了第一次全国公证员代表大会。中国公证员协会宣布成立之时,我虽已出院,但因术后身体太虚弱,非常遗憾未能出席。

后来得知,成立大会开得很成功:中央政法委、全国人大常委会法工委、最高人民法院、最高人民检察院和中国法学会、中华全国律师协会的负责同志到会祝贺;国际拉丁公证联盟以及部分成员国的公证人组织发来了贺电,大会通过了《中国公证员协会章程》,明确了协会性质、任务、领导关系以及会员的权利、义务等。《中国公证员协会章程》还规定:中国公证员协会会员代表大会每 3 年举行一次,每届任期 3 年。大会代表投票选举了协会理事会,并召开了第一次理事会;选举产生了朱乐群同志为第一届协会会长,选举相关部门的肖峋、张绳祖、柴发邦、黄赤东、公证司副司长徐健(兼任协会秘书长)和我 6 位同志为副会长,公证司 3 个处的处长岳军、刘南征、王福家为副秘书长。

由于公证制度与律师制度是两种不同的法律制度,公证员和律师、公证机构和律师机构存在差异；又由于“协会”初建阶段受人力、物力、财力所限，实际上是“协会”与公证司是“两块牌子，一套人马”：既要履行行政职能；又要契合改革开放与国际公证组织接轨、加强交流与合作，以最大限度适应开拓公证业务领域、提高公证质量和公证人员素质、完善我国公证制度和扩大其国际影响的需要。

1990 年 7 月，第十九届国际拉丁（不是狭义的拉丁美洲国家，还包括许多欧洲国家）公证联盟主席狄莫斯率团访问中国公证员协会。

1991 年 11 月，在北京昆仑饭店，由时任公证司司长、中国公证员协会会长的朱乐群和时任国际拉丁公证联盟主席狄莫斯，成功举办了第一次中国参与的国际公证会议——“国际公证理论与实务研讨会”；全国人大常委会副委员长雷洁琼、国务委员王芳到会祝贺。在此次会议上，中国公证员协会首次向大会提出，由中国公证员协会与国际拉丁公证联盟中部分成员国的公证人组织，在平等互利的基础上签订合作协议书的倡议。这一倡议立即得到联盟和许多成员国公证人组织的赞同。

1993 年 10 月，中国公证员协会会长朱乐群代表协会，在国际拉丁公证联盟的主持下，在意大利罗马与意大利、德国、法国、荷兰、比利时、卢森堡、西班牙、瑞士、墨西哥、哥伦比亚、阿根廷、巴拉圭、多米尼加 13 个国家以及加拿大魁北克省的公证人组织签订了《合作协议书》。《合作协议书》的主要作用是：互相为本国出具资信证明，供对方国家有关部门在审批合资、合作项目时，作为参考依据。《合作协议书》对促进我国国际经贸发展起了重要作用，对协议国之间的交流与合作、增进相互了解，具有深远的意义。

1994 年 11 月上旬，在南京召开了中国公证员协会第二次代表大会。此时因我随中国公证立法考察团应法国、意大利公证人协会邀请，赴法国、意大利访问、交流，未能参加本次大会。此时，朱乐群司长已调离公证司，徐健同志任公证司司长。本次代表大会选举产生的理事会与第一届理事会格局基本相同，徐健同志被选为第二届中国公证员协会会长，我连任副会长；公证司办公室主任张继军为秘书长，公证司的 3 个处长为副秘书长。第二届中国公证员协会领导机构与首届基本相同：仍然是协会与公证司合为一体,即“两块牌子,一套人马”。

1994 年 11 月 2 日与法国公证人理事会座谈(左二为作者)

1995 年 5 月,应国际拉丁公证联盟邀请,我带领中国公证代表团以“观察员”的身份(因我国那时尚未颁布《公证法》,这在当时是加入联盟的重要条件之一;当时亚洲只有日本是联盟成员国),参加了在德国柏林召开的国际拉丁公证联盟第二十一届代表大会。会后,应新一届联盟主席施瓦茨根先生的邀请,顺访卢森堡;同时,也为中国公证员协会加入联盟做了很多沟通、准备工作。

自 1993 年 5 月,大陆与台湾地区“汪辜会谈”签署的《两岸公证书使用查证协议》实施后,在海峡两岸公证界交流、合作,以及与香港、澳门公证人组织和公证人的沟通、业务往来中,公证协会也发挥了重要的作用。

(二)过渡阶段

我国公证协会的过渡阶段,即公证员协会与司法行政机关由“合二为一”向“两结合”的管理体制转变、推进的阶段(第三届、第四届协会时期)。

1998 年底,在协会筹备第三次代表大会的换届过程中,正遇司法部精简人员、机构改革,公证司和律师司再次合并为律师公证司。根据中央精简国家机关人员编制的规定,年近离退休的老同志可以提前办理离退休手续,加上已到离退休年龄的同志,司局级领导将有较大调整;而且根据国务院批准的《司法部职能配置、内设机构和人员编制规定》(国办发〔1998〕90

号）文件精神，协会将从合并后的律师公证司分离出来，成为司法部领导的、独立的“自收自支”事业单位；公证员协会与司法行政机关从“合二为一”的体制，向司法行政机关与公证员协会相结合（以下简称“两结合”）的管理体制过渡。

1995 年 5 月在德国我（右三）和上届主席狄莫斯（右四）及新上任主席施瓦茨根（右一）等留影

“两结合”是具有中国特色的公证管理体制。其基本内容是：司法行政机关主要侧重于公证的法制、政策建设，机构组织建设，公证员队伍建设，政策指导、执业监督处罚等宏观管理；公证协会主要负责具体事务的落实。

1998 年底，我按照中央精神，向司法部人事部门提出提前退休申请；1999 年 2 月，司法部正式下文批准。在此期间，时任主管公证员协会的副部长段正坤同志找我谈话，让我继续留在公证协会工作。当时我想：从事公证管理和公证协会工作已 10 年，与公证界的同仁不仅熟悉，而且感情很深；既然领导信任，自己身体也没问题；又一直参与、主管公证协会的换届筹备工作，因此，便同意留在公证协会继续工作。

1999 年 5 月 29 日，在北京召开了中国公证员协会第三次会员代表大会。按照《中国公证员协会章程》和大会议程，选举孙鸿翔为会长；选举王福家、黄群、王继华三人为公证处主任,我为副会长,我负责协会常务工作;原在公证司任处长的邓甲明,在合并后的律师公证司任副司长(分管公证工作),兼任第三届中国公证员协会秘书长;马玉娥等任副秘书长。

从第三届中国公证员协会开始,协会从司法部直属机关独立出来,迈出了司法行政机关与公证协会由"一体化"向"两结合"的管理体制改革、转变的第一步。

依照第三届《中国公证员协会章程》规定,中国公证员协会受司法部、民政部监督、指导和管理。协会的主要职责包括:(1)协助政府主管部门管理、指导全国的公证工作,指导地方公证员协会工作;(2)维护会员的合法权益,保证会员依法履行职责;(3)举办会员福利事业;(4)对会员进行职业道德、执业纪律教育,协助司法行政机关查处会员的违纪行为;(5)负责会员的培训,组织会员开展学术研讨和工作交流;(6)负责全国公证员统考考试大纲、试卷及相关辅导材料的编印,负责试卷的评判、试卷成绩的登录及其他相关的具体工作(2002 年国家开始进行全国统一司法考试;2006 年《公证法》实施后,担任公证员必须经过国家统一司法考试,此项职责于 2006 年自动取消。——笔者注);(7)负责公证宣传工作,主办公证刊物;(8)负责与国外和祖国港、澳、台地区开展有关公证事宜的研讨、交流和合作活动;(9)按照《两岸公证书使用查证协议》的规定,负责海峡两岸公证书的查证和公证书副本的寄送工作;(10)负责公证专用水印纸的联系生产、调配,协助行政主管部门做好管理工作;(11)对外提供公证法律咨询服务;(12)履行法律、法规规定的其他职责,完成司法部委托的事务等。《中国公证员协会章程》还规定,会员代表大会每 3 年举行一次,每届任期 3 年。

孙鸿翔会长上任前,在司法部设在香港的中国法律服务(香港)有限公司任董事长;换届时他的任期已到,并已过退休年龄。孙鸿翔会长领导工作经验和阅历丰富:在司法部担任过政治部主任、办公厅主任等职,调司法部前曾任吉林省司法厅厅长。因此,孙鸿翔会长与部内各司局及各地司法行政部门都很熟悉,我很高兴能与这样一位有丰富领导经验的老领导共事。

在孙鸿翔会长去香港交接工作未正式上任会长前找我特别交代：让我大胆干，日常工作不是什么大事，不必事事请示。我们彼此很熟悉，我也了解他对我很信任（1993 年我们曾一起陪同郭副部长出国访问）。因此，我首先向部里申请借用了两间办公室，然后向纪检监察部门打报告说明从公证司收回部里的一辆奥迪牌汽车的来源：那是香港委托公证人协会借给中国公证员协会使用，有借用协议并在京办理过手续的单据；又因协会刚从行政机关分离的诸多困难等客观情况，经纪检监察部门同意，奥迪车仍归协会使用，并聘用了刚从部队复员的同志做司机；还选聘了协会财会人员；返聘了在公证司从事公证业务多年，这次和我一起办理提前退休手续的宗玉惠、张起方，计财司的原处长梁红亮，后来还返聘了熟悉宣传工作的韩立慧。有这几位老同志的支持，让我心里踏实多了。

孙鸿翔会长从香港回京后，我工作上主动汇报，遇事共同商量。后来，协会又接收了一名部队转业军人崔淑华（女）；招聘了两名法律专业应届毕业大学生；聘请了一名中国政法大学毕业留校工作近十年，并在 1993 年至 1996 年被公派到日本留学的中年干部孙艳辉。

不久，公证协会各机构部门框架基本成形：办公室主任梁红亮，会计、出纳、内勤、司机基本配齐；业务部主任孙艳辉，带一名应届本科法学毕业生；涉港、澳、台事务部由老同志宗玉惠，带一名应届本科法学毕业生；会员部由韩立慧负责；国际部有英语翻译李莎等。为履行《中国公证员协会章程》和配合部律公司公证业务的开展，先后成立了考务、惩戒、继续教育（培训）、维权等专门委员会；成立了民事、经济、金融、房地产等公证业务委员会。

在司法部宣传司等部门的大力支持下，虽然面临中央整顿、严格控制期刊审批的情况，经与相关部门多次协商，最终将《中国公证》办成国内外公开发行的专业期刊，并于 2000 年被批准出版、发行。

经 1999 年、2000 年两年试刊后，2001 年《中国公证》正式向国内外出版发行。该专业期刊初创阶段，由于人力有限，经验、稿源不足等原因，开始时为双月刊；2003 年改为月刊，直至今日。在各地公证管理部门和公证处的大力协助下，会员及会员单位积极投稿，内容越来越丰富：关注中央和司法行政系统发生的大事；及时反映和报道国内外公证界交流、业务研讨等活动。展望公证未来，公证沙龙等，是在国内外，特别是在公证界有影响、深受欢迎，成为公证员、公证机构及其管理部门的必读刊物。

我在第三届中国公证员协会任职期间，一直与国际拉丁公证联盟部分成员国保持密切联系。在任 3 年内，应联盟及成员国的邀请，协会 4 次组团出访、交流，其中组织 3 批地方公证管理人员和公证员赴法国、德国考察、培训，中国公证员协会从诞生之日起，就十分重视中国公证界的对外交往和交流。2001 年 10 月应联盟邀请，由我率中国公证代表团在参加联盟第二十三届代表大会期间，我和同去的协会副会长黄群按事先商定的任务：在大会期间约见了联盟第二十三届新任主席和联盟合作委员会主席及名誉主席，向其介绍了中国公证员协会发展现状，并表达了要求加入联盟的愿望，希望联盟派考察团来中国实地考察。我们的愿望引起联盟的高度重视，联盟深感中国公证员协会加入联盟的诚意，并看到其在国际公证界的影响。

2002 年 4 月作者(左三)向国际拉丁公证联盟考察团介绍中国公证协会的历史与现状

2002 年 4 月 14 日至 20 日，以联盟国际合作委员会主席塞古拉 · 朱巴诺先生为团长的国际拉丁公证联盟代表团，就中国公证员协会加入联盟之事来中国进行访问、考察。此事受到司法部及律师公证司等部门的高度重视，经共同研究商定：由协会副会长黄群（上海市公证处主任）全程陪同，考察团在上海、南京、北京三地进行考察。考察团从上海、南京回到北京后，我也参与陪同考察，并向考察团介绍了中国公证员协会的历史发展和现状。

联盟考察团在经过三地实地考察后，听取了孙鸿翔会长关于入盟的陈述报告。司法部主管副部长段正坤会见了代表团全体成员，表示积极支持中国公证员协会加入联盟。同年 4 月 19 日，由中国公证员协会主办，与联盟一道在北京，共同召开了隆重的记者招待会。向中外记者分别介绍了中国公证员协会和联盟的情况，以及申请入盟和考察的想法和观感。协会会长孙鸿翔和塞古拉·朱巴诺团长分别回答了记者的提问。

中国公证协会与国际拉丁公证联盟考察团于北京召开记者招待会时作者与联盟合作委员会主席塞古拉·朱巴诺合影

此次国际交流活动，为中国公证员协会 2003 年加入国际拉丁公证联盟奠定了坚实的基础。

2002 年 5 月,我在担任第三届公证员协会常务副会长届满时,总结回顾过去 3 年走过的历程,感触颇深:很辛苦,但也很幸福。辛苦之处,在于除认真履行协会章程规定的 12 项职责任务外,还要解决办公地点、“招兵买马”等问题,事无巨细,我都要操心;幸福之处,在于我的工作得到领导的认可、大家的广泛肯定和支持,使我在提前退休后还能发挥余热,感到自己虽老但还有一些价值。

2002 年 5 月 20 日,中国公证员协会第四次全国会员代表大会如期在北京举行。孙鸿翔会长代表第三届协会理事会作了工作报告;时任主管公证、律师工作的段正坤副部长,对协会工作予以高度评价和充分肯定。大会选举出新一届理事会、常务理事会和会长、副会长。会长为国家公证处(现更名为“北京市长安公证处”)主任、第三届协会副会长王福家;聘任在司法部公律司、公证司从事过十多年公证业务工作的江晓亮处长为专职秘书长。第四届协会还聘请第三届协会会长孙鸿翔和我为协会顾问,让我们很感动,这不仅表示对第三届协会工作的肯定,也表示对我们两位老同志的信任和尊重。

第四届公证员协会,在全面贯彻落实国务院批准的《关于深化公证工作改革的方案》、推进公证制度建设、健全“两结合”的公证管理体制方面,又向前迈进了一大步。但按照“公证体制改革”贯彻落实的步骤:“改革过渡期暂定为《改革方案》实施之日至《公证法》实施之日。”因此,第四届协会仍处于改革过渡期。

第四届协会较前三届活跃了许多,做了很多具体的对公证协会及公证事业具有历史意义的事情。例如,2003 年在公证系统,首次组织了公证行业管理先进集体评优活动;《中国公证》编辑部增加了编辑人员,由双月刊变为月刊;购置了协会办公用房,协会迁至丰台区方庄芳城园;建立了“中国公证”网站;举办公证员任职前及涉外公证员等各类培训;2003 年 6 月至 9 月,为响应中共中央、国务院“西部大开发战略”和落实司法部支援西部地区的部属,协会对西部地区在物质、精神理念的支持、输出,都做了大量工作(如我就曾受协会委托,以协会顾问名义参加了一次向西部地区捐赠100台电脑的活动)等。

第四届协会进一步加强了与国际拉丁公证联盟及其成员国的交流与合作,为中国公证员协会加入联盟做了更加充分的准备工作。

2003年,联盟新一届领导人通过2002年4月来华考察后,考虑到中国公证界在国际公证界的实际影响,并得知我国《公证法》已经讨论、修改多次,即将正式颁布执行,放宽了中国公证员协会的入盟条件。也就是在这一年(2003年)的3月,联盟讨论、批准了中国公证员协会加入国际拉丁公证联盟。至此,中国公证员协会正式成为国际拉丁公证联盟的一员。

2003年10月10日,联盟在加拿大魁北克市召开年会,并为中国公证员协会举行了入盟仪式;司法部段正坤副部长应邀在仪式上发表了演讲。

之后,公证联盟为更多吸纳不同法系公证制度的国家加入联盟,联盟以"兼容并蓄"的姿态得以壮大。2005年,联盟在意大利罗马召开的成员国大会上正式决定,将"国际拉丁公证联盟"中的"拉丁"二字去掉。

这是因为1948年公证联盟初建时,发起国家主要是拉丁语系国家[欧洲国家法国、德国等和中南美洲(西班牙、葡萄牙等欧洲前殖民地国家)],这些国家也是主要大陆法系国家,发起时的"公证联盟总部"设在南美洲阿根廷的首都布宜诺斯艾利斯。"联盟"之前加"拉丁"的根本原因,在于这些国家均为大陆法系国家(法系渊源)和拉丁语系(语言渊源)。从1948年至2002年,联盟已有70多个成员国入盟,我认为,2005年"联盟"在罗马大会"去掉'拉丁'字",即全称为"国际公证联盟",是符合联盟发展实际和需要的,同时也是与时俱进的决定、举措。

尽管中国公证员协会已经步入国际化轨道,但仍然要走中国特色的政治道路和法治道路。在此期间,司法部党组及时在中国公证员协会和中华全国律师协会这两大行业、组织之中建立了党组织。时任司法部党组成员,主管公证、律师的段正坤副部长,同时担任两个协会的党组书记。

2006年3月1日,《中华人民共和国公证法》施行后,根据该法规定,经民政部审查同意,"中国公证员协会"更名为"中国公证协会"。

四、四十年历程

中国公证协会第七次全国代表大会闭幕式后,司法部领导、协会领导向全国93名执业三十年的公证员代表举行颁发纪念章仪式，并对他们经年忠于公证职守表示敬意和慰问。虽然他们都已年过半百甚至已到花甲之年，仍然保持着振奋的精神和斗志。会场上雷鸣般的掌声，表达了对一直坚守在公证行业最基层、第一线，且大部分来自中西部不发达或欠发达的县及边疆区县等21个省、自治区、直辖市公证员们的敬意。正像记者采访时，这些代表说出的朴实无华的语言："我们上班时在忙着公证，下班时在想着公证""行业发展是我们三十多年的惦念，也是我们一生的惦念""这次来不能只顾光荣、感动，还要来学习、取经"……就是这种爱岗敬业和奉献精神，让他们坚守了三十多年，为我国公证事业的发展、公证制度的逐步健全与完善，贡献出了一生中最美好的青春年华，直到头上长出白发、眼睛变花到了花甲之年。这种精神也继续在中国公证协会各委员会的委员们，以及各级公证管理部门的管理人员的身上传承着。

回顾我国公证制度自1980年初，随着司法部的恢复重建后，走过几十年不平凡的艰苦发展历程：1982年国务院发布《公证暂行条例》后，全国公证机构从仅有的五六百家增加到现在的3000多家，增长了5倍；公证从业人员已达到2万余人，比1980年增长了15倍；年办证量1000多万件，比1980年增长了110倍；从2002年至2012年，全国公证机构共办理公证事项1亿1000余万件，年办证量保持在1000万件以上。

公证制度重建初期，正好遇上推广农村承包责任制，农民担心制度将来有变，签订承包合同时有疑虑，当地公证机构介入，让农民吃了"定心丸"；接着国家推行企业改革，公证又由农村经济体制改革服务转到为城市经济体制改革服务。特别是2005年《公证法》颁布后，迎来了公证行业发展的春天，公证在服务党和国家中心工作中作出了贡献。例如，2008年5月12日四川汶川地震发生后，当地公证机构及时办理相关公证事项，维护灾区社会稳定和灾区群众的合法利益，确保了灾后重建工作的有序实施。2008年北京举办奥运会期间，北京市公证机构先后派出100多位公证人员，为上百项涉奥工作提供公证服务。近年来，各地公证机构主动服务国家和地方重大、重点项目，例如，北京、上海、广东等地公证机构积极为"神州"飞船回收、2010年上海世博会和广州亚运会等大型项目、活动，提供了优质服务，得到各级党委、政府部门的充分肯定以及社会各界的好评。

另外，公证服务经济平稳较快增长、努力服务社会和谐稳定，随着我国社会主义市场经济的发展、科学技术的进步、社会管理的创新、民主法治的推进，公证法律服务呈现全方位、多层次拓展的态势，已进一步延伸到国家经济、政治、社会、文化和生态文明建设等各个方面。此外，中国公证机构适应经济全球化和深化改革开放的新要求，不断拓展涉外公证业务。为企业跨国投资办厂、合资合作、公民出国出境等民商事活动，提供了高质量的法律服务。

回顾中国公证制度走过的四十年历程：随着公证体制改革的不断深入，公证机构现从公证机关改为事业单位；公证员素质大大提升，由最初的任命制到2006年3月《公证法》实施，担任公证员必须通过国家司法考试；中国公证协会由初建时，与司法行政机关“合二为一”的“两块牌子，一套人马”的管理体制，向司法行政机关与公证行业组织“两结合”的管理体制推进，并逐步健全和完善；公证已成为服务全面建成小康社会的重要力量。

看到公证这四十年的发展变化，让在司法行政部门工作二十余年，其中在公证管理部门和中国公证协会工作近十五年的我，感到无比欣慰、兴奋和自豪。祝愿中国公证制度更加健全与完善；祝愿公证从业人员和管理人员继承和发扬前辈忠于职守、爱岗敬业的精神，为中华民族的伟大复兴贡献更大的力量。

五、两岸互访

随着海峡两岸经贸关系的发展、民间交往范围日益扩大，两岸公证界的联系也日益增多。特别是自《两岸公证书使用查证协议》实施以来，两岸公证人员的交流合作日益密切。1995年、1997年台湾公证学会参访团两次来祖国大陆参观访问，中国公证员协会也先后组团赴台湾进行了参访。

1995年，时任司法部公证司司长、中国公证员协会会长的徐健同志，第一次以公证协会会长身份率团赴台参访归来后谈到：由于海峡两岸长期隔绝，了解甚少，这次又是祖国大陆以民间组织的形式首次赴台，便成了新闻媒体关注和敏感的话题。参访团刚到台北，徐健会长就被记者堵在电梯里进行采访，因在电梯内的时间很短，又因出发前，国台办、司法部都对参访团成员进行涉台有关政策宣讲。所以，对媒体提出的敏感问题没有正面予以回答，下了电梯便由接机人员接走，虽然未出现什么纰漏，但参访团成员仍感到有些紧张。因为涉及敏感问题不能随意回答，所以首次赴台人员说话很慎重。

1997 年 11 月在台北与海基会交流（身着浅色西装、戴眼镜的为作者）

1997 年 11 月 23 日至 30 日，我有幸以祖国大陆公证员协会副会长的身份，随时任司法部公证司司长兼任中国公证员协会执行会长肖义舜为团长的参访团（共 18 人），赴台进行了为期 8 天的参观、访问、交流。

时隔不到两年，随着两岸交往、了解的增多，情况发生了很大的变化。我们作为第二次赴台的参访团，肖义舜团长刚调到司法部公证司时间不长，在赴台前做好了充分的准备，并给我们进行了分工：由我介绍中国公证员协会的基本情况；由同行的司法部法制司司长、部台办主任邢同舟以协会顾问的身份，在出现问题时及时补救。但令我们意外和感动的是，台湾公证界同胞的亲切、热情和工作的细致有序，很快就打消了我们的顾虑和紧张。

1997 年 11 月 23 日下午 3 时许，参访团抵达台北机场，早已等候在机场的台湾公证学会的接待人员，立即出现在我们面前，迅速按事先拟好的名单顺序安排我们坐上车，前往入住的宾馆。到了入住的宾馆，又有早就等候接待我们的同行，迅速帮我们拿行李（入住手续已提前办好，办事效率极高）送到房间休息。当晚没安排活动。晚餐时，大家刚刚就座，就看到餐厅服务人员从包间门外，推进一个装有一个大生日蛋糕的餐车，大家都感到不解和意外：难道我们成员中有谁今天过生日？服务员是不是送错了？负责接待我们的台湾公证学会的两个小伙子，推着餐车边走边唱着“祝你生日快乐……”的生日歌，来到邢同舟的面前，这让邢感到非常意外和激动，便问：“你们怎么知道今天是我的生日啊？”其中一个小伙子道出了原委：原来他们是从我们寄来的身份证复印件的号码得知的，而且做了精心准备。邢同舟非常激动，不停地说着谢谢。这个场景让我们全团人员都深受感动，两岸同胞血脉相通的亲情一下拉近了彼此的距离，气氛马上活跃起来，大家一起唱起生日歌，向邢同舟祝贺生日快乐；大家吃着蛋糕，品着美酒，边交谈边说笑。最后，大家还手拉手唱着歌、跳着舞，忘记了旅途的疲劳（当时没有直通航班，要通过香港转机），忘记了时间，直到很晚。参访团因第二天还有重要的参访安排，才依依不舍、意犹未尽地走出餐厅。参访团 18 人中除部里的，外地成员大部分互相不熟悉，但只一个晚上就像老朋友一样，互相道着晚安回到了各自的房间。

8 天的参访，日程安排得很紧但有序。我们首先在台北拜会了海基会和台湾公证学会，然后分别在台北、台中、高雄、花莲四地方法院内的公证处参观、访问、座谈。与台湾公证处的公证人座谈、交流时，从内地各地来的团员都带着涉台公证中遇到的问题相互切磋，很快双方就没什么戒备了。空闲时间，特别是年轻人在街上走走看看，台湾公证学会陪同的小伙子会一起上街，特别热情地向参访团成员介绍街道、建筑、商场、饭店、景点等，还请参访团成员吃台湾的美味小吃、水果，关系非常融洽，就像一见如故的老朋友。

1997 年 11 月参访台湾公证学会留影(前排右二为作者)

我们除参访台湾公证学会和四地设在法院的公证处外,在了解台湾风土人情的同时,还观赏了著名景观和宝岛的美景。在台北,我们参观了台北故宫博物院,欣赏了大量珍贵文物的同时,给我留下深刻印象的是那些年轻的女讲解员,都身着中式短旗袍,与博物院的氛围非常吻合,也是一道很美的风景线。我们还游览了日月潭;在阿里山观日出,在阿里山森林公园徜徉;到花莲参访后,观瞻了太鲁阁等。

11 月 30 日乘机在香港转机返京时,参访团在香港停留的两天里,陪同新上任的肖义舜司长去了司法部设在香港的中国法律服务(香港)有限公司;拜访了第一批 8 名委托公证人之一的张永贤老先生;参观了委托公证人杜伟强的律师行(事务所);拜会了香港回归后任特别行政区律政司司长的中国委托公证人梁爱诗女士。

为加强两岸公证界的交流与合作,维护两岸同胞正当权益,推动两岸关系进一步发展,1998 年 10 月 16 日,中国公证员协会(当时和公证司"两块牌子,一套人马")在北京成功举办了"海峡两岸公证学术与实务研讨会"。

虽然从 1995 年以来两年多的时间,中国公证员协会与台湾公证学会先后四次互访，这次是第五次，但这次是两岸公证界共同参加的第一次研讨会。双方均做了充分准备。台湾公证学会参访团应中国公证员协会邀请，由台湾公证学会会员陈祐治为团长一行 18 人，内地公证界及相关部门代表 60 人，总计会议代表 78 人。在会议筹备期间，共收到论文 70 多篇，提交会议交流的论文 17 篇，其中台湾代表 6 篇，内地代表 11 篇；有 12 位代表做了大会发言。

在研讨会的开幕式上，司法部刘飏副部长作了简短、精练的讲话，对研讨会的召开表示衷心刘飏副部长祝贺，对前来参会的以陈祐治先生为团长的台湾朋友表示热烈地欢迎；她在讲话最后还提到：实现祖国统一，是两岸人民的共同愿望。

在此次台湾公证学会参访团抵达北京的前一天，正值辜振甫先生率海基会参访团抵达上海，同日与海协会汪道涵会晤，并就一些问题达成了共识。海基会参访团在北京接受江泽民主席的会见，这对改善两岸关系将产生重要影响；两岸公证研讨会，恰逢此时召开，也必将对两岸关系的改善起到积极的推动作用。中国公证员协会执行会长肖义舜、台湾公证学会参访团团长陈祐治，分别在开幕式上致辞。

此次研讨会所涉内容比较广泛，包括两岸公证制度中有关公证性质、业务范围、法定程序、法律效力，有关收养、婚姻、继承等公证实务，以及公证维护台胞、台商正当权益，促进两岸经贸发展等。通过研讨、交流，两岸公证界同仁对相互的公证制度，有了更进一步的了解；同时，提出了两岸公证文书相互使用中存在的问题，以及解决这些问题的建议和意见。研讨会气氛融洽、热烈，参会代表畅所欲言，各抒己见，交流了思想，增进了友谊；为进一步加强两岸公证界的交流与合作奠定了基础，促进了两岸公证事业的进一步发展，有利于更好地维护两岸同胞的合法权益。

2013 年是“汪辜会谈”二十周年，也是《两岸公证书使用查证协议》签署二十周年，更是两岸关系巩固深化、全面发展的一年。海峡两岸交流合作的质量效益显著提升，机制化进程不断迈进，两岸关系和平发展的政治、经济、文化、社会基础进一步夯实。

两岸“两会”新一届领导人互动密切，巩固了制度化协商机制。2013年6月13日，中国国民党荣誉主席吴伯雄在与习近平总书记会面时，首次获马英九授权宣示：“两岸各自的法律、体制都实施一个中国原则，都用一个中国框架定位两岸关系，而不是国与国的关系。”就在一周后即6月20日，海基会董事长林中森率团访问祖国大陆，参加了“两岸‘两会’第九次高层会谈”，实现了两岸“两会”新一届领导人的首次会面。海协会会长陈德铭于同年11月26日回访台湾，增进了“两会”高层情谊与互信。

在此期间即2013年11月16日，由中国公证协会主办，在上海召开了以“两岸繁荣与公证发展”为主题的海峡两岸公证事务研讨会。司法部党组成员、副部长赵大程出席了研讨会开幕式，并作了重要讲话。海基会董事长林中森向大会发来贺信。海协会理事周宁、台湾公证学会常务监事吴启宾、海基会张峰青致辞。中国公证协会会长丁露致辞，并在闭幕式上作了总结讲话。

1993年至2013年，以两岸公证书使用查证机制为基础的两岸公证交流协作，经历了由初步建立到顺畅运行的过程。1988年，两岸公证人开始开展法律服务工作，祖国大陆发往台湾使用的公证书有1100余件。1993年“汪辜会谈”正式签署了《两岸公证书使用查证协议》，截至2012年底，祖国大陆寄往台湾的公证书副本已达176万件，大陆收到台湾寄来的公证书副本有109万件。从而，两岸公证书的相互使用为两岸民间交往构建了法律保障通道。

两岸公证业以维护两岸民众的福祉为宗旨，以确保两岸同胞正当权益的实施为目标，采取灵活、务实的态度，彰显了公证制度在开创两岸民间交流新局面中的独特作用：一是为台湾老兵回乡探亲、两岸遗产继承开辟了顺畅便捷的法律通道，帮助他们实现骨肉团聚和人生遗愿。二是为两岸婚姻缔结提供优质高效的公证法律服务。截至研讨会前，已有34万余对两岸同胞喜结连理，而且每年还以1万至2万多对的速度增长。据统计，涉台公证60%以上用于结婚或与婚姻有关的定居、出生、入籍等事项。三是为两岸同胞旅游、求学、访问等伴随两岸开放出现的各种交往，提供了有利的法律保障。

随着两岸经贸合作的不断扩展、深化，两岸公证业积极拓展公证业务领域，有效促进了两岸经贸合作。据统计，2012 年两岸之间的经贸额达到了创纪录的 1689.6 亿美元，公证法律服务在其中起到了不可替代的作用。

法制重建岁月拾索

岳　军*

司法部于1949年成立,1959年被撤销至后来“文化大革命”十年中,公安、检察、法院系统,亦被砸烂。党的十一届三中全会以后,中发〔1979〕64号文件的颁发,吹响了发扬民主健全法制的号角,公、检、法、司系统相继恢复,法制重建,法治初兴,我国法制建设进入了一个新时期。

从1979年下半年国家正式筹备组建司法部,迄今已臻四十年。我是司法部恢复重建初期到部机关工作的,直到2005年2月于部机关离职退休。我亲历了国家改革开放的伟大实践和司法行政工作恢复重建、开拓发展的进程。二十余年坚守在司法行政岗位,二十余年奋战在司法行政战线,我与国家司法行政事业结下了不解之缘。漫忆多年的法政岁月,往事历历在目:我先后在部公证律师司、公证管理司、中国法律服务(澳门)公司、基层工作指导司工作,曾任处负责人、司负责人。在部党组领导下,我主要做了律师、公证方面的组织管理工作。作为具有资格的律师和公证员,也做了一些律师和公证员的业务工作。这二十余年的风雨经历,二十余年的沧桑岁月,也许从一个侧面可以见证我国司法行政工作不断发展

---

* 司法部原公证管理司副司长。

的足迹，也可以折射出我国民主法制建设奋力前行、逐步健全的些许风貌。念及至此，我对那一幕幕的法政往事，谨作如下采撷和拾索。

1995 年，司法部公证司负责人岳军（右三）与北京市公证处主任刘西歧（右二）、厦门市公证处副主任苏国强（右一）赴西班牙考察公证制度，与西班牙公证人合影

一、重建公证员队伍，参与公证员培训工作

公证制度是我国重要的法律制度。中华人民共和国成立后，废除了旧的公证制度，初建了新的公证制度。但随着 1959 年司法部被撤销，这个重要的法律制度便也夭折了。1980 年司法部正式恢复后，即把公证制度提到重要议事日程。

基于公证制度的重建，公证员的重组成了当务之急。当时这支队伍重组的基本情况：一是邀请各地老公证员归队；二是从法院、检察院等司法机关司法人员中商调而来；三是从军队转业干部中经法律培训后分配而来。通过以上做法，终于使这支队伍又重建起来。

公证员队伍是我国法制建设中的重要力量。他们所从事的公证工作，是进行社会经济综合调控的重要法律手段，是我国整个法制链条上的重要环节。鉴于公证业务专业性很强，同时鉴于这项法律业务已中断二十余年的实际，司法部在公证员队伍重新组建过程中，一开始就及时、重点抓住公证队伍的培训工作，以尽快提高公证员的业务素质，以适应改革开放新形势下国家法制建设的新需要。

1981 年 3 月，受新中国成立初期律师界、公证界领导人、此时又重任公证律师司司长王汝琪前辈指派，我和朱乐群同志一起负责举办了全国第三期涉外法律业务培训班。培训地点设在北京市丰台区委党校，我当时临时住翠微路，每天早晨从翠微路乘 335 路公交车去丰台，下车后还要步行半个多小时到达丰台区委党校，下班后再步行和乘车返回翠微路住地达三四个月时间。由于这次培训人数较多，还从其他省市借调了几位同志来帮助工作，有四川省司法厅的罗世烈、广东省司法厅的曹伟龙、河北省司法厅的王继生和天津市司法局的刘淑珍。这次授课老师主要是从最高人民法院、中国人民大学、北京政法学院、中国社会科学院法学研究所聘请。讲授民法学科的有人民大学的佟柔，政法学院的江平、张佩林；讲授民诉法学科

1994 年，司法部公证管理司负责人岳军（中）赴西班牙考察公证制度时与西班牙公证人合影

的有政法学院的杨荣新；讲授经济法学科的有政法学院的徐杰、人民大学的关怀；讲授国际私法的有政法学院的吴焕宁、姚兆辉、陶和谦和社科院法学所的任继圣；讲授婚姻法学科的有政法学院的巫昌祯、最高人民法院的马原等。当年，对这些专家、教授的讲课内容都作了录音，并编辑成书，成为法制重建之初很长一段时间律师、审判员、检察员主要的学习材料。

1995 年委托香港公证人委托前的考试现场，司法部公证司副司长岳军在监考

除了上述以司法部名义独立组织举办培训班，并汇集统编教材外，此前，公证律师司梁来芝等同志也曾参与组织律师、公证员到中央政法干校作为第一期、第二期进行培训。可以讲，对律师和公证员的法律业务知识培训工作一直未间断。吴亦修同志参与组织了多期公证员业务知识的培训；公证和律师分司以后，公证司宗玉惠同志参与组织了多期公证员涉外公证业务知识培训。两位老同志在培训工作中做了许多具体事务，付出了许多辛劳和汗水。

以上这些经过培训的律师和公证员以后都成为办理律师和公证业务

尤其是涉外业务的骨干力量，不少人成了名律师、名公证员，还有的成为地方司法行政部门的领导。

司法部有关方面负责人管振茹（左一）、岳军（右二）看望出席全国第一届全国十佳律师、十佳公证员、十佳基层法律工作者表彰大会的十佳人员

二、恢复公证员执业机构，参与公证机构设置工作

司法部重建伊始，于 1980 年 2 月 15 日便发出《关于公证处的设置和管理体制问题的通知》，对作为国家司法证明机关的公证处恢复设置作出明确规定和要求。我所在的公证律师司公证业务处的陈六书、刘润芬、张耀忠、赵霄洛、刘南征、马文华、吴亦修、张起方、邓甲明连同资深司领导卓萍同志，对各地公证处的设置作了许多指导性的工作。

公律司原分为律师管理处、公证管理处两个处，1985 年调整为三个处：律师业务处、公证业务处、组织管理处，我被分到组织管理处任副处长。

至此，我在具体负责律师机构设置工作的同时，也具体负责公证机构的设置工作。

岳军（右）与第一届全国十佳公证员合影

当时，依据《公证暂行条例》的规定，我国是在各直辖市、县（市）辖区设置公证处。公证处设公证员、助理公证员，并根据需要设立主任、副主任。主任、副主任均由公证员担任，负责领导公证处工作，且履行公证员职务。公证处归属司法行政机关领导，由司法行政机关进行管理和业务指导。那时公证处的经费全部由国家拨款，收支由司法行政机关管理。后来随着公证体制改革的深入，少数较大、经济效益较好的公证处逐步实行自收自支的经费管理办法，司法行政机关对其实行财务监督。而大多数公证处仍实行全额拨款或全额管理差额补助，由司法行政机关进行管理。

在司法部和各级司法行政机关的努力下，至 1990 年，我国设立公证处 2921 个，公证员有 15788 人；1991 年，设立公证处达 2933 个，公证员达 15972 人；1992 年，为适应深入改革扩大开放后社会主义市场经济发展的需要，在《公证暂行条例》规定的基础上，经司法部研究同意，省、自治区和地(州盟)设立公证处,并批准广东、海南、四川、福建、西藏、江苏、黑龙江等省(自治区)设立省、自治区公证处;根据需要批准解放军总政治部司法局在酒泉基地设立了公证处;司法部并在1993年设立了国家公证处,国家公证处直属部机关领导和管理,经费实行自收自支,后更名为长安公证处,并逐步改由北京市司法局领导和管理。

司法部有关负责人徐健(前左二)、岳军(前左一)及中国法律服务(香港)有限公司总经理庄仲希(后中)、副总经理(小)徐健(后左,现为中国人民大学律师学院院长),与香港李嘉诚(前左二)及他的律师佘颂平(后右),商谈有关委托公证等法律问题后合影

三、做好全国公证员资格审批指导和备案工作

继全国各地公证处先后恢复重建并投入工作后,从组织管理角度讲,全国公证员备案、公证处公证员资格审批工作及每年一度的执业登记工作便被提上日程。这一工作的承办者仍是我和我所在的组织处的同志们。

关于公证员资格的日常审批工作,依照《公证暂行条例》的规定,拟定取得公证员资格所必须具备的条件，以部名义行文发往各地，由各省、自治区、直辖市司法厅（局）根据部里拟定的资格条件予以审批，然后报部公证律师司由组织处负责备案，组织处对各地上报备案的每位公证员（办理涉外业务的公证员）的备案表进行编号登记。当时由于现代化办公条件尚不具备，全靠人工逐一登记。

部属长安公证处和中国法律服务（澳门）公司公证员的年审注册登记及全国涉外公证员审核备案（并负责送外交部领事司备案）由公证司负责，李梅、宗玉惠等同志做了大量工作。年审注册工作非常重要，只有经过考核无不良记录、年度完成相应任务的机构和人员才能准予注册登记，继续执业。

四、适时发展公证员队伍，积极妥善解决公证员编制

公证制度恢复初期，公证员的工作机构是公证处，人员编制属行政编制，由国家财政拨款。有了编制才有财政拨款。行政编制问题，在一定意义上可以说就是一个财力支持问题，它制约着公证队伍的发展。由于受行政编制的限制，公证员队伍发展缓慢，至 1983 年公证员不足 7000 人，至 1986 年只有 1.2 万人，很难满足社会对法律服务的需求。由于公证处是国家行政机关的属性，决定了公证员队伍的扩大取决于国家能否给予更多的编制。解决公证员的编制，成为当时的重要任务。

1983 年，我陪同司法部顾问、公律司老司长王汝琪先生赴江苏参加全国司法行政系统人才预测会时，对江苏、上海等地进行了编制调查。1986 年，刘法合司长又带我和张纪军到湖北省沔阳县（正赶上县改仙桃市）、江西省武宁县进行编制调查。记得在仙桃市我们去了张沟镇、周邦乡，住宿在没有玻璃的房子里。江西武宁县条件更是艰苦，交通非常不方便，汽车还是经轮渡过去，我们在武宁一蹲就是一个星期。关于编制问题，在深入调查的基础上，公律司由我与人事司的地方处联系，人事司地方处处长陈连、副处长赵崇虎同志对律师、公证员的编制都非常关心，我们共同研究如何确定各地律师、公证员的人数：既要考虑当地人口数量，又要考虑各地经济发展的状况，以此来确定律师、公证员的发展规划，既有短期目标，又有长远规划。关于律师、公证员的定编问题，公律司和人事司相互配合，做了大量的基础性工作。为了实际解决律师、公证员的增编问题，公律司丁增祺副司长和我到国家编委申办，找到国家编委负责该项工作的万处长。我们陈述了律师、公证员增编的理由，以城乡基层调查为依据，进行了多次沟通。后经国家编委同意，为律师、公证员增加 5000 个编制。经司里研究，律师增编 4000 个，公证员增编 1000 个，由我负责下达到 30 个省、自治区、直辖市。

1996 年 11 月 26 日，中国法律服务（澳门）公司举行开业仪式，司法部办公厅负责人孙鸿祥（左四）、公证司负责人岳军（左五）、律师司负责人沈白露（左六）等赴澳祝贺

虽然国家给增加 5000 个编制，但对于刚刚恢复不久的律师、公证事业来讲，与日益增长的社会需求相差甚远。在这种情况下，我提出与劳动人事部沟通，向劳动人事部申请增加劳动指标，并由我具体承办这项任务。在多次与劳动人事部沟通协商，经努力做了大量工作后，劳动人事部同意为法律顾问处和公证处增加 1.5 万个合同制人员指标。这 1.5 万个合同制人员，由我们分配给法律顾问处和公证处各 7500 个并合理安排下达各地，主要用来补充律师和公证员的辅助人员，以便律师和公证员有更多的精力和时间用在办理律师和公证业务方面，提高法律服务

水平，为社会提供更多的法律服务。应当说，这在当时解决了很大问题。

如今，律师的发展早已不受编制约束，公证员的发展在编制方面也放松了许多，这是一种进步。但在律师和公证制度恢复初期，将律师和公证员纳入国家编制序列，努力解决律师和公证员编制不足问题，这对于从人力财力上支持律师事业、公证事业的发展，提高律师和公证员的社会地位，无疑是应予肯定的积极做法。

五、参与律师、公证员专业职务系列的建立与发展

1985 年，中共中央和国务院决定实行专业技术职务聘任制，这是对专业技术人员管理工作的一项重大改革。这一改革的目标，是改变过去的职称评定制度，把职务和称号分开，不再沿用“职称”这一含混不清的概念，而代之以责、权、利统一的、具有准确意义的“专业技术职务”，实行职务聘任制。这既是人事管理制度的改革，也是工资制度改革的重要组成部分，是切实执行按劳分配的办法，这直接关系到包括律师、公证员在内的广大专业技术人员的切身利益。

当年，我代部拟修了《律师和公证员专业职称暂行规定》，经部、司领导同意，报送中央职称改革工作领导小组和国务院工资制度改革小组。我在刘法合司长、朱乐群副司长的带领下，与中央职改办做了多次深入细致的沟通工作。由于工作到位，得到中央职改工作领导小组组长宋健、中央职改办有关负责同志柳运贤、丁文汉及吕忠民等的赞同和支持。这为律师、公证员两个职务系列的建立奠定了基础。在这个报批、沟通过程及以后的评审工作中，司法部人事司地方处陈连处长及薛薇同志给予了帮助和通力合作。

对于司法部要求建立律师和公证员职务系列问题，国务院科技局（中央职改办）还派员与公律司刘法合司长、朱乐群副司长进行了讨论。时任中央政法委书记乔石和中央职改工作领导小组组长宋健同志对司法部的要求都很重视，中央和国务院领导胡启立、田纪云、李鹏同志以及中央职改领导小组副组长兼职改办主任郭树言同志也都给予了支持。根据他们的批示，我反复修改了上报的《暂行规定》，七易其稿，拟就了《律师职务试行条例》和《公证员职务试行条例》，并拟就了《关于律师职务试行条例的实施意见》和《关于公证员职务试行条例的实施意见》,经部、司领导同意,正式报送中央职改办公室。之后,我们又按中央职改办的要求,对律师、公证人员的情况包括工资状况进行了摸底调查,逐级测算,综合分析,提出了各级律师和各级公证员适当的比例结构及实施评定专业职务后的增资额度。“各级”,是指律师职务和公证员职务均分为一级、二级、三级、四级,其中一级、二级为高级职务,三级为中级职务,四级为初级职务。测算之前的工作情况是这样,我和老干部梁来芝同志于 1986 年赴江苏、上海进行了摸底调查,受到江苏省司法厅厅长李佩佑和资深律师汪洋、南京市司法局副局长刘丕烈、处长王星旅、上海市司法局副局长王文正、何后和资深律师李树棠等人的接待。为了参照其他专业系列,我和萨木嘎处长、梁来芝同志还到北京协和医院、国家体委了解他们各自的情况和做法。1987 年春节后,我和朱乐群、晏福增、杨金国赴重庆出差,突接司里电话让我尽快返京,按中

1988 年 10 月,时任司法部公证司组织处处长岳军(中)与该处张纪军(左,后在联合国难民署工作)、张庆(右,后曾任北京市律师协会会长)在辽宁省本溪市检查律考工作期间

央职改办意见对全国各地各级律师、公证员所占百分比进行工资测算，即测算律师、公证员评定专业职务后需增加工资的数额。接通知后，我立即由重庆经武汉，坐硬座火车返京投入测算工作。测算工资是一件既细致又复杂的工作，要了解律师、公证员工资现状才能测算出增加多少工资，在时间紧迫的情况下，这就需要平时掌握和积累这方面的资料和信息，多亏平时注意工作资料的积累，这项测算工作按要求及时完成了。

再后，由我拟写的经部、司领导审定同意的《关于申请设置律师、公证员职务系列的报告》于 1987 年 3 月 9 日报送中央职称改革工作领导小组，再次申请建立律师和公证员职务系列。在邹瑜部长和我们工作人员的多次催促下，司法部申请建立律师和公证员职务系列得到正式批准。中央职称改革工作领导小组于 1988 年第一季度内向各省、自治区、直辖市人民政府及中央和国家机关各部委先后转发了司法部《律师职务试行条例》及其实施意见和《公证员职务试行条例》及其实施意见。

1987 年 7 月至 9 月，两个职务条例尚未正式颁布前，在我们的积极要求下，中央职改办曾同意司法部先行试点。在分管律师、公证工作的部党组成员、原副部长陈卓和公律司司长刘法合领导下，我具体联系和筹备了沈阳和上海南北两地公证、律师专业职务评审试点工作。刘法合司长负责沈阳试点工作，另一司领导卓萍同志负责上海试点工作，我直接参与了沈阳的试点。在试点过程中，针对律师、公证员队伍文化层次参差不齐的情况，我和晏福增同志共同起草了《关于不具备规定学历人员的若干规定》并上报中央职改办。为解决沈阳市律师、公证员高级职务的指标问题，我又进一步与中央职改办联系，在他们的支持下，我们持中央职改办文件，又与辽宁省和沈阳市职改办（科干局）联系沟通，沈阳市律师和公证员的高级职务指标得以解决。10 月，我具体筹备并参加了由司法部在昆明召开的公证员、律师职称改革工作会议。会上，我们安排被邀参会的沈阳市科干局王副局长发言。我还具体筹备并参加了以陈卓为主任的司法部高级律师、高级公证员评审委员会的工作，为全国不具备成立高职评审委员会的地区代评了第一批一、二级律师、公证员，对部属各律师事务所的律师进行了评审。

在沈阳试点期间,沈阳市的资深律师丁玉兰、资深公证员万里同志以及省司法厅律管处周强处长、黄丽敏副处长、公管处丁树丰处长和市司法局张局长、程连敬副局长等同志对我们工作给予了大力地支持和积极的配合。

需要说明的是,律师、公证员两个专业职务系列的设立的确经过了非常艰苦的工作。之所以相对比较艰苦,其原因之一是由于律师和公证员均属新设系列,它不同于科技、经济、教育、卫生等部门的专业职务领域,如工程师、教师、会计师、医师等的专业职称是原来就有现在只是恢复,所以中央职称改革工作领导小组采取慎之又慎的做法。在征求各方面意见后,劳动人事部还提出鉴于公证处属于国家行政机关(不同于律师所属事业单位),对公证员的专业职务评审范围及限额比例要提出合理要求,以防各行其是的建议。但终归由于各方面包括劳动人事部的支持,还是有了最后零的突破,律师、公证员正式进入国家专业职务系列,掀开了律师和公证发展史上新的一页。当然,随着时势向前发展,其中律师专业职务的评定已发生了变化。但依历史阶段论看,两个专业职务系列的建立是有重大意义的,它进一步确立了律师、公证员应有的地位,提高了律师、公证员的待遇,确实有利于稳定律师和公证员队伍,有利于调动广大律师和公证员的工作积极性,促进律师和公证业务的发展。

六、创设全国公证员考试制度,确保公证队伍质量

1988 年 12 月 9 日,为有利于公证工作和律师工作的进一步发展,司法部决定对两项不同工作的管理分开单列,将公证律师司正式划分为公证司和律师司。分司时律师业务处归律师司,公证业务处归公证司,组织处因既管律师又管公证,这次主要是分配组织处的人员。经组织征求个人意见后,我到了公证司,仍负责组织工作。为促进公证队伍的专业化,提高公证队伍质量,为储备力量,发展公证队伍,分司后,我便积极推进全国公证员统一考试制度的实行。

公证制度恢复时,《公证暂行条例》对担任公证员的规定在当时是需要的、可行的,但随着公证事业的发展以及社会对公证服务要求的提高,起初规定的公证员条件比较低。1988 年,中央职称改革工作领导小组批准颁发的《公证员职务试行条例》使公证队伍迈出了向专业化、正规化发展的第一步。1989 年，司法部针对公证队伍人员及律师不能适应形势发展需要的实际情况，下发了《关于加强律师、公证人员管理工作的通知》（以下简称《通知》）。《通知》中规定：“把好进人关。调入公证处的业务人员，必须具有大专以上的文化程度和专业知识……今后调入公证处的专业人员，一律由省、自治区、直辖市司法厅（局）通过考试考核，严格按照四级公证员的任职条件授予公证员资格。”1990 年，有部分省、区、市按照通知精神组织了区域内的公证员资格考试。但仍有一些省、区、市未能按通知精神办，个别地方仍不经考试授予了部分公证员资格。因此，组织全国统一考试，建立全国公证员考试制度，越来越紧迫地提到工作日程上来。其实，为提高办理涉外公证业务公证员的业务水平，保证办证质量，我和同志们先后组织了 1989 年、1992 年两次全国公证员涉外公证业务考试，为举办全国公证员资格统一考试打下了基础。

1991 年 7 月，根据部、司负责同志意见，我们拟写了《关于举行 1992 年全国公证员资格统一考试的通知》。正式决定从 1992 年起，公证员资格考试一律由司法部统一组织，考试合格后由司法部授予公证员资格，每两年举行，省、自治区、直辖市司法厅（局）不再举行公证员资格考试，但对本地区参加统考合格者负责颁发由司法部统一制作的《公证员资格考试合格证书》。需要说明一点，鉴于公证处是国家证明机关，和律师事务所不同，因此，公证员资格考试参考人员范围仅限于公证处和司法行政部门内部符合报考条件的人员，根据当时情况，经多次研究终未向社会开放。

1992 年，第一次全国公证员资格考试如期成功举行，当年参考人数为 3825 人，考试合格 2167 人。继参与组织 1992 年第一次全国公证员统考之后，作为公证司分管组织工作的负责人，我又具体组织了 1995 年第二次全国公证员资格考试工作。为总结第一次统考经验，更好地举行第二次统考工作，司法部于 1994 年 8 月在贵阳召开了全国公证员资格考试研讨会。在会上，我代表公证司作了重点发言。在第二次统考之后，为做好第三次全国公证员资格统考工作，司法部于 1997 年 2 月在海南召开全国公证员资格统考研讨会，我又代表公证司作了关于第三次统考工作的意见，供与会人员研商讨论。这些往事说明,司法部和我们工作人员对于全国公证员资格的统考工作,是非常严肃认真的,是很严格负责的。

七、创立全国公证员社团组织,参与筹建中国公证员协会

1989 年,在我国公证队伍不断扩大、公证业务不断拓宽、公证事业迅速发展的情势下,为维护广大公证员的合法权益,促进公证员之间和国际间的交流,推动公证理论研究,为进一步健全我国的公证制度,使之更好地为改革开放和社会主义经济建设服务,司法部作出创立全国公证员社团组织的重要部署,由公证司负责筹建中国公证员协会。

按照司内分工,筹建协会的工作具体由组织处负责。我作为组织处处长,在司长朱乐群领导下,具体起草了中国公证员协会章程、成立申请,并代部起草了审核意见,供部领导核准后一并报民政部。中国公证员协会成立之时,正处在国家严格控制设立各种社团组织之际,我在具体负责报批过程中,经与民政部社团管理司贾卫同志多次反复沟通,才得以批准。

除上述文件起草和报批工作外,我和同志们一起共同筹备了召开公证员代表大会的有关事宜。1990 年 3 月 29 日,司法部在回龙观饭店召开了第一次全国公证员代表大会,中国公证员协会宣告正式成立。中央政法委、全国人大常委会法工委、最高人民法院、最高人民检察院和中国法学会、中华全国律师协会的负责同志到会祝贺,拉丁国际公证联盟以及部分国家的公证人组织发来了贺电。3 月 30 日,大会通过了《中国公证员协会章程》,会上由我宣读了对理事会候选人的审核意见,经大会投票选举贾京平等 59 位同志为协会理事,组成了第一届理事会。同日,理事会召开了第一次会议,选举朱乐群为中国公证员协会会长,肖峋、张绳祖、柴发邦、徐健、黄赤东、管振茹同志为协会副会长,徐健兼任协会秘书长,岳军、刘南征、王福家同志为副秘书长,共同组成了协会常务理事会。后因人事变动,又增补了 4 名理事周强、刘和平、邓甲明和地方一名同志,调整更换 3 人为协会理事,有河北省的刘瑞川、刘向东和上海的缪晓宝。

中国公证员协会是公证员人员组成的全国性社会团体,具有独立的社

团法人地位，接受司法部管理。协会的任务有：一是对会员进行政治思想教育，组织会员学习党和国家的方针政策，国家的法律、法规、规章和有关专业知识；二是宣传公证制度，组织开展公证学术交流，为会员提供业务信息资料和咨询服务；三是支持公证人员依法履行职责，维护公证人员的合法权益；四是向政府和有关部门反映关于法制建设问题的意见；五是开展与外国和我国港澳台地区公证团体及公证人的交流活动；六是举办会员的福利事业。

依据协会章程，全国公证员代表大会每三年举行一次，协会进行换届。我和同志们又具体筹备了第二次全国公证人员代表大会，大会于 1994 年在南京举行。会前，依据协会成立之后几年来我国公证制度逐步完善，公证事业深入发展的实际情况，针对协会章程执行中的实际问题，司领导责成我对《协会章程》进行了修改，同时由我起草了《关于修改协会章程的说明》。会上，新章程的说明获得了通过。这次会上，著名法学家王家福等十四人被选为常务理事。

中国公证员协会成立以来，积极开展公证理论研究，认真组织全国公证制度及公证体制改革和发展研讨活动。适应海峡两岸形势变化，中国公证员协会和国台办海协会适时就公证文书使用问题与台湾地区海基会进行商谈，并逐步加强了与外国公证人组织的友好合作和交往。尤其在宣传公证制度，为广大公证人员提供业务信息资料方面，在支持公证员依法执业、维护公证人员的合法权益方面，中国公证员协会发挥了重要作用。

八、审慎进行公证体制和工作机制改革，参与公证体制和工作机制改革的设计

我国公证制度重建后，公证工作逐步得到了发展。面临国家深入改革扩大开放的形势，1984 年 6 月，司法部召开了公证改革会议，进行了一些探索工作。1988 年 5 月，为促进公证工作更大发展，司法部召开了第一次全国公证工作会议，在总结既往公证工作经验和成绩的同时，提出了以改革总揽全局，加快公证制度改革步伐的意见。当时国家的有关领导王芳、康克清到会给予支持和指导。公证司组织处具体负责并参与了这次会议的有关筹备、会务等工作。

公证工作不同于律师工作,无论在专业业务领域分工方面还是在机构和工作人员管理方面,都有其特殊性。因而,在公证管理体制和工作机制改革方面,都需要更加认真、审慎进行。我国《公证暂行条例》规定,公证处是“国家证明机关”,它专门行使国家的证明职能,因而不同于律师事务所,也不同于其他事业单位和个人。公证体制改革的焦点问题:一是公证处可不可以从“国家机关”改为“事业单位”,改为事业单位是否有利于公证工作发展,改为事业单位是否影响其行使“国家的证明职能”作用;二是财务管理上,是实行行政包干还是自收自支等。对于这些问题,公证司曾组织过多次研讨和论证,并多次向各地公证处及其司法行政管理部门征求意见。

1993 年,根据工作分工,我在综合大多数人意见的基础上,代部起草了《公证体制改革试点方案》。遵照对公证和律师工作给予过许多帮助、支持和指导的肖建章副部长的指示,我们部署了公证改革的试点单位,江苏省南京市和河北省永年县公证处作为公证司的试点。当年试点改革方案虽未正式下发,但随后实践中,不少公证处已按照方案精神在运作,部分公证处改为事业单位,部分公证处实行自收自支,部分公证处内部实行事业化管理,公证改革的步伐有了实际进展。

1994 年 10 月,时任部长肖扬同志邀集部分中青年干部就司法行政工作的改革与发展举行座谈会。我作为被邀者之一,在座谈会上就公证工作改革和发展发表了意见。我着重谈了在具备一定条件后,改革现行的公证体制,将占国家行政编制属于行政机构性质的公证机关统改为不占国家行政编制的事业单位的必要性;公证处改为事业单位后在经费管理上应根据不同地区不同情况,分别实行“自收自支”“差额补助”“统收统支”的可行性;根据需要,应提倡新设自收自支事业性质的公证机构;改革公证机构的设置原则,在按一个行政区划只设一个公证处的原则改变后,依据需要,在一市一县范围内打破区域界限可设立几个公证机构,县排序号、市起名称,统一公证机构冠名;司法行政机关对公证处应实行宏观管理,改变管得过死过细的做法。这些个人认识和建议,提供给部领导,作为公证改革和发展决策时的参考。这一年,根据司内工作分工,我曾反复修订《公证工作体制改革方案》，提供第三次全国公证工作会议暨第二次全国公证员代表大会讨论，广泛征求意见，以利于公证工作改革建立在表达群众意见的扎实基础之上。

1996 年 7 月底 8 月初，公证司在牡丹江市召开了“公证体制改革试点经验交流会”。我在会上又就如何推进公证体制改革深入发展发表了意见。当会议总结材料及我的发言报部领导后，肖扬部长针对我的发言材料批示：讲得不错。有些问题还应从理论和实践加以研究，找到一条适合我国国情的、有中国特色的公证事业发展道路，但又能同国际普遍做法相衔接。我以为，部领导的肯定，是公证改革的大方向，尚需我们坚持不懈、长期为之努力。是年底，当公证改革的一些情况和我的建议报送部领导后，肖扬部长又作出了具体批示意见。肖扬同志指出：岳军同志提出公证改革“前进难度很大，后退没有出路”的困惑，我亦有同感。1993 年新一任党组组建后，曾决心促使公证处从行政机关向事业单位转变，但内部思想不统一，有的地方怕打破“铁饭碗”，出现了裹足不前的局面。后来司法部提出不搞“一刀切”，允许持有不同的办法，实践了几年有些发展，但未取得突破。当时税收问题是影响公证发展的一大问题，部领导指示：望继续努力，争取能联合发文解决存在的问题。部领导如此明确而具体的工作意见，增强了我们迎难而上推进公证工作体制改革的信心。

九、加强境内外法律业务合作，参与创设中国委托公证人制度

1980 年以后，随着改革开放政策的逐步深入，香港居民回内地办理民事经济法律事务日益增多，由于我国内地与香港特别行政区的法律制度不同，对发生在香港的法律行为、有法律意义的事实和文书如何确认，摆上重建不久的司法部议事日程。在部领导的决策下，在公证律师司的努力下，从 1981 年开始，司法部开始委托 8 名香港资深律师，为香港居民出具回内地处理经济民事法律事务所需的证明。继第一次委托后，1986 年又委托 18 名香港律师，至此，司法部共委托香港律师 26 名。

委托香港律师的工作开始时由公证律师司公证管理处负责，从 1985 年组织处设立后，这项工作由组织处负责，公证律师工作分司以后这项工作由公证司组织处负责，公证司设立台港澳处后，又由台港澳处负责。由于我先后在公证律师司和分司后的公证司都是负责做组织方面的工作和作为公证司负责人之一，分管台港澳处的工作，因而从1985年至1997年期间，我参与并作为这项工作的主要承办人，其间前后刘南征、李梅、张纪军、宗玉惠、牛文忠、江晓亮等也都做了许多工作，外事司李和平、曹平也参与了赴港考察工作。

1981年和1986年的两次委托称为“委托香港律师”。从1991年第三批委托起，鉴于司法部委托的香港律师，是在港取得“国际公证人”身份的香港律师，且经司法部考核考试合格后，才委托为香港公证人，出具香港居民赴内地处理经济民事法律事务所需证明。因此，我提出，将“委托香港律师”改为“委托香港公证人”更为确切，得到了部、司领导和同志们的认同。此后便改称为委托香港公证人，并经一致努力，使委托香港公证人的工作逐步走向制度化、规范化。

在建立委托香港公证人制度、开展委托公证人工作过程中，我在领导和同志们帮助支持下，主要承办了以下工作：

1. 先后具体承办了委托公证人的考核、培训、考试、面试遴选和审批、颁发证书及注册等工作。在委托公证人中，有的是人大代表、政协委员和港事顾问，有的是资深律师、太平绅士和爱港爱国的社会名人。如阮北耀、何耀棣、黎锦文、张永贤、胡百熙、翁家灼、练松柏、陈子钧先生（大律师）、廖瑶珠女士、香港回归后的特区政府律政司司长梁爱诗女士，还有邓尔邦、付德祯、黄干亨、王泽长先生等都是早期委托的公证人。先后担任过香港律师公会会长的叶天养、刘汉铨以及黄英豪（临时立法会委员、中国青联副主席）、刘健仪（临时立法会委员）、李业广（行政会议委员）、吴少鹏资深律师、简家聪资深律师、简松年资深律师、李钜林资深律师、刘佩芳资深律师等，都是司法部委托的公证人。这些注册执业的委托公证人，都有较强的法律专业知识和业务能力，他们以爱国爱港的热情和积极负责的精神办理发往内地使用的证明，较好地满足了香港居民、法人和其他经济组织与内地民事经济交往的需求，维护了当事人的合法权益。至1997年7月1日香港回归前，司法部共委托香港公证人210人：除已述1981年第一批8人、1986年第二批18人外，1991年第三批23人，1993年第四批39人，

1995 年第五批 122 人。据公证司不完全统计，至 1996 年经委托公证人办理发往内地使用的证明文书就有 40 多万件，促进了香港与内地民事、经济的交流，沟通了贸易、投资信息，同时在解决历史遗留的法律问题和不同制度间的法律冲突方面进行了有益的探索，取得了良好的效果。

2. 为使委托公证人工作规范化、制度化，我从 1993 年下半年着手起草《中国委托公证人(香港)管理办法》。在起草过程中，我和公证司同志们广泛征求了国务院港澳办、新华社香港分杜、中国委托公证人协会(由司法部委托的香港公证人在港设立的协会)的意见，于 1995 年 2 月 22 日由肖扬部长签发部令实施。该办法对委托条件、申请程序、注册条件及程序、办证程序、法律责任以及委托前的培训和对会讲普通话的语言要求等方面作了明确规定。办法的实施，使委托公证入的工作有章可循，步入了规范化的轨道。

3. 1996 年底，关于香港回归后委托公证人制度存废问题，肖扬部长批文指示应着手研究解决，责成公证司积极主动把此事抓起来，分管副部长张耕同志当天批示时任公证司副司长的段正坤同志和我两人研究提出意见。此后我曾拟文就香港回归后，两地法律如何衔接以及外交部关于认证方面所持不同意见等情况，从理论和实践的结合上，向部领导汇报了对“一国两制”下两地公证文书相互使用问题以及坚持发展委托公证人制度的意见。1997 年初，我同段正坤同志与张福森、张耕副部长及办公厅主任孙鸿翔等同志一起又认真研究了 1997 年后两地公证文书使用问题。就在当年 2 月上旬，张耕同志还在我就此问题上报给部领导的详细报告材料上批示：这份材料写得很好，有分析，有建议，颇有见解。可参考香港公司送来的材料，再作进一步修改，使之更加完善，作为我们同有关部门磋商时的依据材料。

4. 为妥处委托公证人工作中面临回归后的新情况，回答香港中国委托公证人协会提出的今后如何办证有关业务方面的新问题，以及调处中国法律服务(香港)有限公司和香港中国委托公证人协会工作上的不同意见，我和牛文忠等同志作为司法部的代表于 1997 年 5 月下旬赴香港参加中国委托公证人协会第九届年会，并和委托公证人代表及香港公司代表促膝交谈,化解了协会与公司的不同意见。我在大会讲话中也明确希望协会和公司在工作中要多联系、多沟通、相互支持、相互理解、相互协调,做好工作。同时,听取了委托公证人协会关于香港“九七”回归后继续坚持委托公证制度,完善深入发展这一制度的意见,并进行了认真商谈。

委托公证入制度从“委托香港律师”一件具体事情开始到发展成为一种法律制度,这是司法部在法制建设上的创新,是解决一个国家内部不同社会制度、不同法律体系之间公证文书往来使用的重要制度。这一制度是中国公证制度的组成部分,是在“一国两制”的现实情况下,保障证明文书的合法性、真实性的需要。这一制度为香港居民、法人到内地处理民事和经济法律事务提供了有效的法律服务途径,适时解决了在一个国家内部、两个不同法律区域间证明文书相互确认的问题。这一制度创设 20 多年来,推进了香港与内地之间的交往,在“一国两制”的经济社会领域发挥着越来越重要的作用,为促进两地法律服务交流与合作作出了积极贡献;同时,团结了香港法律界人士,为香港的回归和回归后香港的繁荣稳定发挥了并继续发挥着积极作用。

十、参与筹建中国法律服务(香港)有限公司

1991 年,随着司法部委托香港公证人人数的逐步增加,香港发往内地的证明文书数量也在不断增加,为了便于内地公证书使用部门对委托公证人的签名章及出具的证明文书的辨认,保证公证文书质量,维护香港和内地当事人的合法权益,同时考虑到两地交往中尤其是在婚姻方面,内地当事人受到伤害的情况不容忽视,更显委托公证人出具证明文书重要性。时任公证司司长朱乐群提出,对委托公证人出具的证明文书增加一个审核加章转递(认证)程序,把一道关是非常必要的。就这件事情,朱司长和我在香港与新华社香港分社协调部的领导进行了研讨,交换了意见,也听取了部分委托公证人的意见,得到了委托公证人的认同和新华社香港分社的支持。于是,我们向部领导汇报提出,在港设立专门机构负责审核加章转递工作,得到部领导的同意,但终因司法部在港已设立中国法律服务(香港)有限公司,负责境外机构审批的主管部门认为,不宜再设新公司而未予批准。经部、司研究,这项业务挂靠在中国法律服务(香港)有限公司。

司法部提出的对委托公证人出具的证明文书进行审核加章转递工作，曾遇到有关部门不理解甚至反对。但在香港发往内地公证文书日趋增多的情况下，为了确保香港发往内地公证文书质量，推进境内外交往健康发展，为维护两地当事人的合法权益，朱乐群司长、我和赵霄洛多次与国务院港澳办沟通，港澳办香港政务司司长王风超（后提任办副主任）、副司长徐泽终于表示同意我们的意见。在新华社香港分社和国务院港澳办的支持下，也为了尊重外交部领事司关于不引起“英国人敏感”的意见，司法部同意中国法律服务（香港）有限公司在深圳设办事处，承担加章转递工作。关于设立深圳办事处事，部、司责成我与深圳司法局联系，请他们帮助办理了设办事处的相关事宜。办事处设立后，虽然是以香港公司深圳办事处名义进行加章转递，但为了方便香港当事人，此项业务仍在香港进行，司法部派出公证司赵霄洛、广东省司法厅公证管理处欧杰坤赴港承担加章转递工作，后赵霄洛返京由刚刚成立不久的国家公证处黄安江接替。加章转递工作1992年开始时在港有独立的办公地点，单独列账，这项业务收费属规费性质，除业务开支、人员费用开支，剩余部分按规定应上缴国家。1993年，这项业务收费被并入公司财务，办公地点也并入公司内，这无疑大大增加了公司的经济实力，也增强了公司的活力，对公司后来的发展起到了促进作用，打下了经济基础。

中国法律服务（香港）有限公司是司法部创设的、在香港登记注册提供中国法律服务的专门机构。公司机构不断扩大，从公司初期只办律师业务，到后来在深圳设立办事处承办委托公证人出具证明文书的加章转递；应香港回归前香港律师公会要求，公司又设立了中国法律律师事务所；成立了中国法律杂志社有限公司。业务范围逐步展宽，业务量不断增多，为各界客户提供较为准确的中国法律咨询和较好的法律服务。

十一、发展境外法律服务工作，参与筹建中国法律服务（澳门）公司

澳门，是我国进行国际交往和合作的又一重要窗口。在设立中国法律服务（香港）有限公司逐步开展境外法律服务工作之后，如何依托澳门这一窗口，继续发展境外法律服务工作，一直是我们思考的问题。经过几年酝酿，1990年，在澳门设立法律服务机构的工作被提到司法部的议事日程

上来。

作为当时具体负责境外法律服务机构设置的工作人员，我是设立中国法律服务（澳门）公司（原为有限公司）的初期提议者、参与者和主要承办者。事情的起因是这样的：为了解决澳门居民、法人回内地办理民事法律事务和从事经济贸易活动所需证明问题，1990年9月25日至28日，时任公证司组织处长的我和朱乐群司长一起，在以外事司司长徐景峰为团长的带领下，赴澳门对公证方面的问题进行考察之后，认为在澳门设立中国法律服务机构，解决澳门居民、法人回内地处理经济、民事法律事务所需证明和提供中国法律咨询是很有必要的。新华社澳门分社积极要求司法部在澳门设立法律服务机构，并表示负责与澳葡当局的协调事宜。回京以后，我在拟写的关于赴澳门考察情况的报告中向部党组明确提出在澳门建立中国法律服务机构的建议和方案。部领导原则同意我们的意见，责成公证司以中国公证员协会和中华全国律师协会的名义向司法部呈交关于成立中国法律服务（澳门）有限公司的正式请示，我承担了具体拟文。随后，部领导根据国务院关于全国性专业公司（集团）的审批权限的规定，责成公证司代部起草给国务院审批部门的请示报告，我代部拟写的《关于成立中国法律服务（澳门）有限公司》的请示于1991年2月19日成文，经朱乐群、徐景峰和全国律协常务副会长陈卓核稿，由时任部长蔡诚予以签发。后因国务院港澳办提出“鉴于清理整顿驻港澳中资机构的工作尚未完成，在此期间暂停审批设立新的机构”，以及此期间新华社澳门分社在澳门中旅社设立了法律服务部，改变了支持司法部在澳建立机构的态度，此事就被搁置下来。基于工作所需，建立驻澳机构确实必要，时任公证司司长徐健和我先后在1993年、1994年给分管副部长张耕两次拟文催告此事。在时任办公厅主任贾京平协助下，司法部向中央政法委任建新、罗干两位领导同志送去报告请予支持。后在司法部又具文向国务院港澳办公室申报后，国务院港澳办于1995年6月21日复函，同意司法部在澳门注册设立“中国法律服务（澳门）有限公司”。时任部长肖扬责成包括公证司在内的相关部门（办公厅、律师司）做了一系列筹备工作，并就有关业务事宜与最高人民法院、公安部、民政部进行联系与沟通后，中国法律服务(澳门)公司于1996年11月26日成立,公司在澳门举行了开业仪式,司法部派出了由办公厅、外事司、计财司、律师司、公证司组成的代表团到会祝贺,公司正式对外开业。

但因公司在澳门注册登记时遇到了一些具体问题,徐健同志经请示部领导,同意按澳门注册登记要求,后以徐健、庄仲希2人名义注册为中国法律服务(澳门)公司(国务院港澳办批准的是有限责任公司,现注册为无限责任公司),后又换成沈白露和我的名义。该公司在法律上是私人公司,负有无限责任。我曾先后向张耕、刘飏二位副部长建议,为完善法律手续,司法部应与澳门公司责任人签署一个协议,明确公司的归属及责任人的权利、义务和法律责任,以防发生责任不清和财产上的纠纷,避免国有资产受到损失。这样做于公于私都是非常必要的。

中国法律服务(澳门)公司是司法部创设的、在境外登记注册提供中国法律服务的又一专门机构。公司的业务部经研究,司法部于1996年5月23日作了如下授权:(1)为澳门居民、法人和其他组织提供涉及中国法律的资讯、咨询和其他法律服务,包括民事、经济、刑事以及行政诉讼和非诉讼法律事务。(2)出具、审核并加章转递澳门公共和私人实体出具的发往内地使用的文书。(3)审验内地公证处出具的发往澳门使用的文书的签名、印鉴属实并代当事人领取此类文书。(4)以公司在内地办事处名义出具发往澳门使用的公证书。(5)代理内地当事人在澳门办理有关法律事务。(6)澳门法律允许的其他法律业务。

在澳门公司业务范围上,需要说明的是,公司一成立徐健总经理就向部里提出承担向台湾地区海基会寄送公证书副本的加章转递业务,此项业务海协会负责人唐树备先生是同意的,当时司法部分管港澳台工作的张福森副部长和分管公证律师业务的张耕副部长都很同意。我当时是公证司副司长,对此是非常支持的。时任中国公证员协会副会长管振茹也很支持。遵照张福森和张耕二位部领导的要求,我责成公证司工作经验丰富、在台港澳处负责涉台业务的处级干部张起方起草了《关于进一步做好向台湾海基会寄送公证书副本工作的意见》。此后我又多次向部领导口头或书面报告开展该项业务的必要性和可行性,但终由于多方面原因一直未能实施。但从另一方面讲,这给该公司今后的工作留下了发展空间。

十二、努力做好涉台公证工作,参与涉台公证事务管理

1980年公证制度恢复不久,内地公证机关出具的公证书就发往台湾地区使用。1987年,我国台湾地区开放居民赴大陆探亲、旅游之后,我国台湾地区公证部门出具的公证书也发往内地使用,公证文书往来日益增多。但由于众所周知的原因,两岸公证文书的使用一直存在很大障碍,1989年之前,内地公证机关发往我国台湾地区使用的公证书只有5000多件。特别是1991年3月,我国台湾地区当局委托"海基会"对内地公证机关出具的公证书进行单方"验证",把内地出具的公证书作为私文书对待,使内地出具的公证书在台湾地区使用受到严重阻碍。此后,在中央和国务院关注下,司法部积极配合有关部门进行不懈努力,终于1993年4月29日在新加坡举行的"汪辜会谈"(汪道涵先生和辜振甫先生会谈)中签署了《两岸公证文书使用查证协议》。双方约定就涉及继承、收养、出生、财产权利等10项公证事项相互寄送公证书副本。此协议的签署使长期困扰两岸的公证文书查证问题得以解决,两岸公证文书的使用从此走上了规范化轨道,为内地涉台公证业务的开展和公证文书的相互使用创造了良好条件,这为两岸同胞的交往和两岸经贸关系的发展提供了很大方便。从协议生效至1995年底,内地办理发往台湾地区使用的公证书达128461件。

为搞好涉台公证工作,我所在的公证司先后于1989年12月25日至29日在湖南岳阳市召开了部分省、市公证管理部门负责同志参加的"涉台公证工作座谈会";于1991年11月29日下发了《关于办理涉台遗产继承公证若干问题的通知》;于1996年11月14日至16日在贵州省贵阳市召开了全国公证管理部门负责同志参加的"涉台公证工作座谈会",一并召开中国公证员协会理事会。这次会议还邀请了全国人大法工委民法室贾东明同志及香港公司庄仲希、黄安江先生、委托公证人协会翁家灼、张永贤、傅德祯先生参会。作为公证司负责人之一,我参与并主要筹备和组织了贵阳会议,和徐健[已赴中国法律服务(澳门)公司工作]、段正坤、管振茹及张纪军、邓甲明、江晓亮等同志一起参加了贵阳会议。会上,张耕副部长作了"提高认识,服务大局,努力做好涉台公证工作"的讲话。会议总结了履行

《两岸公证文书使用查证协议》以来的情况，交流了经验，研究如何解决涉台公证中存在的问题，进一步完善了办理涉台公证的制度，并探讨了如何在两岸经贸交往中充分发挥公证作用的途径和方法，部署了此后一段时期的涉台公证工作。贵阳会议之后，公证司向各地公证管理部门和公证处下发了《关于进一步加强涉台公证工作的意见》。

1995 年，在中国委托公证人(香港)委托书颁发仪式上，司法部公证司负责人岳军(左三)、司法部外事司曹萍(左一)与委托公证人合影

1997 年 1 月 3 日，时任部长肖扬在《司法部情况反映》(第 132 期)刊登的“涉台工作在促进两岸同胞往来和经贸关系发展中发挥了有效作用”上批示：“正坤、岳军同志：公证工作在世界上法律地位都是很高的。我国的公证工作几年来有很大进步，在‘大服务’的思想指导下，为经济发展、社

会进步、国家稳定作了贡献。看了涉台公证工作在涉台工作中起了有效作用,甚为欣慰,望继续做好此工作,并请将1994—1996年的情况收集在一起,出一期《要情》向中央领导反映。"1997年2月13日,就加强涉台继承公证工作的管理和指导事宜,我代表公证司与国台办综合局长、海协会副秘书长刘刚奇同志进行了商讨;2月26日,原副司长(时为巡视员)管振茹出席了司法部在深圳召开的港澳台法律培训交流中心成立大会;4月28日至5月7日,我国台湾地区公证学会大陆访察团以学会常务监事、我国台湾地区"最高法院"民事庭庭长吴启宾先生为团长,以学会常务理事、花莲高分院院长吕潮泽先生和学会顾问、海基会副秘书长李庆平先生等为团员的一行14人到内地访问和考察,我和公证司的同仁接洽了他们,并就两岸公证文书往来事宜进行了交流,由邓甲明同志陪同前往各地。

十三、重视和推动公证立法,参与《公证法》的起草工作

公证制度恢复不久,司法部就非常重视公证立法工作,向国务院建议,向全国人大立法部门反映,积极予以推行。1982年4月13日,国务院正式颁发了《公证暂行条例》,这是我国第一个全国性的公证法规。这一法规的实施大大推动了我国公证工作的制度化、规范化。经过几年贯彻《公证暂行条例》的工作实践,司法部依据《公证暂行条例》于1986年12月4日和1991年4月1日又先后颁发了《办理公证程序试行细则》《公证程序规则(试行)》,在对办理相关公证业务的法律依据和程序统一规定的基础上,新增加了特别程序、复议程序等重要内容,促使我国公证工作进一步制度化、规范化。

在公证立法的逐步推进下,我国公证事业得到长足发展。前已简说1991年全国已设置公证处2933个公证员发展到15972人;至1992年,全国公证处数量增至2981个,公证员发展到16204人,年办理各类公证业务972万多件;1993年,全国公证处数量增至3066个,公证员发展到17000人,公证业务发展到100多种;1994年,我国公证处出具的公证文书,已在130多个国家和地区使用;1995年,各项公证业务有了更大增长。

随着上述公证工作的迅速发展,如何配合立法部门加强公证立法的工作被提上公证司的重要议事日程。为进一步完善我国的公证制度,实现公证工作的法制化，促进公证工作全面持续深入发展，司法部在抓紧修改《公证暂行条例》的同时，于 1993 年又决定启动对公证法典的起草工作，以为报送国家立法机关正式立法做好前期工作。作为公证司组织工作的具体负责人，我参与了《公证法》前期起草、调研、论证、修改等工作。

曾记得，自 1995 年底我们将《公证法(送审稿)》提交国务院法制局以后，为促进《公证法》早日出台，公证司积极配合国务院法制局进行此立法项目必要性和可行性的论证，召开了一系列座谈会、研讨会、论证会，认真听取有关部门和专家学者的意见和建议，听取基层的意见和建议。从 1996 年 4 月开始，我参与了同国务院法制局的宋大涵、李建、青峰、卢云华等有关负责同志对《公证法(送审稿)》交换意见，并和青锋、李建、卢云华、毕英达等同志一起对送审稿进行了逐条讨论修改。公证司参加修改的还有江晓亮、邓甲明，马月娥也偶有参加。5 月至 6 月，我实地参与了公证司配合国务院法制局在北京、天津两市公证处进行的调研，在京联合召开了公证法专家论证会。具体筹划组织与中国公证员协会一起在湖北宜昌召开了由国务院法制局和全国人大常委会法工委同志参加的公证法论证会，基层公证人员及管理人员代表参加了这次大会，会议听取了各方面的意见和建议。7 月，司法部还派出了由时任法制司副司长的肖义舜和公证司副司长的我为正副团长，与国务院法制局政法司马森述、司法部司协局张明、外事司石金兰等组成的中国公证立法代表团，对法国和瑞士这些公证制度比较发达的国家进行考察。我们考察了两国公证人的性质、公证人的条件和任免程序、公证事务所的形式、公证人组织、公证项目、公证业务管理、惩戒、赔偿和职业保险等问题，将国外有益的经验吸收到《公证法》稿中。8 月，公证司又组织人员对《公证法》中必须公证的事项进行了理论研究。修改过程中，我们还编印了外国法规资料，供立法部门参考，邓甲明同志在这方面做了许多工作。

前期起草工作吸取了我国公证实践的经验教训，采纳改革开放后的公证理论研究和法制建设的最新成果，借鉴了外国公证制度建设的成功经验，结合我国现阶段公证工作发展的实际情况，在《公证暂行条例》的基础上，对公证工作的任务、基本原则、组织机构、业务范围、工作程序、法律效力、社团组织等方面作了规定。我、江晓亮、邓甲明都曾是具体执笔人,李梅、张起方、宗玉惠等处负责人老同志和后起之秀牛文忠等都给予了很大支持,做了许多工作,公证司全体同仁为《公证法》早日出台付出了许多心血。立法草稿总是一遍又一遍地讨论,一遍又一遍地修改。直到我离开公证司之前半年即1997年3月,我还在成都召开的《公证法》座谈会上,与国务院法制局政法司副司长青锋等同志听取陕西、四川等地公证员对《公证法》修改稿的意见。公证司的草拟稿为后期报送立法工作部门全国人大常委会法工委审定作为草案,及至提交全国人大常委会讨论通过正式出台《公证法》,打下了坚实基础。

十四、成功举办“国际公证制度理论与实务研讨会”

1990年以后,应当说具有中国特色的社会主义公证制度已在我国初步建立并日益健全。面对当今世界各国间的交往越来越密切,交流和合作逐步成为各国发展不可或缺的条件。我国和其他国家公证事业的发展,恰为这种交流和合作提供了坚实的法律保障。拉丁国际公证联盟作为有影响的国际公证组织,为密切各国公证界的联系作出很大努力。在1990年拉丁国际公证联盟来我国访问之际,与司法部和中国公证员协会在北京合作召开国际公证制度理论与实务研讨会达成共识。随后,司法部组成了会议组织委员会负责组织筹备工作。作为公证司分做组织工作的公务员,我和本司以及外事司、计财司、行政司的有关同志具体进行了会前筹备工作。会议召开期间,徐景峰、徐健同志为正副秘书长,我和组委会成员张耀臣、云玉璞、王兆新、周强并郑勇、江晓亮、李和平、康煜、王福家、刘南征、张纪军等同志分别具体负责有关会务工作。我是中方接待组组长,王福家同志是中方接待组副组长。大家一起为成功举办这次国际公证会议作出了应有努力。

1991年11月20日至22日,“国际公证制度理论与实务研讨会”在北京昆仑饭店召开。这是我国举办的第一次国际公证会议,会议主席为时任公证司司长、中国公证员协会会长朱乐群和拉丁国际公证联盟主席德莫斯。雷洁琼副委员长、王芳国务委员到会祝贺,时任司法部副部长、会议组委会主任鲁坚致开幕词,大会就“大陆法系和英美法系公证制度比较研究”

“公证人在非诉讼中的职能和作用”“公证人在外国对华投资中的作用”三个议题进行了研讨，我国肖竘、柴发邦、张绳祖分别就三个议题发言，西班牙的西蒙桑托加、比利时的魏茨、阿根廷的本桑诺也分别就三个议题发言。中外双方交换了意见，研讨会开得很成功。

在这次会议上，中国公证员协会首次提出倡议，由中国公证员协会与拉丁国际公证联盟组织有关成员国的公证人组织在平等互利的基础上签订合作协议书，相互为本国出具资信证明，并供对方国家有关部门审批合资、合作项目作为参考依据。这一倡议立即得到拉丁国际公证联盟和许多国家公证人组织的赞同。会后，经过一年多的酝酿和磋商，协议书文本经过多次修改，并征得当时国务院经贸办和经贸部的赞成和支持，在拉丁国际公证联盟的主持下，中国公证员协会会长朱乐群代表本会于 1993 年 10 月在意大利罗马与意大利、德国、法国、荷兰、比利时、卢森堡、西班牙、瑞士、墨西哥、哥伦比亚、阿根廷、巴拉圭、多米尼加 13 个国家以及加拿大魁北克省的公证人组织签订了合作协议书。这是“国际公证制度理论与实务研讨会”的又一重要成果。

中国（香港）委托公证人纳入CEPA附件5的始末

何　敏*

岁月飘香，余韵悠长。2003年8月至9月的那场因缘际会始终在记忆蓝海碧波微漾，每每想起，感慨良多。能在正确时间、正确地点、与正确的人一起做正确的事，当抚额庆幸，与有荣焉。

2003年6月30日，中央政府主导签署了《内地与香港关于建立更紧密经贸关系的安排》（Closer Economic Partnership Arrangement，CEPA）的框架性协议，为促进香港社会繁荣稳定施以援手，其后又签署了一系列CEPA附件。CEPA附件5《关于"服务提供者"定义及相关规定》第6条第3款中规定：香港服务提供者提供的法定声明、自然人身份证明复印件，以及工业贸易署认为需要由香港律师作出核实证明的文件，应经"内地认可的公证人"公证。"内地认可的公证人"，即为中国（香港）委托公证人。这是首次从国家层面确认中国（香港）委托公证人的职业身份和法律地位。

中国（香港）委托公证人制度创立于1981年，是顺应改革开放后香港居民和公司往来内地从事民商事活动的需要，

* 司法部原律师公证工作指导司巡视员、副司长。

前排左三为作者

由司法部委托一些资深香港事务律师，对香港发往内地使用的法律文书进行公证。至 2003 年，已由首批 8 名委托公证人发展到近 300 人，有了规范运行的专业协会，相对严格的办证程序，办理了近百万件公证文书，司法部在港设立了中国法律服务（香港）有限公司（以下简称中法公司）对委托公证文书进行加章转递。创立该项制度的初衷，是对不同司法管辖区法律制度和法律文书转换使用的一种探索和尝试。香港回归后，这个制度继续为服务两地经济民事交往发挥重要作用。但在当时，“一国两制”下的法律适用转换制度仍在探索实践中，内地的影响力和认可度还需进一步提高。因此，2003 年 CEPA 附件 5 的签署，是委托公证人制度实现跨越的重要节点。

作为时任中法公司副董事长（2002 年底至 2008 年 8 月任职），我亲历并参与了 CEPA 附件 5 关键磋商过程，现将那段刻骨铭心并对我其后职业生涯启示颇多的经历复盘如下。

一、机遇来敲门

2003 年 8 月，下班路上接公司一新入职年轻律师电话，说商务部外资司林哲莹副司长来港，约我一见。林副司长是 2002 年 9 月我在日内瓦参加中国加入 WTO 过渡期审议会议的分组组长,一个高大英俊的儒雅青年。林副司长此番来港是代表商务部与香港工贸署就落实 6 月 30 日中央人民政府和香港特别行政区政府签订的 CEPA 框架性协议的附件 5 进行新一轮磋商,林是商务部首席谈判代表。18 日上午已和香港工贸署就 CEPA 附件 5《服务提供者的定义及相关规定》的细节安排进行了磋商,20 日上午最后一轮磋商。根据细节安排,香港工贸署将会根据商务部要求,确定产品和服务出口内地的香港有关企业是否符合 CEPA 所界定的“香港公司”标准,然后向内地政府推荐,内地政府根据工贸署的印章和推荐书,确定该企业享受 CEPA 专属于“香港公司”的优惠措施。

出于职业关注,我问他如何界定“香港服务提供者”的资质?他回答:申请为“香港公司”的企业要提交相关的证明文件,由工贸署进行核证。工贸署考虑建立一个以招投标方式确定的包括律师、会计师、国际公证人在内的“独立人士”推荐名册。“独立人士”接受工贸署委托,对“香港公司”是否符合 CEPA 定义及其提交的文件进行认证后送工贸署,工贸署向内地政府部门出具推荐书。林还说,双方已就此基本达成共识,但“独立人士”未包括香港的委托公证人。

我从 1998 年任司法部律师公证司涉外涉港澳台处处长,深知委托公证人制度因没有法律保障和广泛政策支持,发展困难。赴港任职后多次跑国家工商总局外资司商榷,请求港商的内地工商注册登记文件应经香港委托公证人公证和中法公司加章转递。外资司认为香港委托公证对保障港商登记注册文件的真实性、合法性很必要,但需要政策法律依据支持,不能违反投资便利化国策。

中法公司和中国(香港)委托公证人协会(以下简称委托公证人协会)也一直在积极寻求委托公证人制度纳入 CEPA 的途径。如 CEPA 附件 5

将委托公证人排除在外，CEPA 实施后，现业务占比近三分之一、收费占二分之一的中法公司商事类业务空间将被大大压缩，这是委托公证人和中法公司生存发展不能承受之痛，也是这项制度不能承受之重。

为此，我对林副司长说，工贸署提出的“独立人士”应当涵盖香港委托公证人这一专业类别。委托公证人和国际公证人是香港并行的两个办理公证文件的专业团体，主体都是香港律师，但公证文书的使用目的地不同，国际公证人办理香港发往内地管辖权之外的国家和地区的公证文书；委托公证人办理香港发往内地使用的公证文书，且香港委托公证人是由司法部委托的香港资深律师，香港服务提供者的资质文件理当由委托公证人证明，国际公证人不能越俎代庖。

林副司长很惊讶，说既有现成制度，理应由香港委托公证人提供香港服务提供者资质证明。我说，中法公司是司法部在港窗口公司，获授权处理在港委托公证事务。请你明天在磋商会上代司法部提议将香港委托公证人纳入“独立人士”类别，公司随后报司法部追加确认。委托公证人制度是内地确立的制度，如把香港委托公证人排除在外，不仅对同是专业人士的香港委托公证人不公平，也是对这项制度的否定，这个后果和责任谁也承担不起。林答应明天上午磋商会上提出，并要我介绍委托公证人的基本情况，我当即尽量详细地做了总体说明，又请公司两位员工过来进一步介绍了委托公证和加章转递的流程。

二、险为仲夏梦

20 日上午与香港工贸署的磋商中，商务部代表提出，如香港工贸署确定由“独立人士”代替工贸署进行部分认证。应由现行司法部委托的香港公证人做这方面工作。因委托公证人制度已建立 20 余年，委托公证人都是由资深香港律师担任，懂得内地法律，办理的业务范围是证明发往内地使用的香港证明文书并且由司法部在港设立的公司加章转递。由委托公证人公证，符合委托公证制度的原则。

香港工贸署提出，不知道有这个制度，需慎重考察考虑。商务部虽坚持，但未达共识，磋商无果。

林副司长当即从会场出来告知这一情况，建议由香港专业协会向港府提出请求,港府一向重视本地专业协会意见,并说时间非常紧迫,需抓紧行动,上午是附件 5 终局磋商,之后将很快签署。我即电话刚接任委托公证人协会主席阎尚文律师,通报情况请委托公证人协会出面向港府争取,一边急电在上海出差的中法公司董事长刘一杰,同时起草报司法部的紧急报告,汇报此事。兹事体大,不身陷其中,颇难体会箭在弦上的紧迫。

三、协会急发力

阎尚文刚刚接任委托公证人协会主席,此前从未接触此事,但却立显香港专业协会有担当、敢负责,竭诚尽力为会员争取合理权益的优秀传承;阎本人亦彰显了信任、果断、勇气和全力以赴投入的个人特质。接我电后即表示,只要有利于委托公证人制度的事当责无旁贷,愿尽一切努力。阎尚文遂以专业协会名义致电求援香港律政司有关官员,请求根据委托公证人制度的既定事实,将委托公证人纳入 CEPA 附件 5。香港律政司尊重委托公证人协会诉求,对工贸署的磋商文本提出修改意见备忘录,即"香港服务提供者将……提供的文件资料、法定声明和证明书,经香港委托公证人进行公证,然后提交香港特别行政区工业贸易署"。

委托公证人协会下午电话约见工贸署常任秘书长余宗怡,21 日下午向工贸署提出由委托公证人代替独立人士对香港投资者进行资质证明的提案。22 日下午,协会主席阎尚文等与余秘书长面谈,再次提出相同诉求。

阎主席反馈,余秘书长表示先前不知道有这个制度,也不知道磋商中商务部提出的委托公证人议案。听阎的介绍后,余认为,委托公证人是司法部委托的从事特许服务的专业人士,委托公证人制度属于内地法律制度在港的延伸,不是香港法律认定的专业类别,从港府角度看,委托公证人协会不在港府联系的九个专业团体序列。

阎主席提出委托公证人虽是司法部委托,但主体是香港资深律师,都是专业人士,熟悉内地法律,委托公证人协会是按照香港法律设立的专业团体,这一制度存在了 20 余年,香港投资者大多了解这个制度,自 1992 年以来,有关公司文件共作了 10 余万件,占整个业务的五分之一。近三年占每年业务的一半，如否定现行的中国（香港）委托公证人制度，实行“独立人士”遴选名册，势必影响已持续20余年的制度，此制度对内地及香港的继续稳定、繁荣与发展及“一国两制”的成功是不可或缺的。余允诺再考虑研究。

阎主席再将余的意见向香港律政司和中法公司反馈。中法公司和委托公证人协会共同约见律政司首长，请求港府尊重现实存在的委托公证人制度，敦促香港工贸署将委托公证人证明写进服务提供者资质认定的程序中。如香港特区政府这边工作难做，中法公司和委托公证人协会将提请司法部要求商务部对“独立人士”作界定，将委托公证人写进去。

四、公司搬救兵

刘一杰董事长回港听汇报后认为形势严峻，不能坐失良机，需司法部更高层面协调。8月26日中法公司电传《关于请求在CEPA附件5中加上中国委托公证人制度相关内容的紧急报告》。

中法公司认为，CEPA中既未涉及香港委托公证，港府工贸署也未认同委托公证人制度。如工贸署意见成立，附件5“独立人士”将委托公证人排除在外，势必对这项制度产生重大影响。一是目前内地只有法院系统和民政部门明确发文使用委托公证文书，各经贸主管部门没有明确要求。现内地各部委正根据CEPA协议修改和制定涉港法规、规章。包括国内一些正在使用委托公证文书的部委也将根据CEPA这些条款进行修改。如CEPA中未作委托公证要求，主管部门在审批香港公司所提交的文件时，不会将委托公证的内容规定进去，也不作公证要求，委托公证的社会基础将被削弱。二是今后香港公司到内地设立企业提交相关的申请文件时，“独立人士”的核认将取代委托公证和加章转递，委托公证人制度的合法性和必要性受到质疑。三是委托公证人制度将被动地从香港法律界和社会生活中逐步退出。中国委托公证人制度的设立是基于“一国两制”下不同法律制度沟通和两地法律文书转换使用的需要。该制度自1981年建立以来，经过20多年的摸索和实践，成功地建立了一套被两地采纳的业务运作机制、工作程序和配套的法律制度，设立了自治的香港专业组织和行业监管体制，委托公证人的主体资格是香港资深律师并熟悉内地法律，委托公证文书在香港社会各界已被认同为解决两地法律文书转换使用的主要代表。事实上,为避免事后纠纷和诉讼,香港企业到内地从事投资贸易,大多要求委托公证人为该企业资质作证明,一些内地文书使用部门也多依赖委托公证人出具的公证文书。这样一套成熟并有一定社会影响的专业制度,却因 CEPA 中未作设定,而导致港府主管部门不认可,不承认委托公证制度在香港的地位,甚至不如国际公证人;延伸到今后内地文书使用部门不再认可这一制度,不接纳委托公证文书,将会否定"一国两制"下两地法律制度和法律文书转换的成功实践,影响委托公证制度沟通和联系不同法域的法律和法律文书使用转换的专业性特征,使这一制度逐步被淡化而失去存在的社会基础。四是委托公证制度团结和凝聚香港法律界的功能将被减弱。一直以来,委托公证人视接受司法部委托为荣耀和开拓业务的品牌,也深为当事人看重。他们很珍惜这个制度和委托的身份,注意和内地保持良好关系,行动上是爱国爱港的。委托公证人协会团体的凝聚力很强,行业管理规范。如委托公证人制度被削弱,这支在香港法律界能发挥一定作用的爱国爱港力量也会随之削弱。

委托公证业务未来发展将面临严重危机。当前,委托公证人数量增加业务量却持续下滑。原是业务支柱的房地产和民事类业务急剧萎缩,公司类业务迅速攀升,占三分之一多,收费则占总收入一半,委托公证业务现主要靠公司类业务带动。如丧失公司类业务,现有的民事类业务不足以支撑委托公证人制度的基础。

中法公司将首当其冲受到严重影响。公司主要依靠审核转递业务维持正常运转,转递业务是公司的主体业务。公司利用审核转递职能代表司法部与香港社会各界联系,开展工作。公司建议:

一是按照 CEPA 附件 4《服务贸易磋商纪要》"当因执行附件 4 对任何一方的贸易和相关产业造成重大影响时,双方应对附件 4 的有关条款进行磋商"的规定,将委托公证内容写进 CEPA 附件 4 的实施细则中。CEPA 后 17 个服务贸易行业都对香港进一步开放,允许香港公司设立独资企业,涉及大量的香港文件在内地使用问题。司法部向商务部提出且重申司法部颁规章《中国委托公证人管理办法》的规定,坚持凡是发往内地使用的

“发生在香港地区的法律行为、有法律意义的事实和文书”必须经司法部委托的香港委托公证人公证和中法公司加章转递。

二是将委托公证人写进 CEPA 附件 5“独立人士”中。请商务部提请港方尊重现行的委托公证人制度，以委托公证人作为法律界人士整体纳入“独立人士”中，参与对香港公司有关法律文件的查证和认证；或对“独立人士”的资格作界定，把委托公证人的条件写进去。理由是对香港公司的界定虽然是政府之间的行为，但企业向政府提交的文件是拿到内地使用的，也是一种跨境服务，在现有委托公证人制度存在的条件下应认可这一制度。

三是建立两地政府之间的互谅备忘录。建议借此落实 CEPA 措施契机，借鉴大陆和台湾《两岸公证书使用查证协议》，司法部与香港律政司商定一个跨两地证明制度的互谅备忘录，这样将委托公证制度从 20 多年来的单方行政制度改为两地认可的法律互助制度，巩固委托公证制度的法律地位。

8 月 28 日，司法部召刘一杰董事长和我回京当面汇报。

五、后方大援手

司法部领导高度重视，律师公证工作指导司当即与商务部台港澳司协商并去文，提出将委托公证人纳入附件 5“独立人士”议案，但商务部台港澳司与工贸署磋商时未被接纳。9 月中旬刘一杰董事长陪胡泽君副部长飞深圳与港府有关部门首长会谈，请求尊重委托公证人作为一个法律专业团体已在港执业 20 多年的事实，在附件 5“独立人士”文本中纳入委托公证人，但在港协调还是无果。9 月 30 日 CEPA 附件 5 即签署，时间紧迫，刻不容缓。司法部部长张福森亲自出马找商务部台港澳司王辽平司长做工作，请他鼎力相助，保留“一国两制”下这一行之有效的法律证明转换制度。其后我一直在律师公证工作指导司参与此事，期间与商务部多次协商，依旧无解。

六、定分终止争

9 月下旬，我陪同律师公证工作指导司司长赵大程（现为副部长）参加商务部台港澳司主持的最后一轮磋商会。善于协调应对复杂局面的赵大程司长在车上问我：如港方态度坚决，我方能否退一步，比如不用“中国（香港）委托公证人”这一名称，而用中间性称呼，实质内容不变。虽万般不愿，但这是最后机会。我们商议了多种称呼,最后赵大程司长决定采用“内地认可公证人”作为底线。会议由王辽平司长主持,香港工贸署长杨立门主谈。我部再提要求,杨立门是国际谈判高手,温文尔雅,态度谦和却滴水不漏,毫不相让。时间在双方相持中流失。王辽平司长建议双方各退一步,此时赵大程司长提出用“内地认可公证人”的称谓,杨立门署长依旧坚拒。最后王辽平司长拍板定夺,采纳司法部意见,将“内地认可公证人”写入附件 5 中,杨立门署长未再异议。

至此,历时月余可谓一波三折的 CEPA 附件 5 磋商降下帷幕,委托公证人制度得以从单方行政许可,获得两地法律性互助确认。

9 月 30 日,CEPA 附件 5 签署。后全国人大常委会审议通过了 CEPA 协议和配套附件,委托公证人制度喜获国家法律承认,终于实现新的跨越。

为让 CEPA 附件 5 得到落实,对外,中法公司和委托公证人协会加强展开与内地工商登记系统、商务系统、民政系统的交流互访、接受国家工商总局委托,为该局在各地举办的外资企业登记干部培训班授课,介绍委托公证制度和香港公司法,阎尚文主席及后任主席们和中法公司专家每年十数次赴内地授课,十几年持之以恒。接受内地各省工商行政系统定期来港学习培训,考察委托公证与加章转递场景;对内,制定了 17 份适用 CEPA 的办证指引和格式,建立委托公证人学分培训制度和助理业务培训,举办公证实务讲座,定期召开中法公司和委托公证人协会常务会议、三方联席会议制度,健全完善业务规范和办证细则。中法公司并建立了与内地用证部门的核实查验对接机制。

根据 CEPA 附件 5,内地工商、民政、商务等用证部门在贯彻落实 CEPA 措施中,将香港委托公证人制度正式纳入相关法规和规章文件中。主要有:

2003 年 12 月底,司法部和商务部联合发布通知《关于认真落实内地与香港建立更紧密经贸关系的安排,严格执行委托公证人制度的通知》,确认 CEPA 附件 5 要求的香港服务提供者提供的法定声明、自然人身份证明复印件,以及工业贸易署认为需要由香港律师作出核实证明的文件,应经“内地认可公证人”公证。严禁使用未经授权的机构、人员出具的无效的证明和不法人员伪造的公证文书，维护委托公证人制度的严肃性。

2003 年 12 月发布了《国家工商行政管理总局关于贯彻落实〈内地与香港关于建立更紧密经贸关系的安排〉促进内地与港、澳经济共同发展的若干意见》，规定了香港服务提供者提交的合法开业证明等文件，由香港的中国委托公证人出具证明文件，经中法公司签章转递，并附以文件确认的，可免予核对原件。

2004 年 2 月《国家工商行政管理总局〈关于涉港企业登记文书证明效力问题的通知〉》，再次明确了中国委托公证人出具规定了涉港登记文书法律效力，对于香港投资者身份证明，如果由香港的中国委托公证人出具证明文件，并经过中法公司加章转递的，可免予核对原件。

2006 年 4 月，国家工商行政管理总局、商务部、海关总署、国家外汇管理局共同发布了《关于外商投资的公司审批登记管理法律适用若干问题的执行意见》，涉及委托公证的内容，作出和前述《国家工商行政管理总局〈关于涉港企业登记文书证明效力问题的通知〉》同样的规定。

纸短言长，意犹未尽。我始终没有忘记那个长发飘飘，眼神清冽，国文功底极好，总是严肃难得一笑的时任委托公证人协会总干事郭玛丽女士。正是她承担了大量的文稿和规则及格式的制定，严谨、精细、专业，一丝不苟。她的职业精神和对事业的敬畏，不容瑕疵的工作要求和极端自律，深深地感动和震撼了我。惜天妒红颜，英年早逝。缅怀她所做的一切，仿佛看见她在云端里向我微笑。

公证，离别三十年，你可安好？

赵霄洛*

公证，对我来说，是步入法律生涯的“初恋”。在我近四十年的法律工作中，前九年是与公证相遇相识相伴的。有趣的是，阴差阳错，我后来却与律师走到了一起，并且“白头偕老”，直到退休。

我是1980年5月到司法部公证律师司工作，并安排在公证管理处。当时，我的处长陈六书是50年代司法部的老人，风度翩翩，和善儒雅，写得一手漂亮的钢笔字。副处长刘润芬来自外交部领事司，是位老大姐，名门之后，有着不同凡响的经历。80年代初期，那是一个百废待兴的岁月。公证如同深藏闺房的姑娘，缓缓步下了厅堂。在老同志的领导下，大家思想解放，齐心协力。自然，困难不少，但是大家都很努力，希望开创一个公证工作的新局面。记得那时公证队伍发展较快，到了1989年前后，全国已经有近万名公证人了。那时，律师专职有2万多人，兼职1万多人，总共3万多律师。相比之下，从人数上看，公证与律师有差距，但尚在合理区间。

刚到公证律师司时，我一心想去搞律师工作。没想到，却分配到了公证管理处。有意思的是，当我进入工作角色之后，

---

* 司法部原公证律师司公证管理处长、中国法律服务（香港）有限公司副总经理。

却发现公证工作也是别有洞天的。工作，我还努力，算是及格；学习，我是下了功夫，这是应当的。当时的陈六书处长是公证的“活字典”“教科书”。他带着我反复切磋，合作编写了《公证知识》简易读本，是他把我领进了公证之门。1982 年 5 月，刘复之来到司法部担任部长。他长期在公安系统，对公证似并不熟悉。但是，他立即要求公证管理处向他介绍公证的历史、性质和作用。当时，我也参加了资料的汇编和撰写。刘复之部长上任就抓学习，给我留下了深刻的烙印。老同志老领导的言传身教，让我认识到认真学习，有厚实的理论支撑，公证才能行得正、走得远。我积极参与推动举办了公证理论研讨会。后来，我还随朱乐群副司长到加拿大魁北克省和法国考察公证，这都令人受益良多。我曾写了不少文章，分别发表在《法学研究》《法制日报》等报刊上。可以说，经过朝夕相处的九年，我与公证有了心灵上的交流，萌生了不解情缘。

1981 年初，司法部领导接见香港律师

“向来情深，奈何缘浅。”1989 年初，由于个人原因，我暂时离开了公证工作。不久，就改行从事了律师工作，直至退休。“自从别后难相见。”与公证一别，就是三十年。

如今，改革开放给公证带来什么变化？我亲历了律师行业翻天覆地的变化，思忖着公证也会有着巨大的改变。

衡量一个行业的变化发展，最简单的标准莫过于看看它的从业人数的变化。记得1987年9月，我随中国司法部代表团访问法国公证人协会。那时，法国前司法部部长阿兰·佩尔菲特对我们说，再过十年，中国将拥有15万公证人。经过三十年，他的这一预言是否成真？于是，我怀抱着期望，立即上网搜索。没想到，扑面而来的却是遗憾和不解。全国公证人1988年为9214人，1998年为13006人，2008年为22284人，2018年为13330人。可以说，三十年来，公证人数量经历了一个微弱增长又微弱下降的过程。三十年来，公证队伍似乎突然停止了成长。

1986年，中国司法部代表团访问加拿大魁北克公证人公会（右二为作者）

相比律师人数在这三十年中的飙升，公证人数的“休眠”，很是让人揪心。1988 年，全国专职律师 2 万余人，兼职律师 1 万余人，共约 3 万多人，是公证人数的 3 倍左右。截至 2018 年底，我国律师人数已经达到 42 万余人，与 1988 年相比，增长了 14 倍；是公证人数的 30 多倍。

诚然，公证与律师性质不同，公证人数量的增长受到地域配额和经济发达程度的影响。但是，三十年不变，以及如此之低的公证人数量，无论何种理由都无法给出合理解释。

的确，公证人的数量主要按照地域配额调整。但是，这种配置会考虑到人口数量与公证人的比例。目前，我国 13 亿人口，共 13300 公证人，平均 10 万人/1 公证人。而法国平均人 0.7 万人/1 公证人，意大利平均 1.2 万人/1 公证人，荷兰平均 1.3 万人/1 公证人，加拿大魁北克省平均 0.22 万人/1 公证人。与上述国家相比，我国人口与公证人之比太低了。当然，有人会说，法、意、荷、加等都是发达国家，无法相比。那么，看看俄罗斯。俄罗斯规定公证人的比例为大城市 1.5 万人/1 公证人，省城为 2 万至 2.5 万人/1 公证人，其他地区为 2.5 万至 3 万人/1 公证人。显然，俄罗斯也远远高于我国。

的确，公证人数量与经济发达程度和个人财产多寡也有着密切关系。那么来看看我国经济发展的状况。1989 年，我国 GDP 总量约为 1.7 万亿元人民币，人均 GDP 为 310 美元。到了 2018 年，我国的 GDP 总量为 90 万亿人民币，是 1989 年的 52.4 倍；人均 GDP 为 9509 美元，是 1989 年的 30 多倍。遗憾的是，三十年来，我国社会经济总量和人均财富的井喷式增长，却没有带来公证人数量的增长。

我与上海别有情缘。再拿上海这样的中心大城市来说，1989 年，GDP 为 696 亿人民币，公证人为 292 人；2018 年，GDP 为 3.27 万亿人民币，公证人 407 人。上海市 2018 年的 GDP 是 1989 年的 46 倍，而公证人仅仅是 1989 年的 1.5 倍。显然公证人的增长远远落后于城市经济的发展。2018 年，上海按常住人口计算的人均 GDP 达到 13.5 万元人民币，约 2 万美元，达到发达经济体标准，但是，上海仅有公证人 407 人，平均 5 万人/1 公证人。虽说上海公证在全国来说是名列前茅，但是这还是大大低于俄罗斯法定三级标准的最底线。

看看这些数据对比，在不解、困惑之时，内心依旧泛起阵阵隐痛和自省！俗话说，前人种树，后人乘凉。莫非是我们这些“前人”的工作没做好，给“后人”平添了不少困难？更令人惊讶和沮丧的是，目前公证队伍已是“万般哀怨，一种离愁”，人员还在继续流失……

没想到，真的没想到，三十年之后，再相遇，环视一下周边的公证人竟是“冠盖满京华，斯人独憔悴”，令人唏嘘不已，真是“物是人非事事休，欲语泪先流”。

作者（左一）在美国访问马里兰州州务卿及公证管理人员

三十年来，尽管公证人素质、办证数量和收费总量，都有些许提高。但是，公证人队伍增长缓慢，这说明公证工作发展滞后，公证工作的改革还需进一步加强。目前，我国社会经济发展已经进入了新常态。可以说，公证工作已经错失了迅速发展的机遇期，“一失足成千古恨”。公证这三十年的止步不前，势必给公证长期发展带来深刻危机，留下了难以弥补的历史伤痛！

为什么我国经济体量已经成为世界第二，而公证人数量却没有明显提高？为什么改革开放带来了律师、会计师等行业的突飞猛进，而唯独公证行业却踟蹰不前？为什么公证工作一直在改革，可是改来改去，却没有带来什么大的变化？“春风不度玉门关。”难道公证就是那改革春风吹不到的“玉门关”？！

不在其位，不谋其政。这些问题，我们这些曾经的公证行业的老人自应不予置喙，而应当由公证工作的决策者和管理者来回答。不过，我爱故我思。谈一点点对公证理论的思考，应当算不上是对公证工作的置喙。

当前，面对公证人员的持续流失，采取积极措施，最大限度地调动公证人员的凝聚力和积极性尤为迫切，这也是政府管理公证的出发点与核心。诺贝尔经济学奖得主萨缪尔森指出：应当在什么是个人的自利性奋斗，什么是政府的管制等功能中，寻找到哪里才是精当的“黄金分割线”。我们应当借助萨缪尔森的提醒来认真思考一下：公证与政府之间的“黄金分割线”在哪里？政府对公证的管理界限应在哪里止步？政府怎么样可以管得少又可以管的有奇效？

必须指出，正确认识公证人是划分公证人与政府之间的“黄金分割线”的前提。公证人，我是谁？这道公证人的斯芬克斯谜语，似乎依旧需要破解。

十多年前，我曾读过恩格斯的著作《英国状况——评托马斯·卡莱尔的“过去和现在”》。该文不仅破解了“我是谁”这个人类的斯芬克斯谜语，同时，也为我们破解公证人的斯芬克斯谜语提供了思路。

依据马克思、恩格斯的思想脉络，人的本质的唯一本源就是人的生产和物质关系。当然，公证人也概莫例外。我们只有从公证人的生产与物质关系中，才能真正理解什么是公证人。公证人不是天上掉下来的，也不是人们主观臆造出来的，而是随着社会生产进步和分工所产生的。公证人是社会经济发展的产物，它的本质是与它直接相关的社会和物质关系的总和。具体说，这个“总和”就是公证人怎么向客户提供公证服务，并通过交换获得赖以生存的报酬，以及这些报酬在内部的分配方式。

公证服务具有国家授权的独特性质,从而拥有了证据效力、使法律行为生效的效力、强制执行的效力。国家通过规定必须公证事项和公证人区域配额制,以保证公证人的基本收入和防止过度竞争。除此之外,在公证行业中,所有制、服务产品交换、有限市场竞争、经营管理模式等因素都起着至关重要甚至是决定性的作用。盈利始终是公证行业发展的原动力;自行执业、自主经营、自负盈亏自然是公证人事务所的原生态。对此,我们必须坦率面对,并作出合理与积极的引导。同时,这个"总和"也决定并制约影响着公证人的法律制度、文化道德和意识形态等。如果不承认不尊重,甚至随意扭曲公证人的本质及其特征,那么公证人就失去了生存和发展的源头活水。

作者(左一)近年在上海看望新中国第一批老公证人朱光明

"三十年间更一世。"如今我已经退休在家,颐养天年。这次与公证的短暂相逢,也只能是"相顾无言,惟有泪千行"。容易伤感,这或许正是老年人的通病。写完这篇短文,也算是与我的"初恋"——公证的一次阔别多年的握手、拥抱和深深的祝福。

公证人来到这个世界上应当已经有了上千年的历史。在欧洲，尤其在拉丁语系国家有着稳定、坚实和完善的基础，并为现代政治和法律制度的形成作出过重要贡献，受到了普遍认可和尊敬。若论法律体系，我国的法律体系似乎更接近于拉丁语系国家的成文法体系。况且，我国传统上就流行“产业交关少不得立个文书，也要用着个中人才使得”的传统习俗。因此，公证在我国应当具有发展的空间、土壤和前景。关键是要等到那个天时、地利、人和的机缘和契机。放眼未来，公证“花落自有花开日，蓄芳待来年”。

祝公证好运！祝公证同仁们 lucky！

忆创建公证赔偿保障体系

江晓亮 *

2000 年 7 月 31 日，国务院批准的《关于深化公证工作改革的方案》(以下简称《方案》)规定："(十三)建立完善公证赔偿制度。……自本《方案》实施之日起，公证机构应从每年业务收入中提取 3% 的份额作为赔偿基金，用于理赔。"《方案》为建立公证赔偿保障体系提供了基本依据。

一、幻想成真

我于 1983 年大学毕业进入公证行业工作。1986 年，我撰写的《中外公证制度比较研究》一文，得以入选参加司法部召开的首届公证理论研讨会(收于《兰州公证理论研讨会论文集》)；1987 年借调到司法部公证法起草小组负责资料整理和立法资料的编辑，了解到中外公证制度的巨大差距，进一步探知了外国公证赔偿责任及其保障体系。当时，多么想早日通过《公证法》，早日建成具有中国特色的公证制度，建立中国的公证赔偿保障体系。

一晃十几年过去了，1998 年我受命起草《深化公证工作改革方案》，机会来了……

深化公证改革的核心在改革公证体制机制，改革的成败

---

* 司法部原公证工作指导司经济处处长、中国公证协会秘书长。

在措施的完善配套。而公证赔偿保障体系的建立，就是保证公证改革成功的必要一环。

左二为作者，左三为时任司法部律师公证工作司司长宫晓兵

二、精心谋划

1999 年，在起草《深化公证工作改革方案》同时，我即着手中国公证赔偿保障体系的构想、设计和运作工作。这种保障体系国内没有先例，国外各不相同，只能借鉴，无法照搬。在设计上，主要借鉴了法国、意大利、德国的经验，结合我国公证机构不独立、没有物质基础、没有实际偿付能力的现状，提出了以公证赔偿基金为基础，以公证责任保险为核心，行业救济为补充的全方位、百分之百的保障方案并付诸实施。

首先，在《深化公证工作改革的方案（草案）》写入赔偿基金的内容，并征得了财政部的支持，使方案中顺利写入相关内容，为基金的建立提供依据。

其次，建立公证责任保险制度。我们专门聘请保险专家作为保险顾问,协助研究解决公证责任保险有关问题。工作分三个阶段进行。

第一阶段。1999 年 7 月至 2000 年 1 月,主要进行了公证赔偿问题研究探讨,公证责任保险可行性研究论证,国内外相关资料收集整理,聘请保险法律专家,提出公证责任保险方案基本思路和框架等。

第二阶段。2000 年 2 月至 8 月为方案设计阶段。这一阶段主要进行了公证机构资产、赔偿能力及赔偿情况专题调研;期间,向若干省(直辖市、自治区)几百个公证处发放调查问卷,进行汇总、分析,掌握了全国基本情况。认真了解了有关国家职业责任保险、公证责任赔偿、公证行业补偿及公证责任保险制度的有关情况。完成了公证责任保险方案的设计、论证并广泛征求了公证行业内部的意见;初步完成公证责任保险条款、保险合同等保险文件的制作。由于行业责任保险对于保险公司也是新生事物,全国首例,因此通过邀请招标方式,邀请中国人民保险公司、太平洋保险公司、平安保险公司、泰康保险公司四家最大保险公司来投标,但只有中国人民保险公司、太平洋保险公司应标。初步确定承保范围和条件,并与有关保险公司进行了初步洽商,考虑到国内无先例且风险不可控,两家保险公司

原拟联合承保，但到临签约时，太平洋保险公司退出，只剩人民保险公司一家。经司法部批准，2000 年 8 月 30 日，中国公证员协会与中国人民保险公司正式签订“公证责任保险意向书”。

第三阶段。2000 年 9 月至 12 月为洽商、签约阶段。随着《深化公证工作改革方案》批准实施，2001 年 1 月 1 日，公证赔偿方式将发生重大变化。为此，这一阶段主要进行公证责任保险合同的实质性洽商、论证，完成了《公证职业责任保险条款》向中国保监会的报批工作，进一步完善保险合同等保险文件。2000 年 12 月 18 日，中国公证员协会会长孙鸿翔代表中国公证员协会与中国人民保险公司在北京正式签订了《公证责任保险合同》，司法部段正坤副部长和中国人民保险公司总经理唐运祥出席了签字仪式并发表了讲话，公证责任保险制度正式建立，并于 2001 年 1 月 1 日开始运行。

公证责任保险是全国第一家全行业执业责任保险，为国内首创。公证责任保险也是公证改革中必须建立的一项公证保障制度，是转嫁行业风

险,使全国公证机构获得即时偿付能力的必要措施,是贯彻落实国务院批准的《深化公证工作改革方案》,保证公证工作改革顺利实施的重要一环。

最后,确立了行业救济的方式、方法。2000 年 9 月 5 日,司法部《关于贯彻〈关于深化公证工作改革的方案〉的若干意见》确定了公证赔偿基金分级管理,集中使用的原则。2002 年 7 月 5 日,司法部印发的《公证赔偿基金管理试行办法》进一步明确了公证赔偿后备金及行业救济的方式、方法。公证赔偿后备金是公证赔偿基金中用于支付公证责任保险金后剩余的部分,主要用于支付公证责任保险保险责任范围以外的公证责任赔偿的费用,如偿付公证责任保险中的绝对免赔额、超过个案保险赔偿限额的公证赔偿费用、不属于保险赔偿范围的公证责任赔偿费用,用于弥补公证责任保险的不足。其中一部分集中使用,用于行业救济,以保证任何一个公证机构都能承担应履行的赔偿义务,从而实现了百分之百的保障。

作者(中)考察公证处工作

可以说，我国公证行业已建成了全国最先进、保障率的最高、运行最便捷的行业责任赔偿保障制度。

三、几点思考

(一)公证赔偿保障体系的创建是深化公证体制改革必要措施

它在众多改革措施中不起眼，但换一角度看，不能承担责任的行业有何公信力可言？而2000年改革后的公证机构，财产有限，不具有实际偿付能力，就面临着这种危局，这是个似小实大的事。因此，我不论在部里还是在协会，都花了很大精力，克服各种阻力，抓公证赔偿保障体系的建设。看到今天公证业平稳度过危机期，体系顺利运转，功能日渐为人们所认识，我感到无比欣慰。

作者(左)与国外公证人员交流

(二)要有公证人的思维

公证制度的核心价值在于预防。公证机构在办理业务时要以防为主，在处理自身事务时亦应如此；要运用洞察力，去探知风险，防患于未然。公证赔偿保障体系设计时就考虑到此问题。然而，在实施中却暴露出行业内缺乏这种思维。表现一是看不到改制后的责任风险。我认为，公证是责任重、风险高的行业，而2000年前后，行业内普遍认为公证无风险，无赔偿。因此，在收缴赔偿基金和交纳保险费时一片反对声，有的甚至瞒报不交。到2003年以后才逐步进入正轨。表现二是舍本逐末。公证责任保险本是公证业与保险机构双赢的事，公证业实现风险转嫁和营运安全，保险机构获得经济收益，各得其所。有的公证处主任置行业风险和营运安全于不顾，与保险公司角逐保险费的得失，甚至不惜降低保障率，规定赔偿限额，忘记了对公证行业来说，公信力和行业安全远比保费重要。

作者（右）考察国外公证制度

（三）实施中的策略

《深化公证工作改革方案》对公证责任划了一条时间界限：2001年1

月1日。而公证机构赔偿能力是需要积累的，时间越长能力越强，但是赔偿随时会发生，于是就产生了一个危机期。预计这个期间约为10年左右。我们的对策：一是引入保险机制，转嫁危机；二是韬光养晦，只做不说，延缓危机的发生。从2001年公证工作改革方案提出到2005年《公证法》出台，我们对公证责任保险和公证赔偿责任是不对外宣传的，此举收到明显的效果。

（四）充分利用公证赔偿保障体系的价值

比如，为公证行业拓展高风险、高财产标的等重大公证业务提供强有力的资信保障。如上海在开拓房产资金监管公证业务时，发展商普遍关心的一个问题就是，公证处在监管过程中出现责任差错给客户造成的巨额财产损失，是否赔偿得起。昆明市公证处在拓展房地产公证时，就利用了公证赔偿保障机制，打消了政府、房管部门、开发商和老百姓的顾虑。又如，通过对索赔案件的分析，对责任事故发生的原因、细节归纳，反馈给公证机构和公证管理机构，可以有针对性地采取质量管理措施和制定相应管理办法、业务规范，从而起到提高公证质量和公证业务水平的作用。再如，公证机构赔偿能力的高低和赔付记录，可以成为公证评选、处罚、确定等级和从事特殊公证业务的重要条件之一。

作者（中）与国外公证同行交流公证业务

（五）公证赔偿保障体系比较

2001 年 7 月，中国公证员协会专门组成代表团考察了法国、意大利的公证赔偿保障体系。得出的结论是：建立公证赔偿保障体系是公证行业发展的必然趋势。法、意两国公证赔偿保障体系的建立，都经历了一个从无到有，从分散到集中的过程；两国公证人都认为，建立公证赔偿保障系统无论从维护国家利益、保证社会稳定、树立公证行业形象、维护公证人信誉、保护当事人权益出发都是有益、必要的，是法制健全社会进步的体现，其社会效益、经济效益十分显著，因此，建立统一的公证赔偿保障体系是公证事业发展的必然趋势。从考察结果看，我国已经建立的公证赔偿保障系统，与法国体系十分相似，但集成度更高，明显优于意大利的系统。可以说，我们已经走在国际公证同行的前面，下一步的关键是不断完善，使之发挥应有的效用。

（六）公证赔偿保障体系有待进一步完善

公证赔偿保障体系建立至今，已经运行了十几年，还有很多需要完善之处。如公证机构撤销后遗留的赔偿责任问题，公证处能否购买补充责任险问题，有待后人解决。

陈六书先生杂记

蔡　煜*

余生也晚，当晓得陈六书先生的名字时，已经是很晚了。2015年5月4日，刘疆老师在答拉丁鹰群友问时，叙述了他30年前刚刚参加公证工作时，在培训中求教公证理论大师陈六书先生："公证与律师有什么区别?"陈六书答"公证（员）不能出庭，律师不能出证"的话。① 所以对陈先生的生平事迹颇多好奇，遗憾的是陈先生的现状，我虽多方打听，仍不得而知，有传闻言，早已去世，也不知真假。

虽然从未见过面，冥冥中，我觉得与陈先生是有些缘分，他的一包旧照片被我买了；他的文章索引与一篇讲稿手抄本被我买了；他以笔名陆书发表文章的《人民司法工作》创刊号被我买了。这些东西的经济价值用宁波家乡话讲，"三钿不值二钿，属于地摊货"，买下来价格甚廉，东西来自天南海北，

---

* 上海市杨浦公证处副主任。

① 刘疆老师答拉丁鹰群友问，载《公证文选》微信公众号2015年5月19日。刘疆老师所引的陈六书的言论，笔者尚未在陈六书著述中查找到。厦门市鹭江公证处主任苏国强在2019年7月7日"读书与公证史"微信群中表示，他听到的是在1983年9～10月，司法部公证司在韶山湖南省党校韶山分校举办的"全国公证培训班"上，他（指陈六书）讲课时有人问到这个问题，陈老当场回答的。据笔者保存的由湖南省政法干部学校编印的第三期全国公证干部训练班学员通信录记载，苏国强主任是该期学员，有关该期训练班情况待考。

我如何会买到，我想也许这就是所谓的缘分。

陈六叔

陈先生曾用名叫陈昌诰，1924 年 2 月出生于浙江省玉环县城关镇西青街，中共党员；1949 年下半年经华东人民革命大学学习后，被分配在中共龙游县委，任宣传部干事，从事新解放区农村的减租、减息、反霸、剿匪工作；1950 年 2 月被调往中央人民政府司法部，先后在普通法院司、公证律师司任科员、主任科员，直到 1958 年底，期间曾去天津蹲点，担任天津市公证处公证员；1959 年至 1979 年在贵州省化学工业学校、省第二工业学校从事教学工作，并担任相应的学科教研组长；1979 年 12 月回司法部，担任公证律师司公证组组长，在部首长领导下，主持起草《公证暂行条例》，并撰写条例说明及解释；1986 年 1 月离休。他在 20 世纪 50 年代和 80 年代从事公证行政与公证教学工作达 16 年，曾受聘担任浙江省高级公证员职务评审委员会主任、航天部二院党校副教授等职，离休后曾参与《公证法》起草事务，1993 年获司法部授予的司法行政二级金星荣誉章并证书。①

---

① 综合以下三种资料整理。据署名陈六书、落款日期为 1991 年 5 月整理的《陈六书作品索引》；陈六书：《感悟我国公证制度的历史变迁》，载司法部离退休干部局编：《唱响夕阳——司法行政战线老同志的足迹》，2006 年版，第 63 页；本刊辑：《从事公证工作的陈六书》，载玉环县政协文史资料委员会编：《玉环文史资料》（第十二辑）（续在外地玉环人专辑），1997 年版，第 88 ~ 91 页。该资料称陈六书是航天部二院党校教授，本文据《陈六书作品索引》记载为该校副教授。另参考《关于颁发司法行政荣誉章的规定》（1991 年 9 月 13 日司法部令第 18 号发布）。

陈先生写了许多关于公证的文章，也出版过不少书籍。2005 年 8 月 25 日完成的《感悟我国公证制度的历史变迁》，是目前我读到的陈先生最后一篇关于公证的文章，这篇稿子，陈先生自言“为《公证法》的诞生献上一份薄礼”。[①] 我拟以这篇文章和陈先生的一些重要论著为线索，介绍一下陈先生的主要观点。一方面是为了保存历史资料，另一方面为公证改革提供一些历史养分。

一、公证的涵义

陈先生认为，在我国，公证指的是国家专门设立的公证机关代表国家进行的证明活动。公证制度是国家司法制度的组成部分。公证机关是特殊的权利维护机关……公证证明是公证机关的职能，也是公证制度区别于其他法律制度的本质特征。[②]

二、公证的本质属性

陈先生认为：“公证系国家授予特定组织专责行使的证明活动，是长时期私证活动演变过来的，也是司法制度发展的产物，这和世界各国的认识大致相同。”[③]对于“公证机关要有解决纠纷的权力”“我们是政府的一个管理部门”“经公证后的法律行为，我们要保证实现”以及“个别地方的公证员，还担任了当事人的受托人，代理民事法律事务”，他认为是不妥当的。[④]

---

① 陈六书：《感悟我国公证制度的历史变迁》，载司法部离退休干部局编：《唱响夕阳——司法行政战线老同志的足迹》，2006 年版，第 63 页。

② 卓萍主编、法学教材编辑部编审：《公证法学概论》，法律出版社 1988 年版，第 5 ~ 6 页。此部分内容引自该书第一章。据该书说明记载，该书第一章初稿执笔人为陈六书。

③ 陈六书：《感悟我国公证制度的历史变迁》，载司法部离退休干部局编：《唱响夕阳——司法行政战线老同志的足迹》，2006 年版，第 65 页。

④ 陈六书、赵霄洛：《论公证的性质》，载《法学研究》1984 年第 6 期。

三、公证活动中应遵循的原则

陈先生认为："我国国家公证制度已初具规模，在业务建设和工作方法方面已总结出一系列的基本原则，主要有法制原则、自愿原则、回避原则、保密原则、便民原则等等。这些原则也是指导公证活动的重要准则。"另外他同时提出"使用本国和民族语言文字原则""直接原则"。① 其中"直接原则指的是公证员在办理公证事务的过程中与申请公证的当事人应直接接触，不能仅凭申请书、介绍信或其他证明文书即予以公证"。②

四、公证书的效力

陈先生认为公证书具有以下效力：

感悟我国公证制度的历史变迁

陈六书

〔作者简介〕陈六书（1924年2月—），男，浙江省玉环县人，1949年5月参加工作，1986年1月离休。

笔者分别于上世纪五十年代和八十年代从事公证行政和公证教学工作达十六年。离休后，曾参与《公证法》起草事务。今欣闻《公证法》即将出台，此乃公证战线一大喜讯。现特写此文为《公证法》的诞生献上一份薄礼。

回顾我国公证制度，源远流长。在我国历史上，很早就有请证人作证的习俗。青铜器《鬲从盨》上记载，章氏用八邑与鬲从换田，不仅订立了"执缨"（类似契约），还请证人作证，是谓私证。私证已有几千年的历史，至今尚在民间广为流行。

感悟我国公证制度的历史变迁 63

1. 法律上的证明力。一切公证行为都产生证据上的效力。凡经过公证机关证明的法律行为或有法律意义的文书、事实，公证员都已作成公证书的形式，确认申请公证事项的真实性和合法性。

2. 执行许可证明具有强制执行的效力。公证机关办理执行许可证明，必须符合以下两个条件：第一，当事人双方对债权文书内容必须没有争议。第二，只能限于追偿一定数额的金钱或物品的文书，而不是一切债权文书，并且还要证据充分、事实明确，债务人应履行、有履行能力而不自愿履行。

3. 某些法律行为生效的必要条件。除了与国计民生关系较大的某些经济合同需要经过公证外，为了更好地保护国家和公民的合法权益，下列法律行为和法律事实，也可以考虑规定必须经过公证证明方始有效：(1)遗嘱；(2)委托；(3)无主财产收归国有或集体所有；(4)不动产的转让；(5)死亡或失踪的

① 陈六书：《我国国家公证制度》，经济科学出版社1987年版，第41～49页。

② 陈六书：《我国国家公证制度》，经济科学出版社1987年版，第49页。

宣告。①

五、我国公证制度的特色

陈先生认为,概括起来,有以下几点:

1. 公证工作必须在四项基本原则的指导下,为经济基础服务,为以经济建设为中心的社会主义现代化建设服务。这是公证工作的方向问题,必须认真对待。

2. 公证机关统一行使公证职能。

3. 坚持一切公证事项的真实性和合法性。

4. 公证工作也是综合治理社会治安的一个重要措施。②

陈先生反对提公证的"可行性"原则。③

① 参见陈六书:《关于公证书效力问题的探讨》,载《法学研究》1981 年第 6 期。原刊中"失踪"印为"失纵",显误,遂改之。

② 陈六书:《我国国家公证制度的建立及其发展——庆祝中华人民共和国成立 35 周年》,载《中国法学》1984 年第 3 期。

③ 陈六书:《坚持公证事项的真实性与合法性是我国公证制度的特色——兼评所谓公证的"可行性"》,载《公证与律师通讯》1986 年第 1 期。

六、公证机构的设置原则

陈先生认为："主要是根据人口和地域两大因素。""关于这个问题，我们也走了一点弯路。上世纪九十年代，由于改革开放和市场经济的发展，公证业务量增大，原有机构和人员编制已不能适应时代的需要，于是一些地方搞创收、讲经济效益，在市、县公证处之外，再设省公证处、市（省辖市）辖区公证处。一时间，公证处林立。……致使有的公证处人浮于事，门可罗雀，浪费人力物力，引以为训。这样做，更大的弊病在于误导群众：'公证处和行政机关一样，有上下级之分，有大小之分'；'省公证处领导市公证处，市公证处领导区公证处'；'省公证处出具的公证书优于市公证处的公证书，前者效力大于后者'。"①

七、公证员的条件

陈先生认为："在我国，公证员是从事公证法律服务专业的法律工作者。对公证员的条件，既考虑到学历、经历，也考虑到政治条件……我国各地经济、社会、文化发展不平衡的现实，建议立法部门认真考虑研究特定地区适当降低公证员的准入条件的问题。"②

八、公证工作重点

陈先生认为："能不能设想，在今天的条件下，不宜再把经济合同公证作为公证工作的重点……除经济合同外的其他涉及经济事务方面的有关文书与事实的公证，是我们当前不容忽视的重要任务……办好公民之间民事法律行为和其他有法律意义的事实、文书的公证，是贯彻《民法通则》的重要措施，是社会综合治理的一个手段，有利于维护社会主义法制。它与国家经济建设息息相关，不悖于公证工作为经济建设服务的宗旨，应该成为公证机关的重要任务，亟应广泛宣传，大力开展。办理经济合同公证不

---

① 陈六书：《感悟我国公证制度的历史变迁》，载司法部离退休干部局编：《唱响夕阳——司法行政战线老同志的足迹》，2006年版，第66页。

② 陈六书：《感悟我国公证制度的历史变迁》，载司法部离退休干部局编：《唱响夕阳——司法行政战线老同志的足迹》，2006年版，第67页。

作为工作重点,并不排除受理合同当事人出于自愿的公证申请。”①

九、关于涉外公证事务应注意的问题

陈先生认为:第一,要坚持一切公证行为的真实性、合法性,严格审查公证事项的内容,切实维护国家利益;第二,要注意公证机关职能的权限;第三,要注意涉外公证事项的时效;第四,要按照公证程序办理公证。②

十、公证机关对于经公证证明的经济合同的履行负有检查监督的责任

陈先生认为,这就是公证证明经济合同时所不可缺少的工作程序,这和那种把对于经济合同的公证证明看作是“盖章了事”“不问履行”的工作方法是不相同的。事实证明,无论是机关、企业、合作社、团体,他们是不欢迎那种过于简单的公证工作方法的。③

陈六书先生对我国公证理论领域的研究是非常有价值的,他所研究的这些问题以及得出的结论,对我们当下公证工作改革与发展依然有一定的参考价值。新的时代呼唤公证理论新的创新,我想这也许是陈先生留给我们这一代公证人的任务。

---

① 陈六书:《公证工作重点刍议》,载司法部公证律师司编:《公证制度研讨会论文集》,经济科学出版社 1987 年版,第 209 ~ 218 页。

② 陈六书:《办理涉外公证事务应注意的几个问题》,载《法学》1983 年第 1 期。

③ 陈六书:《公证机关对于经公证证明的经济合同的履行负有检查监督的责任》,载《人民司法工作》1957 年第 3 期。

忆公证工作四十年变迁

黄安江*

今年是我国公证工作恢复四十年，四十年来我国公证工作由恢复到发展、提高，印证了国家改革开放呼唤公证，公证发展为改革开放提供不可替代的法律服务。我作为一名工作在公证第一线的公证员，见证了公证工作四十年发展的光辉历程，撷取记忆里的几件事记述公证工作的变迁。

一、改革开放与公证的恢复

我是1981年7月由军队转业到北京市公证处的。当时在政法干部培训班学习了几个月后，任助理公证员（由于当时司法行政与法院刚刚分立不久，人员的任命均参照法院系列），开始公证执业。最初我对公证一窍不通，进入公证行业是没有任何准备的，因当时已联系好去银行，但由于司法局拿着我的人事档案不放，没办法只好服从，就歪打正着地进入了公证行业。

北京市公证处虽说是一家在全国都数得上的大公证处，当时却只有20余人。公证处是刚从北京市高级人民法院分立出来不久，主要担负着为中央单位和北京市属单位以及公民个人所办理的发往国外及我国港澳地区的公证和部分国内

---

* 北京市长安公证处原副主任。

公证。公证处挤在北京市高级人民法院大楼前厅的房屋里办公;所有的工作人员都在一间办公室和走廊,法院大堂的一侧摆了两张桌子成了公证接待室;接待当事人时,常常可以听到提审犯罪嫌疑人的阵阵脚镣声。我们初到公证处的人员,在经验丰富的老公证员张旭辉等的带领和指导下,从最基本、最基础的工作做起,尽管我是一个曾有十几年军龄的人员,也同样拿着锥子装订卷宗、填写卷宗,协助公证员记谈话笔录、粘贴公证书,骑着自行车外出调查、采集证据等。公证处每年办证量二千五六百件,每一份谈话笔录、每一张申请表、每一份公证书,全部都是手工书写、用机械打字机一字字打印出来。若需要多份公证书,只能用复写纸复写、打印出来。所有的公证卷宗封皮,也是请写毛笔字好的同志,一字字地抄上去,再用锥子和线绳装订成卷宗。

时任司法部副部长段正坤(左三)、时任公证司副司长邓甲明考察长安公证处

1982 年 4 月 12 日,国务院颁布了新中国第一部公证法规——《公证暂行条例》,这期间单位曾组织我们对部分国家机关、企业、事业单位和学校等进行调查,了解有多少人知道公证,公证是做什么的。当时社会上绝大多数人都不知道公证是干什么的,只记得一次我在中央广播事业局,一位

外事干部说:“国外有公证,如法国要买房子,需要找公证人办个公证。我们国家有没有公证,不清楚。”

1983 年起,国家实行落实私房政策,发还历史遗留的私有房产,确定产权人,确定法定继承人的工作,交由公证处进行审查、办证、出具公证书。这促使公证的国内民事业务得到大规模发展,北京市各区县都陆续成立了公证处,北京的公证体系基本建立。

20 世纪 80 年代国家对外开放的步伐加快,从而也为公证工作注入了活力。中国建筑、中国港湾、中国路桥等公司陆续在我国港澳地区及国外承包工程和提供劳务;国家出国留学政策的调整(实行公派、公派自费、自费相结合),都需要公证法律服务,北京市公证处的涉外公证业务大幅度上涨,到 1985 年,办证量达一万余件。

同时,国有企业改革也为公证工作发展提供了机遇。北京在一系列的企业改革中,为保证改革的公开、公平、公正,在招标投标、开奖、拍卖等活动中尝试进行公证。1986 年 11 月,我作为北京市公证处副主任与公证员洪亮一道,参加了北京市机电设备厂租赁经营招标活动。机电设备厂是一所中小型国有企业,有职工 400 多人,企业长期经营不善,处于亏损状态。为改善国有企业的状态,尝试多种形式的经营模式,北京首次将中小型国有企业实行租赁经营,机电设备厂租赁经营招标即为企业改革一种方式方法。为保证选聘租赁经营者的公开、公平、公正,此次活动决定采用招标的方式并引入公证机制。经过一次次租赁经营者的经营方案宣讲,通过一轮轮评选小组的投票,在严格的预定程序规则下,最终选定一组租赁经营者。租赁经营者于 1987 年 1 月正式租赁经营。机电设备厂当年就实现了扭亏为盈,并保证了国有资产的保值增值。

机电设备厂的租赁经营招标全过程引入公证证明和监督,是北京市实行国有企业改革的一种新的尝试和举措,探索了国有资产经营的积极方式,积累国有企业改革的有效经验;是工业、商业、农业等多行业国有企业改革的第一家,并将企业改革的招标活动须要有公证参加成为必要的定制,在市政府文件中明确规定。北京市公证处也成为北京市企业改革指导委员会成员单位之一,直接与市政府领导、市各委办局相关单位共商改革发展大计,为市委、市政府出谋划策,提供法律咨询;在全国树立了良好的榜样,开创了公证参与国家改革开放的实质程序保障和促进开放改革事业的长足平稳发展。1988 年,司法部将公证为国企改革提供法律服务专门发文进行推广。

二、体制改革促进了公证发展

1993 年初,司法部指派我协助王福家同志负责筹建国家公证处,设立一家与现有体制完全不同的公证处。明确规定:“为探索公证体制的改革,不给拨款,实行自收自支、自担风险全新的公证机构管理体制。”成立之初,该公证处被称为国家公证处。1995 年,根据公证体制的进一步改革的需要,更名为长安公证处。

开办伊始,公证处虽顶着“国家公证处”大名,但却是“上无片瓦、下无寸土、人无几丁、身无分文”。如何建立队伍、开展业务、走出路子,我们几经思考,确立了“积极吸纳锐意公证改革的有识之士,立足于国家经济建设发展需要、从为国家改革开放提供服务、为人民群众关系密切的公证事项入手,积极探索新体制的公证发展道路”的理念。没有经费,靠着向兄弟单位借的 50 万元资金;没有工资,仅发给每人 200 元生活费。随着翟加平、齐金霞、李宪武、杨书铭等在公证业内已卓有业绩的公证员放弃了原来较优厚的待遇,自愿投身长安公证处创业人士,以及从其他机关、学校调来的邵文、吴长生、李延武、马文娟、赵奇志、武军等人士的陆续加入,在中山公园旁南长街 32 号小院竖起了“中华人民共和国国家公证处”的招牌,开始了创业之路。

长安公证处创立之时北京已有市区县近 20 家公证机构,都属于行政机关性质(工资、开销全部为行政经费),并有着各自的业务辖区和业务范围,具有较广泛的社会认知度。而对刚刚设立的长安公证处来讲,认知度几乎为零。在租借的三间简陋的居室中,凭着一台小型复印机、两台四通打字机、三部电话,每天大家骑着自行车奔波于大街小巷宣传公证。按照公证业务特点,长安公证处将业务工作的重点放到国内经济领域,探索为新经济形式提供公证法律服务模式,上门为首都汽车公司办理了出租车承包租赁合同公证,为燕京羽绒公司办理了股份制改造相关公证。面对国内刚刚起步的金融、房地产等领域，确定了金融、房地产为长安公证处的业务主导方向，一方面学习丰富和提高业务知识，另一方面积极与有关主管部门、银行和房地产开发企业联系，建立良好的业务合作关系。与国家建设部、北京市房管局联合举办房地产法律研讨会，探索公证为房地产市场服务的形式、程序和服务内容。经过大家的努力，当年就办理了各类公证3000多件，不仅全部还清借款，添置了办公设备，且尚有结余。

孙鸿祥、沈白露、高宗泽在中国法律服务（香港）有限公司

借助房地产业迅速发展的契机，为适应北京房地产市场的状况，巩固和发展公证服务领域，结合有关法规政策，长安公证处在办理对外销售商品房项目房屋买卖合同公证的基础上，开拓了为房地产开发企业出具包括其资信、商品房项目情况、确认该项目对外销售合法的法律意见书，得到各界的认可和好评，并进一步开创了协助起草合同及文件、安排签约、代为办理预售登记、抵押登记等全方位、一条龙的公证法律服务。长安公证处所提供法律服务的外销房地产项目一段时间占到北京外销房地产项目的80%。长安公证处还率先与中国建设银行北京分行签署了合作协议，为百姓购房申请贷款提供法律服务、出具法律意见书。这既是对传统公证业务

的又一次突破,也是公证行业发展的必要尝试,先后为建设银行北京分行的几十个按揭贷款项目提供公证服务。随后,又为中信实业银行、招商银行等金融机构出具了近千份类似的法律意见书,涉及金额达数十亿元。消除了诸多隐患,减少了信贷风险,取得了社会效益和经济效益的长足进步。

长安公证处的创建和发展,关键在人。把造就一支思想过硬、业务扎实、人员精炼、团结一心的公证队伍作为首要工作,努力提升公证人员的综合素质,特别是提高公证人员的业务素质。严把选人关,提高进门槛。新调入的人员必须思想正派、有较强的业务水平。同时鼓励和支持公证人员参见各类业务培训和继续教育。为提高涉外涉港公证法律事务的能力,曾先后派遣公证员赴香港律师事务所进行学习进修;有多人进行了在职法学博士、硕士学位的继续教育;并派员赴德国、法国进行学习交流。全处人员利用业余时间进行计算机技能的强化培训,全体人员经过考试,都取得合格证书。

经过20余年的发展,而今的长安公证处公证业务已涵盖全部公证业务领域,拥有4000多平方米自有办公用房、一流的网络计算机系统,固定资产达数亿元,成为具有较高素质的公证人员队伍、办证量大办证质量好、在社会上有相当影响力和很高信誉的公证处之一。长安公证处作为公证体制改革的产物,也是公证改革先行者、实践者,体制改革的见证者、受益者。

三、完善不同法域的公证制度

随着香港回归祖国,内地改革开放政策实施,香港与内地的联系日益频繁。许多香港同胞到内地探亲、定居、结婚、领养子女,大量的港商到内地从事投资、经商活动,民商事活动日渐增加。但由于内地有关部门及相关人士无法了解香港当事人的真实情况,如香港居民到内地结婚,对方必然要了解其婚姻状况;如果要办理结婚登记,内地民政部门也会要求其提交一些相应的证明文件,如本人的身份证明、有无配偶的证明;港商在内地进行商业活动或投资,内地的合作伙伴或银行、工商登记机关也要对香港公司有若干了解,如公司的商业登记记录、董事或股东资料,财务状况等。这样,就需要一个为他们提供证明的渠道。

“一个国家,两种制度”是委托公证制度产生的前提和基础,为满足香港特别行政区居民实现合法权益所需证明的需要,满足内地文书使用部门对该证明的真实性的需要，满足文书使用部门对该证明合法性的需要，是建立委托公证制度和设立该制度各个程序环节的出发点。由于香港特别行政区与内地实行不同的社会制度和法律制度，1997 年香港回归后，根据“一国两制”原则，香港特别行政区原有的政治、经济、法律制度不变；享有高度立法权、相对独立司法权和终审权，具有与内地不同的法律制度和法律体系。香港特别行政区属于普通法法律体系，而内地所实行的法律体系与大陆法系渊源较深，因此，香港特别行政区与内地法律有着明显的不同，特别是在公证制度上差异更大。香港特别行政区一直沿用英国的公证制度，而普通法的英国没有“公证人”这一专门职业。由于实行判例法，所以也没有统一的公证法律，公证人可以由律师或其他执业者担任。在执业范围上很窄。通常只能见证当事人的宣誓或签名，在可能的情况下辨认文件的真伪，一般不对文件的真实性、合法性负责。而内地的公证制度基本上沿用大陆法系公证制度，有专门的公证法规，公证事务都是由公证处承担，公证员是专门的法律执业人，独立办理各项公证文书。业务包括证明法律行为、有法律意义的事实和文书。对办理的公证事务可以进行必要的核实，对证明内容的真实性、合法性负责。以上差异决定了香港特别行政区与内地公证文书的相互使用上的特殊性。一方面，基于“一个国家”，香港特别行政区与内地的公证文书相互使用问题属于一个主权国家内部不同法域之间的协作关系，不具有涉外性，这使其与国家和国家之间公证文书的相互使用区别开来。另一方面，基于“两种制度”特别是由于两地的公证制度不同，主要是公证文书的办证主体、证明对象、出证程序、文书效力、文书内容和形式的要求差异，决定了香港特别行政区不同于内地各地方之间公证文书可以直接使用的做法。为了避免这种差异产生的冲突问题，必须探索一个切实可行的、有效的解决途径，由此产生了委托公证制度。

1981 年，司法部首批委托了阮北耀等八位香港律师负责为香港居民办理到内地处理法律事务的证明文书。这些委托公证律师成为最早的中国委托公证人，奠定了委托公证人的基本条件。

1991 年，司法部批准由赵霄洛等同志在中国法律服务（香港）有限公司设立了加章转递办公室承担对委托公证人出具的发往内地使用的公证文书审核、检索，加盖转递章、寄送公证文书副本的工作，并负责公证文书的办理、使用过程中与内地用证部门的联系、协调工作。通过审核转递确认公证文书的真伪，防止当事人伪造公证文书或私改公证文书的内容；通过对公证文书从形式到内容的全面审核，保证公证文书既符合香港法律要求，又符合内地法律规定及用证部门的要求，减少和杜绝不合法、不真实或无法使用的公证文书，避免弄虚作假现象，方便了内地用证部门及委托公证人和当事人日后的查询，从而在程序上搭建了委托公证制度架构。

岳宣义、翁鑫水考察长安公证处

1994 年 1 月，我调任中国法律服务（香港）有限公司工作，在司法部主管副部长张耕的领导下，与公证司司长徐建、副司长岳军、张纪军一道直接参与了委托公证制度的相关规定的制定、健全、完善，以及委托公证人与内地联络的具体工作。

1995 年，司法部为进一步建立健全委托公证人制度，加强对委托公证人的管理，提高委托公证的质量，维护当事人的合法权益，促进内地与香港经济、社会的稳定发展，制定了《中国委托公证人（香港）管理办法》（以下简称《管理办法》），我有幸成为当时的起草者和修订者之一，并为具体执行人员。《管理办法》从委托公证人的委托条件及程序、注册条件及程序、业务范围、法律责任等作出明确规定。根据《管理办法》，之后又陆续制定了《中国委托公证人办理公证文书规则（试行）》（以下简称《办证规则》），要求委托公证人办理公证文书必须按照各项规定办理，所有公证文书必须由委托公证人亲自办理，即亲自审查相关文件，审查当事人的身份，见证当事人的签名，并亲自在公证文书上签名，不得由他人代替。委托公证人所办理的公证文书必须符合真实性、合法性的要求，从而进一步统一了委托公证人办理公证业务的分类、证明方式及文书格式，进一步规范了委托公证的业务范围，提高了公证文书的质量。

作者（右一）与香港律师傅德祯在香港委托公证人协会

1996 年在香港回归祖国前夕，我们就委托公证制度如何延续，与基本法起草委员会的梁爱诗、陈左洱进行了专题研讨，并由我起草了《回归后委托公证继续沿用》专题报告，经公司董事长柳谷书审核后，肖扬部长亲自修定，遂向国务院主管副总理钱其琛、中央政法委书记任建新报告。经批准，在 1997 年后委托公证制度得以继续实施。

委托公证制度日益成熟完善。委托公证人的数量不断增加，人员素质不断提高，已形成一定规模。委托公证人对内地法律进一步熟悉掌握，对办证程序规则执行力度不断加强，办证水平和办证质量不断提高。委托公证人工作在业务领域拓展方面进展显著，业务数量稳步发展。委托公证人制度在工商注册、婚姻登记、出入境管理等领域发挥的作用日益显著。委托公证的规章制度日益完善，规范化管理得到加强。《管理办法》为委托公证人的管理提供了明确的制度依据，《办证规则》在实践中不断修改完善，适应了形势发展的新要求。委托公证人与内地法律界交流与合作不断深化，促进了两地法律界的和谐发展和共同进步。协同合作不断加强，功能作用得到彰显。

司法部会商多个内地有关机关，先后发出了《关于认真落实内地与香港关于建立更紧密经贸关系的安排，严格执行委托公证人制度的通知》《关于落实〈内地与香港建立更紧密经贸关系的安排〉和〈内地与澳门关于建立更紧密经贸关系安排〉促进内地与港澳经济共同发展的若干意见》等一系列政策性文件。将委托公证人制度正式纳入中国公证制度，纳入内地相关法律法规和政策性文件，实现了委托公证人制度与内地相关制度的有效衔接，提升了委托公证人制度依法服务沟通保障作用的水平。同时，也扩大了委托公证人业务范围。

委托公证制度已成为妥善处理香港与内地民商法律事务的重要方式。委托公证人制度作为“一国两制”方针的成功实践充分表明，委托公证人制度有效解决了一个国家内部不同法律体系之间公证文书的往来使用问题，对两地民商事交往起到了重要的桥梁纽带作用，为两地经贸往来和共同发展提供了良好的法律保障，有力地促进了内地与香港和谐发展、共同繁荣。

不知不觉自己已经在公证行业工作了三十八年，期间历经公证行业中几乎每一个工作岗位。这三十余年中我也有几次转行的机会，但终究没有成行，主要的是基于对公证行业的热爱和感情。随着从业时间的沉积，使我更深深地感到公证行业是一个非常有发展潜力的行业，公证员是能够较好体现人生价值和社会价值的职业；公证行业是最能考验个人品性和内功的行业，作为一名公证员，要有扎实的法学功底、广博的社会经验、敏锐的时代眼光、敬业的工作态度。要让别人看得起公证，自己就要对得起公证，进入公证行业是我人生的幸运。

公证——君子豹变四十年

郭岳萍*

我国的公证制度于20世纪80年代恢复重建,至今已走过四十年。四十年的岁月,对一个人来说,正进入不惑之年,对于我国的公证事业来说,也进入了关键的发展阶段。我1995年进入公证机构工作,见证参与了这四十年岁月的大半历程,感慨良多,但诉诸笔墨,也许只能叙及一隅,且有局限,如与众人的感想汇合,应该可以大致勾勒出公证发展波澜壮阔的历史。

我执业的机构是北京市长安公证处,原名国家公证处,1993年2月由司法部拨款成立,并于当年3月正式开业,后于1995年8月更名为长安公证处,当时为肖扬部长主政司法部时期。在长安公证处成立之初,办理了许多中央部委指办的公证事项,如各地公证机构办理的公证书来北京办理涉外认证手续时,如公证书有瑕疵或遇领事认证的要求变化,则外交部领事司会让当事人来长安公证处重新办理,以方便当事人,避免回原籍更改增加其负担,耽误其出国的计划。最典型的事例是中韩建交后,1997年左右东北有很多朝鲜族群众赴韩探亲或者结婚,他们在户籍地时并不知道韩国驻华使馆要

---

* 北京市长安公证处公证员。

求办理声明书公证,故来北京办理赴韩国的签证遇到困难,这些当事人经外交部领事司认证处的指点,都来长安公证处办理声明书公证。长安公证处涉外部的员工不辞辛苦加班加点为这些朝鲜族同胞办理声明书公证,为的是不耽误他们出国的既定行程,使他们及时获得签证,机票不作废,婚礼也不会耽误。另一个典型的事例是1996年,新疆少数民族群众赴麦加朝圣,从沙特阿拉伯使馆办理签证时需要提交相关亲属关系公证书,也是因为这些群众在新疆当地时并不知道需要办理亲属关系公证,故来北京后,经外交部门协调及新疆驻京办事处开具证明,由长安公证处办理了相关公证手续,使这些信教群众顺利获得签证,实现了自己的愿望。

作者(中)在进行公证工作

公证的当事人形形色色,涉及各行各业,我们既为最普通的老百姓办理过公证,也为宗教人士、政府官员、名人名流、残障人士、特殊人群提供法律服务。记得我为一位出国进行交流的少林寺武僧办理过度牒公证，我们也为活佛的家人办理过公证。另外，记忆比较深刻的是为做变性手术前的当事人办理声明书公证，在办证前，我们会和他们交流沟通，他们通常也很喜欢向我们倾诉。我们就是通过自己的工作来了解社会、了解人性。还记得我办理过的一个遗嘱公证，一位丧偶老人把房产留给自己的小儿子继承，小儿子和儿媳都是盲人，却担起了照顾老人晚年的重任，后来根据遗嘱我为老人的小儿子办理了继承权公证，他们夫妻继承房产后，却被老人的长子长女告上法庭，但长子长女要求得到房产的诉讼请求没有得到法庭支持，还遭到法官训诫：你们不照顾老人，却和自己残障的弟弟来争夺房产。小儿子夫妻打赢官司后，把整个过程告诉我，觉得应该让我知道这个正义的结果。

长安公证处公证人员在公证工作现场

公证证明的事项多种多样涉及各个领域。我们按照使用地及属性，简单地把它分为民事和经济类业务，再细分由国内民事、国内经济、涉外民事、涉外经济。公证的业务种类中除了最大量的证明类公证，还有一些事务性的工作，如登记、保管、提存、出具法律意见书、出具执行证书。随着社会的发展，技术的进步，公证的形式也在变化，目前某些公证机构还开展了电子存证保管业务，电子公证书、办理根据电子签名法进行的合同等文件材料的签署公证等，都是一些让人期待的新生事物，这些新生事物都还在酝酿和初步发展过程中。另外，公证行业也在积极拓宽延展自己的业务范围,目前国内的某些公证机构就与法院、工商局、海关等开展了司法辅助业务,长安公证处也与北京市朝阳区人民法院等开展了司法辅助业务,取得了良好效果。

社会在发展变化,公证的办证和执业环境也在变化,有些公证业务种类随着法律法规的更改变化或者一些地方性政策的变化,渐渐少了甚或没有了。譬如,以前的收养实体与收养协议公证后来就没有了,房产赠与公证也没有以前办理的多,20 世纪 90 年代,长安公证处办理过大量与涉外收养相关的涉外公证,现在也基本没有了。以前办理公证时,社会生活相对简单,碰到的假证明、假人、虚假陈述也少,而现在办证,一定要现场认真审查,事后严格核查,不敢有一点放松。

长安公证处公证人员在工作现场

公证反映社会生活的方方面面,反映社会思潮。20 世纪我国的公证制度恢复之初,在落实房屋发还个人,建立公民个人私有财产继承制度方面发挥了重要作用,老一代公证人办理了大量房屋继承权公证,使继承权公证成为公证业务里面最重要的组成。另外,遗嘱、赠与、委托、协议公证也使私有财产合法传承、流转的重要手段,可以说在中国,公证制度在法律上更能满足公民个人进行财产安排、继承、转让等需求。自《民法总则》中将意定监护纳入之后，全国各地的同行也开始纷纷在这方面进行实践。可以说，近些年大热的家事财产问题，都可以在公证制度里找到最多最好的答案。此外，公证行业也进入各民商事实体领域进行实践，例如，参与企业破产各个环节，辅助法院进行破产案件的审判工作；再如，参与法院调解，使诉讼与公证对接，充分发挥公证在多元化纠纷化解工作中的作用等。

作者(右一)在公证工作现场

近几十年来，知识产权保护已成为国际经济秩序的战略制高点，并成为各国激烈竞争的焦点之一。知识产权与货物贸易、服务贸易并重，成为世界贸易组织的三大支柱，随着我国加入世贸组织，知识产权已成为我国的国家战略，国家大力保护知识产权的战略决策出台，公证制度是知识产权司法保护知识最重要的一环。公证过的证据具有证明效力上最高优势，且在关于知识产权的众多法律保护手段中,唯有公证是集事前预防、事中监管和事后救济于一身,具有随着事项发展而同步跟进的特点。知识产权的创造设立、运用流转到侵权损害纠纷的解决,公证均可同步跟进、全程保护。这就是公证在知识产权保护上独有的优势体现。早在20世纪90年代,全国各地的公证机构就已经初步进入知识产权领域,办理了相关业务,政策定位后,这方面的业务更是迅猛发展,可以说公证在保护知识产权方面发挥了极大的不可取代的作用。

公证制度是国际及地区间交往的重要手段,公民出国要根据所往国家的要求办理相关公证,企业机构也是如此。因为公证制度是国际通行的预防性法律制度,是公共信用媒介。我国公证制度的基础业务就是涉外业务,且办理涉外业务的公证员要经过考核,能办理涉外业务的公证员名章外交部门有备案。另外,我国驻外使领馆的工作人员可以为持有中国护照的境外公民、华侨办理在国内使用的相关事项的公证,也可以说是代为行使了公证的职能。涉港、澳、台地区的法律事务,则分别有香港、澳门的委托公证人制度和海峡两岸公证书查证制度,前者可以确保香港、澳门律师证明的发往内地使用的公证文书的真实性、合法性,后者使得海峡两岸的民间交往有了法律凭证。国内的公证人与外交部门、港澳律师、中国法律服务(香港)有限公司、中国法律服务(澳门)公司、中国公证协会及各地的公证协会等上述制度的实际执行者都有深度接触和工作往来,这几十年来,对于境内外、港澳台有公证需求的当事人进行了恰当的引领,使得他们通过上述机构和人员办理了公证手续。近年来,我国公证机构在"一带一路"建设中,在我国相关机构和企业在境外进行的交流合作建设过程中,为各类民商事活动主体之间架起联通的桥梁,系起互信的纽带,也发挥了巨大的作用。目前公证行业出具的公证书已经涉及"一带一路"上绝大多数国家,就像现代的驼铃,在新丝路上的每一寸土地上回响。

公证的职能远不止在民事领域。我国企业在境外建设进行工程项目投标都要根据当地政府及招标人的要求办理公证;境内企业参与建设谈判投标等,金融机构与客户签署贷款合同、担保合同同样也要办理公证。因为公证具有证据效力、强制执行效力，以及由此产生的法律事实证明、可以预防纠纷、解决纷争。这种法律先导、前置预防措施和事后的执行效力，是公认且被当事人首选的。公证机构办理的大量赋予合同强制执行效力的公证在为金融机构防控风险，挽回债权损失方面发挥了重要的作用。

公证制度是一项古老的制度，它源于古希腊罗马时期的代书人，欧洲大陆是它的发源地，因此，在我们的执业生涯中，能够赴欧洲与法国、德国等国的公证人交流，向他们学习；在国内接受他们的回访，与他们交流，共同举行讲座，也是非常有意义的经历。包括长安公证处在内的全国很多公证机构也注重内部学习，重视与其他国家和国内其他地方同行之间的交流，重视与法律职业共同体中其他领域如律师、法官等同行的交流，全面学习，这也是公证人员边学习边实践的一种形式，促进了我们的实际工作。

长安公证处公证员进行公证普法宣传

公证在法律职业共同体中似乎人微言轻，其实它起到的作用是独特的不可取代的。公证是一种预防性的司法制度，如前所述，它有证据效力、强制执行效力及法律行为成立要件效力。长安公证处自成立以来，办理了大量的业务，其中比较突出的既有传统的家事财产类业务，如遗嘱、继承、委托书，也有大量的涉外业务，如公民的出生、无犯罪记录，企业的营业执照、章程、财务报表，还涉及知识产权保护的保全证据公证、书证物证类公证。另外，还有大量的赋予金融机构与客户签署的债权文书强制执行效力公证或普通债权文书公证等。因此，公证人员应该专注实践领域，同时也应关心社会热点问题，关注法学理论的更新发展，对于公证涉及的各类业务都应该会办，并办好。可以偏重某一业务领域，但对其他领域的公证业务也要拿得起来，对于各类业务应该融会贯通，办证时给当事人提供好的建议好的办法和恰当的思路，为他们提供高效和优质的服务。

我进入公证行业后，一直在长安公证处执业。起初在涉外部，后来单位将专项业务部调整为综合业务部之后，我先后在业务二部、业务三部执业，从需要师傅领进门的小助理，到公证员，再到业务部主任，知识产权中心负责人，我个人的履历也反映出公证机构乃至公证行业的变迁。我们的业务在增多，人员在壮大，业务形式在变化。我个人偏重于办理涉外业务、与知识产权相关的保全证据等各类业务及赋予债权文书强制执行效力的业务，在这几个业务领域也有自己的心得。涉外业务看起来简单，实则考验的是公证人员的责任感、经验和格局，出具的公证书不能有半点差错，所谓涉外无小事，公证书代表的也是国家形象，不能出现任何问题。保全证据公证中事先要考虑取证的风险、路径等问题，现场实操时更要有灵活应变的能力，其中辛苦很难尽述，当然乐趣和成就感也很多；而办理赋予债权文书强制执行效力公证，签署合同要鉴假要根据个案重点审查，事后要认真核查，如遇出具执行证书，则要将核实程序做完美，不能简单为之，执行证书的证词内容也要便于法院执行。在出具执行证书之前的核实过程中，甚至可以在申请执行人和被申请执行人即债权人和债务人之间进行相关调解，使公证的职能更全面。长安公证处和我这些年来在涉及“一带一路”相关国家的涉外事项和保护知识产权领域及防控金融风险方面，做了大量的公证业务，其中有很多典型的有影响性的案例，我们的工作受到各界的好评，被主管部门多次表彰。

我国公证四十年，星辰大海，征途漫长。在社会快速发展过程中，在各种新生事物层出不穷时，每个行业每个机构以至于每个个体都会面临一些正和反的选择，面临名利的诱惑，法律人的初心和理念不改，才能应万变而不变。古人用豹变来形容君子的长成，出生时弱小和普通，但经过自己修养、求知，最终矫健而美丽。我们生活在变革发展的年代，无论是行业还是个人只有固守正道，才会平安顺遂。愿公证行业健康发展，为社会进步、市场繁荣作出贡献。愿公证制度这项古老的法律制度在我国继续焕发生机，每个公证人都可以骄傲于自己的执业生涯，不悔付出，无惧将来。

在公证改革发展中成长

武　军*

1993年7月,盛夏,我怀揣着个人简历,走进南长街32号的一处灰色小楼。在这座小楼里,刚刚组建不久的国家公证处正在招募应届毕业生。我听高中同学说,这个单位去中国人民大学招人了,我想中国政法大学的我们也不次,就去试试吧。当时面试我的是王福家主任和黄安江副主任。王主任皮肤黝黑,有一双炯炯有神的大眼睛,显得很严肃。面试的场景,我只记得王主任说的两句话。第一句,是他盯着我的简历看了一会后说:你把自己写得够好的啊。我当时吓一跳,心里琢磨这还是搂着没敢夸自个儿呢;后来工作以后才知道,我简历上自我认定的:性格开朗,善于学习,待人接物落落大方之类的话,是非常适合做公证工作的吧。第二句,如果你想当官或者想发财,就别来这(后来我才知道,他对所有入职的新人都说过这句话)。我点了点头,领会领导的话中之意,我想这句话也一直在工作中鞭策、引领着我。黄主任给我的第一印象是比较温和,他问:你家住哪里?那么远上班可真是问题(骑车一个小时四十多分钟吧)。我当时年轻气盛,也不知道哪里来的勇气,为了说明家远根本不是事儿,于是说了一句特别得体的祝福:我也不会永远

---

* 北京市长安公证处公证员。

住在那里，咱们单位也不会永远待在这里。

作者（中）在遗嘱公证工作中

几张办公桌，几台四通打字机，一台复印机，两个小小的接待室，我在这个南长街32号的小院里，开始了自己的职业生涯。记得那时候，每天很早到单位来，擦桌子、扫地、给老同志倒茶，四个人一个办公室，洗手洗杯子都要到外面自来水管那里，冬天的水冷得扎手，那时候就想，如果哪一天能用上温水就幸福了，从没想过以后的单位能有专门的保洁。作为一个自收自支的单位，没有行政拨款，王主任招兵买马能拉来那么多行业的骨干，现在想想当初他们是多么有勇气，对行业的发展多么有远见和信心啊。当时的国家公证处一穷二白，但他们都毅然决然地来了，我一上班就遇到这么多经验丰富的老公证员，实乃幸事。

我每天跟着部门杨书铭主任、齐姐学习接待，从订卷开始学习，每天阅读卷宗，学着整理卷宗，现在我整理卷宗的规矩都是那时候打下的基础，比如复印的时候要居中，半张纸的证据材料用整张的废纸黏贴好，背面无用的内容划掉等。慢慢地从涉外出生、无犯罪、结婚证、学历开始学起，照着老公证员的样子写笔录，一板一眼，非常认真。杨主任言传身教我很多接待技巧。有一次，来了一个老先生要咨询办理遗嘱，我看到他颤颤巍巍地，就扶住他，给老人家倒了一杯茶，说：老爷爷，请喝茶。事后，老杨和气地对我说：小武，你怎么管当事人叫老爷爷啊，咱们是公证员，代表国家提供法律服务，我们应该称呼当事人为“老先生”。

从那时起，我逐渐对自己的职业身份慢慢有了认知，慢慢地知道要通过自己的言行，传播国家法律，展示国家工作人员的形象。当然，怎么从一个青涩的小姑娘变成现在的我，还真是一个慢慢演变的过程，最不能忘怀的第一次在工作中受了委屈的一场世纪号啕。

那天下午，来了一个光头中年男，穿了件黑色老头衫，坐下来就说办理一份学历证书。我接过证书一看，写的是1977年毕业的小学毕业证书，但证书的样式却是当时1993年的制式。我一看就和实际情况不符，于是说：您这个毕业证书是假的，那时候的毕业证书还有毛主席语录呢，这么新的证书怎么可能是1977年的。光头男一听就炸了，把我的祖宗八代都骂了个遍，我实在忍不住，跑到南长街南口的一个公共长椅上低着头放声大哭，泪沁衣襟。

哭着哭着，我总感觉不远处有一双脚一直站在不远处那里不动，我哭了半天，那双脚还是没有移开，我于是抬起泪眼，看到一位老者，他看见我抬起头，问道：“小姑娘，你有什么事跟大爷说说，不要做傻事！”大爷估计害怕我自杀吧，毕竟哭得太绝望了，他就一直在那守候着。听大爷这样说，我反而有些不好意思，赶紧站起身，道：“没事大爷，您放心，我不会自杀的，我这就回去。”转身的瞬间，我突然非常感动，这个世界有这么好的老人，我一定要多为他们着想和提供法律帮助，这也许就奠定了我的初心吧。

回到单位，老杨了解了情况，没说什么。第二天他骑着自行车在后座驮着我去光头男小学毕业的学校查档核验。最后给光头男做了一个小学毕业的实体公证。看着光头男点头哈腰地与老杨交流，我懵懵懂懂地意识到，义正辞严地交流在工作中是不适用的，要学着老同志的样子与不同层次的人、采取他们能接受的方式交流，而交流的结果是要解决他们的需要，而不是草草把他们打发了事。因为没有开办经费，所有的费用都是从一个证一个证里来，所以，那时候谁办理一个公证大家都特别高兴，同事们也都勤俭持家，纸张等从不浪费，都是正反面使用，我现在的抠抠唆唆也都是当初养成的习惯，甚至地上掉了一个曲别针，我现在也强迫自己把它捡起来。

那时候，公证员没有统一的工作服，只有几套公证服是在出席现场监督的时候穿戴的，谁出现场谁使用。夏天的衣服是灰色的，冬天的衣服是藏蓝色的，都有肩章和领花，有点像城管和法官，都配有大盖帽儿。1994年3月8日妇女节那天，本来女同事们下午半天休息，李宪武主任有一个评选的现场监督公证得带一个助理去，老赵说武军不是妇女，让她跟去吧。于是，我第一次穿上这身行头，带着有点咣当的大盖帽儿，屁颠屁颠跟着现场监督去了，记得李主任为了锻炼我，还让我致公证词，他说我普通话说得好。

1994年，北京的外销商品房市场开始火起来，我记得恒基中心当时卖一平方米1450美元，那时候对于每月200多元“月光族”的我来说，简直就是天价啊。国家公证处成立了房地产部，老翟是房地产部的主任，同事们每天都跑出去签约，拿回合同写证词，粘公证书，大家都是一起干活，谁有空谁就帮着制证。我记得王主任说，是我们把律师事务所引进到外销商品房签约流程里来，他们见证客户签约，我们给客户办理公证。后来也有很多律师事务所进入外销商品房的签约流程里来，只不过他们还负责代办产权证。这个阶段也有很多心酸，因为公证不是必须的，签约又都是约在律师楼，记得有一次在京城大厦的一家律师楼签约，客户是一个日本人，签约律师一边介绍签约流程，一边也介绍了现场服务的公证员，从坐下来谈合同，到最后签署完，整整一个下午，轮到公证员要收费的时候，这个懂日语的女律师，不知道说了几句什么，客户表示不需要办理商品房买卖合同公证了，只办理200元公证费的委托律师代办产权证的委托书公证。因为语言不通，女律师自然不会为公证做解释，我最后忍着眼泪出了律师事务所，在京城大厦东侧的一个大石头上坐下来呜呜地哭，一边哭一边跟翟主任汇报，老翟宽慰我说：不怪你，回来吧。那时候的小伙伴爽姐和庄博士，也都多多少少地遇到过类似的尴尬。

因为房地产市场的崛起，公证处慢慢有了积累，但艰苦奋斗的工作作风依然在每个人的心里。后来国家公证处更名为长安公证处,取“长治久安”的寓意,服务房地产的模式也多种多样了,为了大家出去办理业务更方便,处里鼓励大家买车,我在此之前,从来没有想过自己能有一辆汽车。那时候吴长生和我,开着自己贷款买的车,与各个律师事务所的律师,一起去建行开会,拓展了以出具法律意见书的方式帮助银行审贷的服务领域。北京那时候的房地产市场如火如荼,只不过分到我们手里的房地产项目不是在大兴就是在丰台等偏远地段,涉及的贷款也都很低,但我一样认认真真地审查客户资料,一丝不苟地出具法律意见书。那时候也发现了很多假结婚证,毕竟是干公证的,证书见得越来越多,经验也积累得多。为了提供更好的服务,公证机构又不可能有其他方式增加客户的黏性,只能出力苦干。我于是每天帮助银行抄写合同,有的时候晚上十一二点才离开单位。有一次贷款客户是两个借款人,我征询了客户经理,他说抄在一起即可,可是第二天送合同去银行,那里的一个负责人说,全部重写,分开写,辛辛苦苦抄写了一晚上的合同瞬间就没用了。我在一层大堂,真是忍不住多日的委屈,任眼泪长流,那种心酸,现在想想都让人痛。

除了出具法律意见书服务银行,服务开发商的模式也有了突破,公证机构不单单办理合同公证了。马文娟帮助新世界房地产公司开展了一条龙公证法律服务,公证处最后要替客户代办产权证、收契税和公共维修基金等,在这个过程中,她付出了大量的汗水,估计也少不了泪水。公证处领导还审时度势地要求大家开拓金融服务领域,齐姐和蒋笃恒那时候天天跑银行,一家一户地宣讲强制执行公证的好处,齐姐说她就是从那时候开始睡眠不好的。金融业务在大家的不断耕耘中,见到了曙光,越来越多的银行认可了强制执行公证,也愿意接受这项服务,那时候长安公证处在万通大厦的团队,办理了大量的强制执行公证。也就是在这个时期,赶上了房改政策,每个人都分上一套房改房,我因为没有结婚,只有一个人的工龄,买的房改房成本最高,但现在看起来,多花的那点钱真是不值得一提。新房装修的时候,我还在浴室安装了一个浴缸。小时候都是和妹妹一起去父亲单位蹭着洗澡,大概几个月才能去洗一次,每洗完一次澡觉得衣服都大了。小时候被限制了想象力,包括在家随时洗澡都不敢想象,如今在家里洗澡早已不是奢望，随着生活条件越来越好，我更时刻告诫自己要懂得珍惜。

作者(右)在监督公证工作现场

在新中大厦工作的那段时间，还有一件特别值得记住的事情。1997年香港回归，我和单位的小伙伴参加司法部举办的香港回归知识竞赛，获得了第二名的好成绩，单位奖励我在工体观看了香港回归的大型文艺表演。

就是这样，公证处在大家不计代价的奋斗中，不断壮大起来，办公条件逐渐改善了，正如我年轻时的美好祝福，公证处在新中大厦临时租用了几年后，1999 年前后购买了现在的办公地址，离我家近了三分之二的路程。大家也都每个人配备了新的办公电脑，社交网络中有了 OICQ(QQ 的前身)，我的汉语拼音盲打就是那时候练出来的，打字快了，笔录就不用手写了，我的字也就是从那时候开始越写越烂。我印象中，就是从那个时候，公证处的办证在周志扬主任的调教下慢慢规范了起来。那时候行业逐步出台了几个办证指导意见，遗嘱公证细则就是这个时候颁布执行的。现在想想最初执业时办理遗嘱，没有任何行业规范要求，自己现在想起来都后怕。1999 年之后做遗嘱公证，就已经开始录像了，老杨作为老同志，经常协助我录像，有时候他不经意的一句问话，都提纲挈领地起到非常重要的作用。还有证据保全公证，也是因为网络和计算机的应用，才逐渐发展到网页证据保全。记得那时候是一个叫 3721 的网络公司，要和百度打官司，证明在网页地址栏中使用中文搜索，就会被篡改某些设置。但网页怎么打印下来是个难题，一开始准备用计算机的画图，可是那个非常麻烦，申请人的代理人是个熟悉计算机的工程师，他想出用印屏幕键复制，然后粘贴到 Word 文档里再打印的方式，我和助理李棣经过测试，效果非常令人满意，后来证词里把这一个操作，简称现场拷屏并打印，直到现在这种网页保全的方法还在使用。

长安公证处公证人员到敬老院进行公益活动，右三为作者

周志扬主任原来是司法部公证司业务处处长，也在司法部做过团委书记。她到公证处以后，公证处的党团工作风生水起，我也荣幸地担任了几年长安公证处的团支部书记。那时候很多年轻人积极发挥团员的模范带头作用，大大促进了公证服务工作。很多年轻人包括助理被选为司法部直属机关的优秀团员，我也多次获得优秀团干部的称号。团的工作都是在周主任的帮助下，逐渐摸索出一些经验，说白了就是要讲奉献，心甘情愿地牺牲自己的时间为团的工作让路，为此我也多次受到司法部的表彰，获得司法部杰出青年、优秀青年志愿者等表彰。处领导后来选拔年轻人担任部门主任，我永远忘不了王主任当时说过的话：小武干了很多份外的工作。

2008 年以后，长安公证处有了一个飞跃式的发展，金融业务在全行业干的风生水起，大家也都在不断拓展新的服务模式，业务收费和办证量都有了飞速发展。当然发展的过程中也多多少少存在诸多的诱惑，在服务一家房地产中介时，因为一直没同意给他们办理垫资业务中涉嫌违规的操作办理赋予强制执行公证，最终被“请”出了驻点。回想十年多的服务，从他们最艰难到现在的富丽堂皇，心中不可能不伤感，但后续的发展，毋庸赘言，他们违反房地产政策的违规操作被叫停了。我现在回想起来，真是庆幸。一路走来，在处领导和杨主任、翟主任这些老师的教诲、引领下，我才得以成长，是他们教会我们年轻人守正念、走正道、挣干干净净的钱。

不知不觉在公证行业干了 26 年多，长安公证处从最初的 6 个公证员，10 余个人，发展到现在的 48 名公证员，100 余名工作人员。服务模式多层次全方位拓展，从办理传统的公证业务到参与多元纠纷处理，走进法院从事司法辅助工作。公证员学历背景从最高法律专业本科学历到现在拥有法律博士学位的公证员就有 3 名，办公场所也从租用的简陋小楼发展到现在拥有了明亮宽敞的办公室楼层。2015 年，长安公证处在原址上扩大了办公面积，也重新做了整体装修，每个公证员都有自己的独立办公室。每次在宽敞明亮的接待室叫号接待，我都充满敬畏心，眼前的一切是我从业之初不敢想象的，这是长安公证处的领导和同事们努力奋斗的结果，更是离不开国家改革开放的大背景。

一个小小的公证处就是国家、社会发展的缩影。科技的发展在公证工作中的应用和体现，更是不胜枚举。不断升级的办公电脑、激光打印机、高速扫描仪、最高配置的复印机一应俱全；为了防范职业风险的摄像设备，从原来笨重的摄录机换成现在小巧的便携式摄录设备；最初单位配置的数字BP机以及后来的汉显BP机，早已经被手机尤其是现在的智能手机所替代；公证的便捷受理和证据保全方式的进步也无不依赖着高速发展的科技和网络。公证人员更是早都有了统一的制服、徽章，大家穿戴起来整齐划一，代表着行业的形象。我注意到，处领导和几位老同事，一到单位就会换上公证服装，外出办事也都是穿着公证服，我想他们不单单是遵守单位的制度，他们是在用一言一行表达对公证行业的敬意和情怀。

我时常庆幸我们"70后"的这代人，完美地避过了过分匮乏和过度压抑的时期，又完整地经历和感受了社会觉醒和激烈变革的全过程。我们成长的每一步都随着改革，从青春到白头，无怨无悔！中国的法治环境越来越完善，公证员的业务素质必须逐步提高，看到《民法典（草案）》最后一条，不禁哑然失笑，感觉自己要从头学起了。中年的我，要守住初心，希望利用自己耕耘的这块土地，实实在在脚踏实地为老百姓提供公证服务，结出更多让老百姓享用的果实。公证的改革还在路上，我们也依然是追梦人。我的下一个愿望，是能在行业领路人的引领下，切身参与到公证体制改革中，乘着长安公证处这艘大船，乘风破浪走向下一个辉煌。

四十年风雨兼程为民服务的天津公证

天津市公证协会

1978年,党的十一届三中全会的召开,吹响了中国改革开放的“号角”,也赋予公证制度和公证工作以新的生机和活力。四十年改革开放伟大实践波澜壮阔,四十年公证事业重建拓展步履铿锵。天津公证的四十年辉煌历程,烙印着开拓创新和规范服务的历史印记,始终贯穿着解放思想这一灵魂,始终体现着科学发展这一追求,始终践行着服务为民这一宗旨。

天津市于1979年成立第一家公证机构,当时开展的公证业务只有简单的几种。随着天津市经济的不断发展,公证的社会需求激增,公证业务已拓展到100多种,涉及经济、政治、文化、社会等各个领域的方方面面。经过四十年的改革发展,天津市公证队伍不断发展壮大,公证服务领域不断拓展,公证服务能力不断增强。这些年天津市公证工作一直保持了良好的发展态势,已逐渐成为推进依法治市、促进经济发展、维护社会和谐稳定的重要力量。四十年间,天津公证的身影先后出现在市危房改造、天津港建设、海河综合开发、滨海新区开发开放、新农村建设等政府重点工作和重要领域,为重大工程项目建设和各类市场经济活动提供多方面、多层次的公证服务,有效保障了经济安全,促进了社会发展。在积极服务“三农”工作方面，多年来，认真办理继承、赡养、抚养、基地使用、土地承包、招商引资、农业产业化经营等方面的公证，为促进农村的经济发展和社会稳定发挥了公证特有的职能作用。此外，高度关注民生问题的解决，认真做好涉及企业改制、劳动关系解除、土地征用补偿、廉租和经济适用房分配入住、限价商品房销售、公有住房变更承租人、公共租赁住房担保等方面的公证工作，最大限度消除和减少不和谐因素，维护社会和谐稳定。积极参与公益活动和提供法律援助，援助建立天津公证希望小学，先后对口援助青海、宁夏等省、自治区的公证行业，对困难企业和低收入家庭、下岗失业人员残疾人员等特殊群体依法减免服务收费，对捐献、捐赠者一律提供免费服务等，自觉承担扶贫助弱的社会责任，努力维护社会公平正义。

招商银行与天津市公证协会合作签约仪式

一、行业概况

（一）恢复重建阶段（1982—1991 年）

天津市于 1979 年成立天津市公证处，成立之初只有 2 名人员办理涉外公证业务。1982 年，国务院制定颁布《公证暂行条例》后，各区县相继成立了公证处。至 1984 年底，全市公证机关实有人数为 145 人。1991 年，市公证员协会成立。协会的成立，一方面发挥了行业管理的职能，另一方面积极维护公证员的合法权益，并不断加强与国内外公证人的交流与合作。

（二）业务拓展阶段（1992—2001 年）

20 世纪 90 年代。天津市公证行业始终把为市危改提供公证系列服务作为一项重要工作来抓，先后办理拆迁安置协议、还迁协议、现场监督还迁选房、私产房继承、赠与等公证 20 余万件，减免收费达应收额的 90% 以上，为天津市全面提前完成危改工作作出了贡献，受到政府和群众的一致好评。同时，天津市各公证机构积极为国企改革建立现代企业制度服务，办理了大量的公司章程、公司创立、企业产权出售、公司收购、股权转让、企业集团联局、小型商业网点拍卖租赁及企业减负增效、下岗分流再就业方面的各类公证，为整顿和维护社会主义市场经济秩序发挥了公证的职能作用。

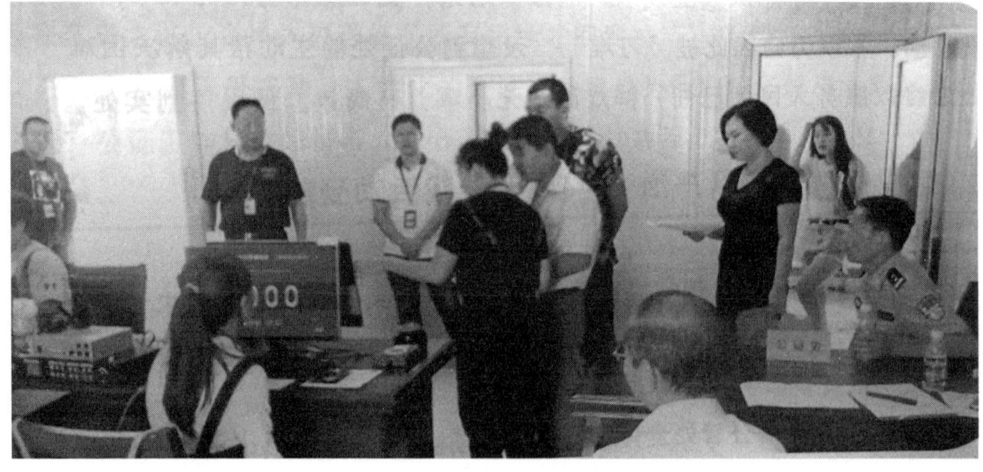

为天津市棚改项目签约选房提供现场监督公证

（三）深化改革阶段（2002—2019 年）

2000 年 7 月 31 日，国务院正式批准司法部《关于深化公证工作改革的方案》。2001 年，天津市公证处和天津经济技术开发区公证处在全市率先改为事业单位。2004 年 2 月，《天津市公证工作改革方案》出台，津南、大港，宝纸、河西、东丽、北辰、西青、武清、宁河、蓟县、和平等区县公证处相继进行了改制，目前全市公证机构已全部改为事业体制。2006 年 3 月，《公证法》颁布实施，按照《公证法》规定和司法部要求，《天津市公证机构设置调整方案》经市编委批复执行。同年 7 月，天津市公证机构设置调整工作顺利完成，全市公证处统一按"天津市 + 字号 + 公证处"的方式冠名，在天津市行政区划内平等执业。

四十年的发展中，天津市公证行业自觉服从、服务于党和政府的中心工作，在做好传统民事公证业务的基础上努力适应经济社会发展和改革开放的需要，积极介入经济建设主战场、社会事业大舞台，公证服务领域不断拓展，由最初的服务涉外工作逐步向社会、经济、政治、文化、生活各个领域全面延伸，成为保障和促进社会发展的重要法治力量。

二、诚信为本

（一）助推经济　保障发展

天津市公证行业自觉服从和服务于党和国家经济发展大局，紧紧围绕科学发展主题和加快转变经济发展方式的主线，立足职能，发挥优势，找准公证服务的切入点，积极主动介入企业经营管理、业务转型升级、优化投资结构，加快自主创新、加强节能减排、保护生态环境等领域，为新兴产业拓展、企业融资引资和兼并重组、知识产权保护以及重大工程、重点项目建设等提供优质高效的公证法律服务；认真办理招标、拍卖、租赁、产权转让、证据保全、现场监督、债权文书强制执行效力等公证业务，充分发挥了公证服务、沟通、证明、监督职能作用，为促进全市经济实现平稳较快发展提供了有效法律保障，如为滨海新区 CBD 中心建设、大火箭项目建设、空客 A320 项目建设、中新生态城服务中心建设天津港东疆码头建设等天津市重大项目建设提供了及时有效的公证法律服务，得到政府和有关部门的充分认可。

(二)关注民生　惠及百姓

天津市公证行业高度关注民生问题，自觉地围绕保障和改善民生的基本要求，牢固树立以人为本，服务为先的理念，坚持把民生领域作为公证法律服务的重点，密切关注人民群众最关心、最直接、最现实的就业、就医、就学、劳动权益保护、社会保障等社会热点难点问题，积极介入城市危房改造、商品房买卖、保障性住房建设等领域，认真办理涉及企业改制、劳动关系解除、土地征用补偿、廉租和经济适用房分配入住、限价商品房销售、公有住房变更承租人、公共租赁住房担保等方面的公证，保障了人民的合法权益，维护了社会的和谐稳定，促进了民生社会的发展。

为京剧票友决赛进行现场监督公证

(三)聚焦"三农"　维护稳定

农业、农村和农民问题事关国家改革发展和稳定的大局，为农业、农村和农民提供法律服是公证工作义不容辞的责任和义务。多年来，天津市公证行业紧紧围绕促进农业增产、农民增收、农业发展的"三农"工作重点，认真开展公证法律服务，办理了大量涉及农业化产业经营农村土地征用、农村各类承包、农村劳动力转移、农民工返乡创业、农民工权益保障等矛盾纠纷易发高发频发领域的公证事项，同时认真办理抚养协议、财产分割、农民养老保险等方面的公证事项。在推进农村经济发展、维护农村社会和谐稳定等方面发挥了特有的职能作用，作出了积极的贡献。

近年来，随着天津统筹城乡发展决策的出台，以宅基地换房开展示范小城镇试点建设工作全面推开，结合新农村、新需求，天津市公证行业会同天津市发展和改革委员会先后两次联合下发《关于为全市示范小城镇建设试点工作提供公证法律服务的通知》，对增强公证法律工作的自觉性和主动性、依法有效保障农民的切身利益和小城镇试点工作的顺利有序进行起到积极作用。从 2007 年至今，全市共办理涉及农村小城镇建设方面公证事项五万余件，得到农村广大农民及政府有关部门的充分认可。

三、发展壮大公证队伍

(一)培养人才　发展壮大队伍

公证队伍是公证事业发展的根本。天津市公证制度全面恢复以来，十分重视公证队伍建设，经过四十年的发展，天津市公证队伍不断壮大，公证队伍素质明显提高。

天津市公证行业切实加强人员的培训教育和人才的储备工作，相继开展了公证岗位培训活动、公证队伍教育规范树形象活动、公正执法一心为民活动、学习实践科学发展观活动、文明公证处和优秀公证员争创活动，社会主义法治理念教育和荣辱观教育，队伍的思想、道德、作风、纪律建设成效明显。严格实行公证执业准入、考核制度，积极从司法考试合格人员中选拔、招录公证员，队伍的法律素养和职业化水平进一步提高。注重学历的提升和人才的培养，鼓励公证员参加学历教育和各类新知识的学习，公证员学历层次和知识水平进一步提高。

(二)规范管理　增强服务能力

天津市公证行业始终把围绕中心、服务大局作为公证工作的主题，自觉将公证工作置于经济建设和社会发展的前沿，主动为各级党委、政府的重点工作和人民群众关心的热点、难点问题提供公证服务，充分发挥了公证职能。

主动服务政府重点工作。先后为天津港建设、海河开发、滨海新区开发开放、银行不良资产处置、大型停缓建项目处置、国有土地有偿使用、房屋权属登记及二手房资金监管等政府重点工作提出公证法律服务方案，得到政府和有关部门的充分肯定，市领导多次作出重要批示，并以政府政务通报的形式予以表彰，为公证服务领域逐步实现高端化、纵深化打下了坚实基础。密切与有关部门协调配合。相继与法院、民政局、房管局、发改委、公积金中心、中国银监会、中国证监会、中国保监会等部门就落实公证债权文书强制执行效力，加强婚姻状况公证的核查工作，服务经济适用房定向销售、公有住房变更承租人、公共租赁住房承租，公民存款、公积金，保险金、股票、证券继承及农村宅基地换房等的主要业务联合制定下发文件，从制度层面上保障了国家有关政策的顺利执行和群众合法权益的有效实现，也为公证服务领域的广域覆盖搭建了良好平台。

公证员培训考试

加强与律师、基层法律服务等相关法律服务队伍的协作。围绕滨海新区开发开放、农村示范小城镇建设试点工作、东亚运动会筹办、夏季达沃斯论坛举办等政府重点工作联合成立法律服务团队，为保障人民调解协议的切实履行，联合创新人民调解协议公证制度。以街乡镇司法所为平台建立公证信息员队伍，及时摸排服务需求，将公证服务向农村、社区及人民群众日常生活延伸，积极促进法律服务资源的优化整合和法律服务综合效能的充分发挥。

天津市公证行业始终把确保公证质量、提高公证效率作为公证工作的目标，全面推行精细化、标准化、信息化的规范化建设，进一步强化行业监督管理。

对全市各家公证机构统一配备安装业务软硬件设施，有效提升了公证机构办公现代化与智能化水平。在全面升级公证业务软件的基础上，结合规范、科学管理的新需求，完成了公证信息网络管理平台的建设、使用工作，实现了全市公证从业人员情况、业务办理流程、服务收费情况的实时动态监管及数据统计分析和业务信息共享智能化，发挥了科学规范管理的最佳效能。

统一安装办证电子监控音视频采集系统，使用公证专用机打发票，加强对办理公证业务全过程的有效监督。

建立当事人身份比对及指纹采集系统，通过该系统可即时查询公证当事人提供的身份证件的真实性和有效性，并可采集当事人的指纹备存于公

证案卷，有效防范和制止骗取公证书行为的发生。

建立公证业务信息短信平台，重点用于公证机构发现公证当事人、公证事项利害关系人提供虚假材料的信息发布及办证风险提示等，有效增强了公证行业防范和抵御执业风险的能力。统一启用天津公证专用水印纸和电子印章系统，最大限度地提高了天津市公证文书的防伪能力，降低了公证机构及公证员的执业风险。

（三）交流合作实现优势互补

为拓展视野，推动天津公证事业的发展，天津市公证协会每年选派部分业务骨干和管理人员赴外省市及国外考察学习，特别是先后与国际拉丁公证联盟及德国、法国、意大利、澳大利亚、日本等国家以及我国香港、澳门、台湾地区的公证人进行了交流学习，并与德国汉堡公证人协会、澳大利亚维多利亚皇家公证协会以及我国香港中国委托公证人协会建立了良好的合作关系，正式签订了协议书，对外交流进一步扩大和深化。

（四）扩大影响提升社会信誉

天津市公证行业始终把扩大社会影响、提升行业公信力作为一项重要工作，借助报刊、电视、互联网等媒体宣传公证工作取得了成效。主动深入企业、社区、乡村开展法律知识宣传、公证业务咨询活动，面向公证当事人发放公证服务质量满意度问卷调查等，收到良好的社会效果。多年来，得到《天津日报》《今晚报》《城市快报》《每日新报》《天津政法报》等多家报刊的大力宣传报道，刊发稿件百余篇。此外，天津市公证协会与天津电视台《青年大世界》节目、天津电视台"法制纵横"节目和天津有线电视台"说理说法"节目联合制作公证宣传节目，让公证走进千家万户。为进一步提高公众公证法律意识，协会还开展了为期两个月的"聚焦公证——天津市公证法律服务系列宣传活动"。活动共分大众媒体活动推介、公证系统业务知识竞赛、普法公益活动推介三大版块，运用了报纸、电视广播、网络四种宣传媒体，宣传面涉及社会公众、公证当事人及全体公证人员，全方位，多角度地向社会各界普及了公证法律知识，公证的社会影响力进一步扩大，公证的社会公信力得到有力提升。

（五）营造文化展现行业风采

天津市公证行业积极探索建立行业文化建设的载体与平台，进一步规范行业评优奖助机制，组织开展全市公证行业“优秀公证处，优秀公证员”评选表彰活动。大力创新行业文化活动形式，鼓励支持公证员担任各级人大代表和政协委员，充分发挥公证行业参政议政职能作用，鼓励公证机构和公证员积极参加社会公益活动，继续开展对西部贫困地区的行业互助活动，组织开展论文征集研讨、业务交流、演讲比赛及丰富多彩的文娱体育活动等，努力营造团结和谐、积极向上的良好氛围和开拓创新、奉献进取的行业精神，不断增强公证行业的凝聚力，充分展现公证行业的张力和活力。

鹭江试点十九载　改革创新无止境

苏国强 *

2019 年是我国公证制度恢复重建四十周年。这四十年来,随着经济社会的不断发展、民主法治的不断推进,我国的公证制度也得到不断健全,日趋走向成熟。特别是党的十四大提出建立社会主义市场经济体制的宏伟目标后,在经济体制改革的带动下,我国公证领域的改革工作也随之提上日程。在市场经济体制下,公证工作作为法律服务的重要组成部分,唯有通过自身的不断改革,突破体制机制的各项壁垒,建立起面向市场、走向市场并服务于市场的有中国特色的公证制度,才能真正激发起公证机构和公证人员的活力,更好发挥公证制度在维护市场经济秩序、保护当事人合法权益、促进对外交流合作、推动社会诚信建设等方面的独特优势和重要作用,最终为建立和完善市场经济体制提供优质的法律服务和可靠的法律保障。基于此,在司法部的大力推动下,我国先后于 2000 年、2017 年启动了两轮公证体制改革工作,而我所在的福建省厦门市鹭江公证处,正是顺应公证体制改革的春风,于 2000 年 6 月成立的全国首轮合作制试点公证机构之一。

这十九年来,鹭江公证处的发展成绩在业界有目共睹:从

---

* 福建省厦门市鹭江公证处主任。

建处之初仅有 3 名成员，到如今构建了一支 400 余人且具有公证员、法律工作者、工程师等职业知识背景的复合型人才队伍；从过去专注传统公证业务的办理，到如今形成集公证处、法信公证云公司、厦门大学现代法律服务研究中心在内的“三位一体”发展格局和公证法律服务、公证信息化建设、司法及行政辅助“三驾马车”并驾齐驱的业务布局；从在全省率先提出“全程式”法律服务的观念，到如今打造“公证云平台”“中国知识产权公证服务平台”“诉讼与公证协同创新”等多个全国首创成绩。

这些年来，鹭江公证处所取得的成绩，得到了社会的高度评价，这无疑是对鹭江公证处十六年发展成绩的充分肯定，同时也给予我们继续在公证改革之路上不懈探索的坚定决心。

回想这十九年的发展历程，我们经历了许多不易。

组建鹭江公证处之前，我已在公证行业从业近二十年，并在厦门市公证处担任党支书记、副主任，一级公证员。参与试点改革，意味着要辞职下

2004 年 2 月，加拿大魁北克公证人公会代表团访问鹭江公证处

海，放弃人人羡慕的事业单位“铁饭碗”。因此，当上级主管部门就公证改革问题召集市公证处全体员工进行思想和工作动员时，虽然有很多公证人员热血沸腾，表示愿意追随，但在正式提交辞职报告时，只剩下我和现在鹭江公证处的另外两名高级合作人——汤庆发、饶健。对于我们三人而言，合作制公证处在当时还是个新事物，谁也不知道未来发展会怎样；但我们都认为，既然有这样一个机会，那就试一试，因为路是走出来的。

“方向决定道路，道路决定命运。”要成立一个什么样的合作制公证处，这是影响公证处未来发展道路和发展前景的重大问题，因此必须在公证处成立之时就予以明确。对于这一问题，我的想法很清晰，那就是牵头组建合作制公证处并不是简单的“另立山头”“另起炉灶”，而是要积极为处于起步发展阶段的中国公证行业探寻一条符合我国国情和行业自身特点的发展道路，因此我们不可能选择做一家“短视”“赚钱”的公

2015 年 10 月，鹭江公证处党总支书记、主任苏国强同志参加全国社会组织党的建设工作座谈会

证处，而必须抱有担当和情怀，努力将公证处打造成一家有价值的“百年老店”。我的这一观点很快得到其他两位合作人的充分认可，于是我们三人一拍即合，便着手启动成立鹭江公证处的相关事宜。

鹭江公证处设立初期，我们遇到的困难是多方面的，主要体现在：(1)资金匮乏、办公场所有限；(2)老百姓对合作制公证处不理解，对我们所作出的公证书效力有疑虑；(3)本地的其他兄弟公证处对合作制公证处存在一定误解，担心产生不正当竞争现象；(4)由于无法从其他公证处直接招录公证员，公证队伍只能自行组建培养；(5)在涉及国有土地出让、招投标等业务领域存在参与限制。面对这些问题，我们始终坚持“打铁还需自身硬”，并从加强自身建设上下功夫，做到“不等不靠、自力更生、内部挖潜、抓好质量、优化服务”。为了解决资金缺乏、场地有限的问题，我们三个合伙人勒紧裤腰带，硬是自己掏出50万元作为启动资金，租场地、买硬件、做招聘；老百姓不信任公证书效力，那么我们就一方面抓好质量建设，另一方面投保职业责任险；兄弟公证处有误解，担心不正当竞争，我们就严格执行公证收费标准，按照执业范围的设定开展公证业务；公证员招录有限制，我们就主动联系一些高校，输入高水平的法科专业人才，加强内部业务培训并发挥老公证员的“传帮带”作用，使其尽快成长为一名合格的公证员；在部分业务领域受限的情况下，我们一方面适应时代发展要求和群众需要，研究和开拓商品房公证业务和金融公证业务；另一方面通过提升服务水平来积累客户和案源。现在看这些问题，或许有些人觉得不是问题，都很容易解决，但放在当时的条件下，要让合作制公证处在市场竞争的环境中能够立足乃至站稳脚跟，其实背后的艰辛只有我们自己知道。

这十九年来，鹭江公证处始终牢记“探索公证新的组织形式和公证体制改革的道路，把对公证理念的理解和想法付诸实施，体现出公证行业价值”的创处初衷，以“建百年老店，创行业一流”为目标，在党建工作的引领带动下，不断加强内部管理、提高队伍素质、稳固公证质量、提升服务水平、推动创新发展、投身社会公益，充分发挥了公证在服务民生、服务经济社会发展大局中的积极作用，实现了公证机构的经济效益与社会效益同步发展。

一、坚持党建引领

公证事业的发展始终离不开党的坚强领导，离不开党组织的战斗堡垒作用，离不开党员的先锋模范作用。十九年来，鹭江公证处将党建工作内生于心、外化于行，以党建凝聚人心，以党建引领发展，以党建推动创新，不断提升基层党组织的领导力、组织力和执行力，并将党建工作和业务工作一起谋划、一起部署、一起推进、一起考核，真正实现了党建与业务的互融共促。在日常工作中，我们认真按照习近平总书记党要管党、全面从严治党的重要指示精神，在实现党的组织覆盖和党的工作覆盖的基础上，严格落实“三会一课”制度，并以开展“三严三实”“两学一做”专题学习教育为契机，把每个部门、每个环节的党建工作抓具体、抓深入，而“任何重大决策和中心工作必须由党总支会议先通过”的做法，有力保障了公证

2017 年 9 月 18 日，鹭江公证处获司法部、工商总局、国家版权局和国家知识产权局联合授予的“全国知识产权公证服务示范机构”

处的科学发展。我们以开展“党员先锋号”“党员先锋岗”“党员责任区”等活动和打造“公证服务 e 鹭通”党建品牌为载体,积极创新党员管理方式,营造比拼赶超氛围,不断提高党员带头意识和服务意识。无论是在重点工程项目建设中,或是在扶贫救灾过程中,还是在平时加班、节假日值班时,都能看到鹭江党员公证人的身影,党员同志真正做到了在平常时候看得出来、关键时刻站得出来、危急关头豁得出来。

二、加强内部管理

“不以规矩,无以成方圆”,大如一国,小至一处,无不如此。自成立以来,鹭江公证处一直把制度化建设和规范化管理的工作摆在极其重要的位置,坚持建章立制和规范管理“两手抓,两手硬”,先后制定了包括人事及队伍建设、办公制度、业务规范、质量控制、分配机制、财务管理、组织会议等七大类近六十项的具体规章制度,力求将公证工作的每一个环节都置于规章制度的规范和约束之下。特别是在规范化办证方面,十九年来,逐步制定和更新业务规范指南一直是鹭江公证处的一项重要工作。针对合同协

鹭江公证处首创全国公证机构对商品房预售资金进行公证监管,2002 年全国资金监管公证业务研讨会在厦门召开

议、单方法律行为、继承、保全证据、现场监督、有法律意义的事实、有法律意义的文书以及包括提存、抵押登记、债权文书赋强、执行证书等在内的传统公证业务类型和代办认证、代办翻译、代办文书比对、代办调查核实、代办过户/抵押登记、文件保管等中间业务以及基于公证云平台所产生的线上业务制定了相应的办证规范，并于2018年编纂了《公证业务操作指引》，用于进一步指导和规范内部业务实践操作。在十九年的试点历程中，这些内部管理制度通过实践的反复检验，经过了多次增、删、并、改、废，使各项工作基本能够“有章可循”，也让鹭江公证处逐步实现了“以制度管人，以制度管事”。

三、提高队伍素质

公证事业的发展离不开公证队伍的建设，其中人员素质是核心和关键。鹭江公证处始终把队伍建设放在重要位置，致力于建设一支“坚持信念、精通法律、维护正义、恪守诚信”的高素质法律服务队伍。在选人用人方面，“招聘人员党员优先，选拔干部党员优先”是长期以来我们所坚持的一个传统，与此同时，公证处还积极吸收和发展业务骨干入党，加大业务骨干和管理层后备人才的培养，让能力强、素质高的年轻人听党的话、跟党走，并按程序将业务骨干中的党员选拔为部门负责人，为其提供干事创业的平台、畅通人才发展通道，以此搭建科学合理的人才梯队。这十九年来，公证处的人员虽然有进有出，但骨干队伍始终保持稳定并不断壮大，成为“讲政治、抓业务、重自律、讲奉献”并以公证事业为终身追求的团队。在队伍教育方面，自成立以来，鹭江公证处每周二晚上的政治与业务学习从未间断，内容涵盖政治思想、职业道德、文明礼仪、业务知识与技能，我们还以司法考试为抓手，以定期开展学习研讨和岗位练兵为手段，鼓励支持员工通过各种途径加强业务素质培训及学历教育，并邀请高校名家学者、公证业界专家、法律实务人员等开展讲座论坛，使公证人员通过学习教育，不断提高公证队伍的思想觉悟、执业道德、专业能力及综合素质。

四、稳固公证质量

由于公证处的特殊性质，鹭江公证处始终保持强烈的生存危机感，认为公证质量不仅是公证工作的生命线，更是公证处的生存之道。在日常工作中，我们将公证质量建设作为实现“百年老店”目标的中心工作来抓，并作为一项综合性、系统性工程来建设，从理念培育到硬件投入，从制度规范到业务培训，从受理审查到调查核实，从事中监督到事后抽查，形成了一整套包含人员培训、业务规范、质量监督、标准评价、风险管控等在内的较为科学、完善的公证质量综合建设体系。在“任何失误和过失都是自杀”理念的影响下，全处公证人员不断强化“铁证”意识，以成为“公证质量守护人”的高度自觉，严格遵守办证程序，严格加强审查核实，严格把握出证标准。除了实行“保生存、促效益、均贫富、安晚年”的薪酬待遇制度，淡化公证人员的利益驱动，使全处人员能够平衡好公证质量与公证效率、社会效益与经济效益的关系外，我们还充分运用自身信息化建设的优势强化事前、事中、事后监管，实现了良好的效果。十九年来，鹭江公证处在省、市各级公证质量检查评比中均保持第一。截至 2018 年底，公证处共办理公证案件 72 万余件，复查撤证的比例仅占全部公证案件量的 0.0005%，且无一是由公证人员的故意或重大过失导致的；涉诉案件无一败诉、无一赔偿。

鹭江公证处为政府重大公证项目建设提供公证服务，办理同安区西柯后田花蛤养殖的保全证据公证

五、提升服务水平

公证质量不仅体现为公证书的准确无误，还体现为当事人可感知的服务温度。为了将公证便民利民惠民的要求落到实处，早在成立之初，鹭江公证处就提出“热诚、礼貌、快捷、准确、协作、负责”的十二字服务方针和“每周 7 天对外接待，365 天全年无休”等十项服务承诺，节假日党员主动值班，解决了人民群众办理公证的实际需求，也极大地带动了全省公证行业服务水平的提升。在当前中央、省、市各级政府大力推动“放管服”改革的背景下，为不断深化优化服务，让老百姓在公证法律服务中体验到更多的获得感、幸福感和安全感，鹭江公证处又推出许多便民新举措。例如，充分利用覆盖岛内外的多个办事点为当事人提供公证法律服务，实现公证事项“马上办、就近办”；简单的公证事项，做到在 48 小时内出证，对于委托、声明等事项，在符合出证条件的情况下可以实现立等可取；将原来办理公证业务所需的证明材料进一步精简，并扩大证前证后代办服务的覆盖范围和覆盖事项，在继承领域推行“一证（身份证）申办”；

鹭江公证处在全国首创“诉讼与公证协同创新”的“厦门模式”

积极利用自行研发的在线公证平台、“公证云”手机 APP 以及微信服务号、微信城市服务公证端口等信息化产品，推行公证业务“网上办、自助办”，让“足不出户，公证到家”的梦想落地生根、开花结果。

六、推动创新发展

创新是合作制公证处生存和发展的动力，没有创新、止步现状就违背了合作制公证处成立的初衷。为此，鹭江公证处将创新精神融入自身发展的血液，以社会需求为导向，积极创新服务思维，创新服务方法，不断提升当事人对公证服务体验的满意度。在传统业务领域，我们首创全国公证机构对商品房预售资金进行公证监管，有效解决了“烂尾楼”问题；通过灵活运用赋予债权文书强制执行效力公证，与集美区人民法院合作，共同构筑“无讼保障平台”，解决了合同异地履行的债权回收问题。近年来，在国家大力推动“互联网+”行动计划和构建完善的多元化解纠纷机制背景下，我们又积极适应形势的变化，搭建“公证云平台”，推进行业信息化建设，让公证行业插上信息化翅膀；创建“中国知识产权公证服务平台”，解决网络知识产权侵权地域屏蔽、多点同时取证的国际性难题，为网络时代知识产权保护提供“贴身保镖”；与厦门两级法院合作，开展“诉讼与公证协同创新”探索实践，参与办理法院司法辅助事务，助力解决基层法院“案多人少”问题，为社会纠纷多元化解提供新路径；打造“厦门海关公证电子送达平台”，运用“公证+电子送达”手段实现海关行政执法文书合法、高效送达，节约行政资源，增强行政执法公信力。

七、投身社会公益

鹭江公证处始终不忘肩上的社会责任，自 2009 年开始，我们在每年重阳节前后一个月时间，为超过 65 周岁的老人提供免费办理遗嘱的公益服务，党总支协调各业务部门成立党员先锋岗，组织人力加班加点，这一做法得到了市民的热烈欢迎；积极发挥公证对基层纠纷的调处作用，常年开展“公证法律服务五进”活动，参与建设“法律驿站”“社区法律工作室”等公益法律服务项目，选派业务能力强的党员长期驻点，党员走家串户，为当事人解答法律疑难问题，化解纠纷矛盾；主动配合政府开展对中小企业的扶持工作，分析、解答企业在经营过程中遇到的法律问题，无偿提供公证法律服务；对同安区莲花镇内田小学进行支教共建，设立“鹭江公证漳平芦芝中学助学金”捐赠“鹭江公证－锦麟图书馆”等；面对大灾大难，我们积极参与捐助，仅在汶川大地震中捐款金额就近15万元，还专门为前来办理公证的受灾群众开辟了绿色通道，减免公证费用，以最快速度出具公证书，因此被司法部评为“全国司法行政系统抗震救灾工作先进集体”；2016年“莫兰蒂”台风刚过，我们就组织党员公证员为受灾群众无偿办理受灾现场的证据保全公证，受到厦门市民的好评。

每年重阳节前后，鹭江公证处开展敬老活动，为老人办理免费遗嘱公证

“凡为过往，皆为序章”，过去十九年的成绩固然可以说明鹭江公证处在合作制试点道路上的成功，但我们深知，面对互联网时代的快速发展、各行各业的加速融合以及人们对公证法律服务要求的不断提高，我们必须使自己继续保持登高望远、居安思危、勇于变革、勇于创新、永不僵化、永不停滞的状态，因为公证体制改革不仅是个系统性工程，而且永远在路上。公证体制改革的内容不仅包括公证机构组织形式的选择、现有制度规定的调整，更深层次也更为重要的是思维理念的更新。我们必须主动加强公证与

律师、调解、鉴定、仲裁等法律服务的融合，加强法律服务与信息技术的融合，加强法律实践与法学科研的融合，为客户打造“纠纷预防+纠纷管控+纠纷解决”的全流程法律服务，并通过搭建多元化纠纷解决平台，真正引导传统公证朝着现代公共法律服务乃至高端现代法律服务方向迈进，实现公证法律服务在社会治理创新中的价值和作用，以进一步提升人民群众在公证法律服务中的获得感、幸福感，这必然是未来公证改革的方向。

公证体制改革三十年感悟

刘向东 *

我于1980年调入河北省司法厅(当时叫司法局)公证律师处,2017年卸任省公证协会会长,三十七年中有三十一年在做公证管理工作,历任公证管理处处长、副厅长、巡视员,可以说是见证、参与了河北省公证制度恢复重建的全过程。回忆这三十余年,如果要写文章,队伍建设、业务发展方方面面可记载的东西太多,但始终牵挂至今、总是念念不忘的还是公证体制改革问题。这三十余年,随着国家的改革开放,随着公证事业的发展,我对公证体制改革问题的思考也逐步深入,并且先后撰写了三篇有关公证工作改革的文章。据此,我把这三十余年大体分成三个十年来记录。虽然不太科学,也不太符合其他省(市)、自治区的有关情况,而且仅凭回忆整理,不一定准确,但毕竟是我真实的亲身体验,是我真实的思想变化。

一、1988—1997年:第一个十年

第一个十年,可以说是公证行业恢复重建、蓬勃发展的十年,也可以说是积极探索适合中国国情的公证体制的十年。

1980年我调入河北省司法厅公证律师处工作,恰逢公证

* 河北省司法厅原巡视员。

行业恢复重建。对公证行业恢复重建工作,司法部非常重视,很快建立了司法部公证工作指导司,对全国公证工作抓得非常认真、非常扎实,从部里到各省(市)、自治区的凝聚力都非常强,干劲特别足,大家在火热的工作中建立了深厚的情谊,以至于至今仍和部里公证司的老领导、老朋友们情深依旧。回忆起当时的情景仍历历在目。

我和同事们的办公室就像一个战争时期的指挥部,我们绘制了一张大幅的河北行政区划图,张贴在墙上,每新成立一个公证处,就在相应位置画上一面小红旗,小红旗几乎每天都在增加。看着小红旗覆盖的面积如燎原之势迅速扩大,看着红色区域如火如荼炫目燃烧,看着机构、人员、业务量都不断上升的统计报表,自己和同事们就如同指挥千军万马开疆拓土打了胜仗的将军一样自豪。全省公证界和全国一样都处在一种斗志高昂、拼搏奋进、成绩斐然的状态中。据不完全统计,截至 1996 年,河北省的公证处已由恢复重建时的 2 个发展到 185 个,公证员由 21 名发展到 608 名,业务种类、办证数量都随之大幅增加。

20 世纪 90 年代河北省司法厅公管处人员

随着国家的改革开放，社会各界特别是人民群众日益增加的对公证的需求，公证体制问题也日渐显现。一方面，是局处关系问题。公证机构在恢复重建时，绝大部分是行政体制，政府和组织部门把公证处作为一个比同级司法局低半格的相对独立的行政机构对待。公证处主任大多都是同级组织部门任命。由于公证行业的特殊性，公证处和主管的司法局之间的矛盾开始显现。一些司法局把公证处看作是自己管理的部门，甚至是内设机构，按照行政机关对待，公证处主任负责制得不到落实，人财物越统越死，影响了公证处、公证员的工作积极性，这种状态在一些公证处延续至今。另一方面，一些老公证员业务素质提高较慢，优秀的年轻人才进不来、待不稳、留不住的情况开始显现。司法部领导非常重视这一情况，开始在全国探索公证体制的改革路径。20 世纪 90 年代，全国开始推行公证机构改事业体制的试点工作，并开展了很多调研和研讨活动，我印象中仅一年参加的就有南京会议、重庆会议、吉林会议等。

记得一次我到邯郸市一个县公证处调研，一位公证处主任同我讲，有几千件棉花购销合同的公证不想办了，因为局长一上任先到公证处收权，不仅收了财务权，连公证处的印章都由他的司机代管，工作没办法开展。后来这种事情越来越多。为解决这个问题，河北省开始推行主任责任制。1988 年，省司法厅和省财政厅联合印发了公证收费管理办法，明确规定了公证处年收费上交各级司法行政机关管理费、自留事业发展基金、公证员福利和奖励、公证联络员报酬、公证处主任活动基金的比例及使用办法。为了探索从根本上解决局处矛盾问题，我参加了 1988 年在保定市南市区公证处举行的公证处行政体制改为自收自支的事业单位、实现效益工资、在公证员中选举产生主任、实行主任负责制的试点工作。当时因为国家没有事业单位改革的方案，也没有可以借鉴的成功经验，所以难度很大，既要做好当地党委政府、司法局的工作，又要做好公证员改变国家干部身份的动员工作。在司法部及地方政府、公证员的支持下，南市区公证处于 1988 年彻底改为自收自支的事业单位。之后，河北省相继又有一些公证处开展了行政体制改事业体制的改革试点工作。

但是，改制时间一长，问题便出现了。改制后，主任负责还是不能真正完全落实,公证处主任首先要为公证处的生存而奔波。当时,大部分行政体制的法律顾问处已改为事业体制的律师事务所,而且开展试行并推广合伙制的体制。由于改革目标准、步子大、推进快,律师行业一直处于蓬勃发展的上升时期。而由于河北经济不太发达,和经济发达的沿海及很多大中城市相比,办证收入不高,实行主任负责制及引进培养人才的目的都没有实现。河北省第一个改事业体制的保定南市区公证处运行了四年左右便因证源不足、收费偏低、医疗福利等落实不了、同主管部门关系仍不协调等原因又回到了行政体制。张家口市桥东区公证处改制后,刘金芳主任站位很高,勇于担当,奉献意识很强,在公证处经费紧张的情况下非常重视人才培养,几年时间中处里培养了一个博士、两个硕士,还有本科大学生;但是改为事业体制后,由于他们既丢失了作为行政干部的社会地位,又没有得到像律师改为合伙制那样灵活的优惠政策,结果都相继离开了公证处,刘金芳大姐为此非常伤心。为了写这篇稿子,我与目前远在美国的金芳大姐联系,想请她简单回忆一下改制前后的经过和体会,结果大姐说不想回忆了,因为想起来都是辛酸和眼泪。

调研中发现,大多数行政体制下的公证员都不太愿意丢掉干部身份,公证处改事业体制没有得到大多数公证员的支持,不符合公证行业的特殊性。1995 年左右,河北省已有 60 个公证处改为事业体制,发展到今天却没有特别成功的试点。我渐渐感受到公证处改事业体制的目标并不理想。

第一个十年中,司法部的领导非常重视体制改革的研究和实践。1986 年我被任命为副处长后,有幸多次参加司法部的会议,并在会议上发表自己参与河北省公证处改事业体制的试点和调研工作中形成的一些想法。我认为,公证处改为事业体制,目标不明确。因事业单位本身就是一个非常模糊的目标,向这样一个目标推进看不到最终结果。公证处除了改事业体制还有没有其他的体制可参考?当时国家没有统一的行政体制改事业体制的优惠政策,又没有大多数公证员的支持,在这样的情况下,贸然推进是不稳妥的。这是我在 1994 年司法部南京公证工作会议上发表的观点。司法部张耕副部长、徐健司长当时也参加了会议。会上,陕西咸阳的一位老主任对公证处改事业体制反应强烈,说道:如果改事业体制马上调离公证处。听说他后来的确调离了公证处。会议期间，有的同志建议各省处长表态是否同意公证处改事业体制。当时我说，改不改事业体制不应由我们表态决定，应当多听一听改制的对象——广大公证员的意见。

作者(右二)陪同天津司法局副局长张保安、公证管理处处长崔慧敏在河北考察

1996 年，我参加司法部宜昌公证工作会议，会议讨论公证立法的问题，在谈到公证处的体制问题时，我讲到要高筑黄金台，贤士八方来，种得梧桐树，才能引得金凤凰。记得一位司长说：你们公证有什么黄金台。一位大连的公证处主任当即就说："我一年一个人的办证收入是 90 万元，你说算不算黄金台。"

第一个十年中，我亲自参与了河北省的公证处改事业体制的试点工作，反复深入基层公证处调研，又多次参加了全国性的会议，渐渐形成了自己的想法。公证处改事业体制虽然去掉了行政色彩，达到了国际公证组织的要求；虽然可以多发些奖金，可以增加一些编制，可以评职称，但因并未解决影响公证事业发展的根本问题，也没有大多数公证员的支持，所以不是一个理想的体制改革目标。如果一定要尽快改制的话，有两种选择，一是成立国家、省、市、县四级公证处，参考法院的机构设置和管辖，可以不称谓公证员，比照检、法、工、青、妇的干部身份对待；二是改成合作制，让公证处真正成为一个独立的法人。当时没有提到合伙制，是因为公证员辞掉干部身份，本身就有很多后顾之忧。合作制的公证处出现一些问题，不必承担无限连带责任，可以减轻公证员的压力。根据这些想法，我和同事底增旗（后任公证管理处长）、郝栓记（后任公证管理处长，现任省冀东监狱分局局长）共同起草了一篇文章《公证体制改革模式初探》，1996 年在环渤海五省市公证会议上，由郝栓记同志宣读，后刊登在司法部部刊《当代司法》1997 年第 2 期上。记得刚刚宣读完，司里的一位大姐即表示了不同看法，我开玩笑说：只是一家之言，20 年以后再看。

时任司法部副部长肖建章在河北省考察公证员资格考试考场

二、1998—2007 年：第二个十年

第二个十年可以说是公证体制改事业全面推进但公证处自身阻力很大的十年，也是公证处改合作制试点由积极推进到开始撤销萎缩的 10 年。

2000 年 7 月 31 日，国务院批准的司法部《关于公证工作的改革方案》下发后，全国公证机构转为事业体制的改革全面开始。但河北省委省政府很快也根据中央精神作出规定：公证处为不再增加财政拨款的事业单位，暂停审批自收自支的事业单位。由此，河北省原来改为事业单位的公证处出现了很多问题。公证机构的归属、定位更加模糊不清；职能作用被淡化；自身发展问题得不到根本解决；吸引人才的氛围难以形成。年龄大的公证员不愿意丢掉干部身份，纷纷提前离岗退休，年青的人员则转入机关其他科室，不足 3 人的公证处出现了 79 个。看到这些情况，我心里非常着急，于是和郑侠贤（现任公证工作管理处处长）共同起草了第二篇文章《对公证体制改革的再思考》，刊登在《中国司法》2003 年第 9 期。同时，根据文章内容，我还给部领导写了一封信，汇报了自己对于公证体制改革的意见和建议。

2008 年底，我辞去河北省劳教局党委书记、局长职务，回司法厅重新分管公证工作。随后，我在全省公证工作调研中发现，二十多年前影响公证事业发展的根本问题仍然没有得到解决：公证收费虽然每年都有增加，但很少用到发展公证事业上，很多公证处的办公条件依旧很差，非常简陋；公证员没有明显的增加，队伍不稳定，有经验的老公证员留不住，取得司法考试资格、符合公证员任职条件的年轻人首选是检、法，其次是律师，很少有愿意到公证处的。截至 2005 年，全省有 191 个公证处，公证员 623 人，与 10 年前相比基本没有增加；公证员有选择性办证，人民群众办证难的情况没有明显好转，反而越来越严重；对已有的合作制公证处没有进一步规范管理，及时总结经验、问题，甚至要求合作制公证处改回事业体制。河北省 11 家合作制公证处只剩下 3 家。实事求是地讲，虽然合作制公证处运行中出了一些问题，但只是个别现象，大部分合作制公证处运行还是很好的。曾经有一个被上级要求必须改为事业体制的合作制公证处主任还找过我，要向司法部投诉。我很快召集了仅剩的 3 家合作制公证处主任召开

座谈会,主任们都非常激动,一位主任动情地说:“当时我们响应部、省、市领导的号召,辞掉了公职,虽然在工作上创造了很好的业绩,但没有领导继续关注我们,我们就像一只漂浮在大海里的小帆船,不知应当驶向何方。”

看到这些情况,我询问在公证管理处多年分管组织机构的冯建格,为什么撤掉了这么多合作制公证处,问题出在哪里?建格同志说:“合作制体制很好,问题是主管部门管理不到位。”他的答复让我至今记忆犹新,合作制——这个新的公证机构体制试点运行了十年左右,是应该认真总结的时候了。

三、2008—2017 年:第三个十年

第三个十年可以说是公证体制改为事业体制后一些大中城市的公证处由发展期进入“瓶颈”期的十年,也是在对公证体制改革反思总结的基础上扩大合作制试点、深化公证体制改革的十年。

2008 年底,我重新分管公证工作后,利用各种机会对省内外,其他国家、地区的公证体制进行了调研。2003 年,河北省 174 个公证处中还有 76 个保留了行政体制,改为事业体制的原有的问题没有解决,又出现了许多新的问题。例如,一个县公证处改制为全额拨款的事业单位后,6 个占编制的人员中没有一个公证员。一次,我随段正坤副部长到深圳等地考察,对我触动很大。深圳是公证机构改革的排头兵,当时的情况很不乐观。一位公证处老主任发言时说:“今后深圳事业单位的绩效工资要封顶,不能超过所有事业单位平均绩效工资的三倍。这严重影响了公证员的办证积极性。”这位经验丰富的主任后来还是离开了公证处回到司法局。这种情况后来成为比较普遍的现象。

司法部和中国公证协会的领导非常重视公证体制改革,在全国进行了大规模的调研活动。分管部领导还专门召集京津冀的分管厅(局)长在天津召开会议征求意见。调研结束后,形成了一个详细的调研报告,对合作制公证处非常肯定。当时一位司长指出,全国调研的结果是合作制体制最活跃。但是不知什么原因,天津公证会议后没有进一步的推进。

虽然我 2014 年就要退休了,但对于公证事业,特别是影响公证事业发展的公证体制问题,一直不能释怀。于是,2013 年 10 月,我又撰写了第三篇公证体制改革的文章《明确远期目标　确保平稳过渡　推动公证事业实现跨越发展》。同时，给司法部领导写了第二封信，提出了一些有关公证体制改革的新的意见和建议。

2014 年 10 月，我办理了退休手续，带着很多遗憾和不舍离开了为之奋斗了三十余年的公证事业。虽然我还兼任着省公证协会会长的职务，但自觉为公证体制改革进一步深化已经不能尽力了。

司法部公证司司长朱乐群等考察秦皇岛公证工作

2016 年底 2017 年初，看到中政委和司法部的领导相继考察了厦门鹭江公证处的报道后，感觉到这不仅是对鹭江公证处开展司法辅助工作的肯定，也是对合作制公证处的肯定，心中又燃起了对公证体制改革进一步深化的殷切希望。于是 2017 年 2 月，我又向司法部领导写了第三封信，提出了自己对深化公证体制改革的意见和建议。令人欣慰的是，部领导很快作出批示，司法部律公司和中国公证协会开始进行全国公证工作调研。司法部党组很快召开了全国公证会议，对公证体制改革提出明确要求：要扩大合作制公证处试点工作,在总结试点工作经验基础上适时推广。可以说,此次会议吹响了深化公证体制改革的进军号。全国公证行业为之振奋。我们这些多年为公证事业服务的老公管也感到莫大的慰藉。2017 年 3 月,我卸任省公证协会会长,可以说是带着喜悦和希望离开公证行业的。

相信全国公证事业在司法部党组的领导下,在深化公证体制改革的路上永不停步,勇往直前,在不久的将来建立起具有新时代中国社会主义特色的公证制度;胜利完成党的十八次代表大会提出的加强公证队伍建设,发展公证业务的战略部署,使大批德才兼备的优秀人才加入公证队伍中,以最大限度满足社会各界、广大人民群众对公证法律服务日益增长的需求,使人民群众从公证法律服务中享受到获得感、幸福感、安全感。

说到公证思绪万千,随笔写了这么多,有几点需要说明:一是因为手中没有多少资料,基本凭记忆整理,难免有许多表述不准确的地方,仅供参考;二是自己论站位不如部里的领导同志高,论文章不如专家学者的理论功底深,论实践不如一线的公证员,只是从多年在省厅层面管理者的角度回顾自己的一些经历与想法;三是公证体制改革三十余年中,全国公证事业理论研讨十分活跃,同行之间难免有些不同观点,不周之处,敬请谅解。

卸任公证协会会长一职后,可能是与公证的情缘太深,情节太重,我又给自己立下了一个小规矩,在各地旅游时,如果方便,会以一个同行、一个朋友、一个市民的身份,拜访一些公证处,与年轻的同行们分享一下蓬勃发展的公证事业带来的喜悦。如今,我已经拜访了河南洛阳河洛公证处、安徽六安公证处、深圳前海公证处等地的同行们。一如三十年前在办公室地图上画小红旗一样,每到一处,特别是每到一些合作制公证处,我都会在心中默默重新画上一面小红旗。随着国家改革开放不断深化、司法行政体制改革不断深入,随着事业体制改革基本到位,期待着合作制试点尽快扩大推广,期待着合伙制、独立公证人公证处的试点工作尽快开启,让公证人活跃在祖国大地人民群众需要的任何地方。三十年转瞬即逝,满头青发已变斑驳,不变的是对公证事业的那份执着与热爱,无论何时何地,每每听到或看到“公证”两个字,就会想起公证体制改革三十余年的点点滴滴,总会不自觉地湿润了眼角。那是因为我对公证这片“土地”爱得深沉。

合作制公证处的历史沿革与方向

刘　疆*

一、合作制公证处试点的历史沿革

2000年1月19日，司法部律师公证工作指导司印发《关于开展合作制公证处试点工作的通知》(〔2000〕司律公字第001号)，由此解开了公证机构由行政体制或事业体制改为合

* 山东省公证处原主任、省公证协会副会长。

作制试点的序幕。

2000 年 9 月 5 日,司法部印发《关于贯彻〈关于深化公证工作改革的方案〉的若干意见》(司发通〔2000〕121 号),在提出“凡符合改为事业体制条件的公证处,应在本地行政机构改革时一律改为事业体制”这一主要改革目标的同时,还要求“年底以前,各省至少要抓一个合作制公证处,直辖市和经济发达的省可以多搞一些试点”。此后,在司法部的大力推进下,全国的合作制公证处试点逐渐展开。

但是,受到法律依据不够充分、政策规定不够稳定、改革终极目标不够明确、监管与指导措施不够有力,以及部分参与改革的公证人员自身素质不高等因素的影响,全国合作制公证处的试点效果并不理想,虽然出现了福建厦门鹭江公证处、内蒙古包头方正公证处等几个在全国有一定影响、具有示范效用的成功试点单位,但多数合作制试点公证处或自甘平庸,毫无建树,或因内部管理混乱,难以为继。特别是 2001 年全国唯一的合伙制试点公证处深圳市至信公证处被司法部撤销、2004 年发生“宝马彩票案”公证员被追究刑事责任,间接引发基层司法行政主管部门对合作制公证处改革的担忧,随后于 2006 年实施的《公证法》又对公证机构性质采取回避态度,多重不利因素叠加,使基层司法行政主管部门对合作制试点的顾虑越来越重,诸多合作制公证处试点被终止,甚至发生合作制试点公证处与主管司法局就合作制公证处的去留问题对簿公堂。① 媒体惊呼“合作制公证处岌岌可危”。②

2017 年 9 月 5 日,时隔 17 年,司法部再一次就合作制公证处试点工作印发了司法部《关于推进合作制公证机构试点工作的意见》,至此,合作制公证机构试点在经历十余年的起伏徘徊之后,重新踏上征程。

2018 年,在司法部的推动下,合作制公证机构试点工作取得很大进展,全国多地新设立合作制公证机构。同时,对合作制公证机构试点的监管工作也取得新的成绩,如四川省司法厅印发《四川省合作制公证处管理办法》、山东省司法厅制定《山东省合作制试点公证处章程参考文本》等。

---

① 佚名:《南京第三公证处因改革试点被停状告司法局》,载《现代快报》2008 年 4 月 17 日。

② 张羽、何其伟:《我国公证制度屡遭信任危机 合作制公证处岌岌可危》,载网易新闻,http://news.163.com/10/0720/16/6C23FFK200014AEE.html。

二、目前为什么要重新启动合作制公证处试点工作

司法部从2000年启动合作制公证处试点，历经十余年，至2016年半数以上的合作制公证处试点夭折，但为何还要再次启动合作制公证处试点？公证行业有必要再次启动争议极大的合作制改革吗？或者说公证行业的改革除了合作制试点，难道就没有其他路径可以选择了吗？这需要从公证机构的基本职能和事业体制公证处陷入困境这两个方面进行分析。

（一）公证机构的基本职能

1. 预防纠纷

无论是我国的公证制度，还是其他大陆法系的国家的公证制度，都把“预防纠纷”作为公证制度的基本职能。我国《公证法》第1条就开宗明义地规定“为规范公证活动，保障公证机构和公证员依法履行职责，预防纠纷，保障自然人、法人或者其他组织的合法权益，制定本法”。

但是，预防纠纷与解决纠纷不同，“预防纠纷”这种工作的最终结果通常带有很大的偶然性或者不确定性，即经过公证的事项未必不发生纠纷，而未经过公证的事项也未必一定发生纠纷。这种工作类似接种某些疫苗，接种了疫苗未必保证绝对不生病，而不接种疫苗也未必就一定生病。“预防纠纷”这种工作结果的不确定性导致很多国家在推广预防性制度时都会面临很大的困难。因此，要实质性推广以预防纠纷为主要职能的法律制度，只能靠国家立法强制推广，或者是国家承担费用免费推广，或者给相关的从业人员丰厚的薪酬鼓励其推广。很多国家为了发挥公证制度的作用，甚至多管齐下，如多数大陆法系国家既通过立法规定某些重大民商事法律行为必须办理公证，同时又规定公证收费归公证人所有，鼓励公证人办理公证业务。民国创建公证制度之初，为了推行公证制度，甚至规定“聘请当地公正士绅担任劝导，就所收之公证费内提给百分之十三奖金，作为鼓励”。[①]

2. 分担风险

公证制度在中国目前的实施中发生了一个很大的变化，就是除了预防

---

① 湖北省司法行政史志编纂委员会：《清末民国司法行政史料辑要》，1988年5月自刊，第340页。

纠纷的职能，又增添了风险分担的职能，很多当事人只有在对其从事的民商事交易的风险存在顾虑，或者行政管理部门在履行行政审查职能时感到风险难以把控，才会申办公证（或者要求当事人申办公证）。因此，中国的公证员在办理公证业务中往往肩负着较大的执业风险。对任何一个以分担风险为主要职能的行业而言，如果没有足够灵活的运行机制，没有合理的薪酬制度，则很难推动从业人员积极去分担风险，注册会计师行业就是很典型的范例。注册会计师是以分担财务风险为职责之一，公证员是以分担法律风险为职责之一；如果中国的注册会计师行业像公证行业一样没有实行体制改革，中国的注册会计师行业就不可能有今天的规模和业绩。

（二）公证机构在事业体制框架内的改革遇到"瓶颈"

任何改革都是有风险的，特别是作为沿袭苏联公证制度的中国公证制度，背负着鲜明的公权力色彩，故其如果"一步到位"全面改为合作制甚至合伙制，肯定会面临来自各个方面的巨大阻力，改革夭折的可能性也极大。因此，主管部门采取了逐步推进的策略，先将公证机构由行政体制转为事业体制，甚至实行企业化的财务管理制度。经过十几年的实践，由行政体制转为事业体制的公证改革在某些地区取得了比较好的效果，出现了一大批服务好、人才多、上规模的公证机构，如北京长安公证处、北京方圆公证处、上海东方公证处、西安汉唐公证处、成都律政公证处、昆明明信公证处等。但是，在近五年来，随着国家对整个事业单位分类改革和规范化管理的推进，转为事业体制后的公证机构面临原来越大的发展阻力，公证行业事业体制改革已经遇到"瓶颈"。

1. 事业单位的公益性与公证人员薪酬制度的特殊性存在严重冲突

目前国家推进事业单位分类改革，将事业单位的范围缩减为"公益一类"和"公益二类"。为了确保事业单位的"公益性"，人社部门原则上是不允许将事业单位的业务收入与事业单位工作人员的个人收入直接挂钩，因为人社部门认为，如果允许将事业单位的业务收入与事业单位工作人员的个人收入直接挂钩（实行提成工资），则会导致事业单位的主要组成部分教育行业和医疗行业偏离公益性方向。既然人社部门不允许事业单位的主要组成部分教育部门和医疗部门实行提成工资，则公证机构设想在事业体制框架内实行业务收费与个人收入挂钩的改革则很难获得国家政策的支持。

2. 公证行业在新一轮事业单位改革中“人微言轻”，难以争取到适合自身特点的政策

事业单位改革的主要目标是教育、医疗和科技，这三个行业的从业人员约占全国事业单位从业人员的四分之三，通俗地讲，这三个行业改革成功了，事业单位改革就基本完成了。公证行业作为一个只有一万多人的“袖珍行业”，在事业单位改革中基本没有话语权，无论是中央的人社部门，还是地方的人社部门，都很难单独为公证行业量身定做适合其发展的薪酬制度。因此，在事业体制框架内推进公证改革，想说服人社部门参照国外公证制度的模式允许公证员试行提成工资是非常困难的。

3. 自2000年以来公证行业“拿编制换待遇”的改革已经走到终点

2000年启动的公证体制改革如果用通俗的语言概括，就是“拿编制换待遇”，公证员放弃行政编制（公务员编制），公证处改为事业单位，因此，换位的公证员可以参加技术职称评定，实行灵活的绩效工资分配。公证机构此轮由行政体制转为事业体制的改革在某些地区取得了比较好的结果。但是，随着新一轮事业单位改革全面启动，编制部门和人社部门对事业单位重新定岗定责，重新核定绩效工资，原来由行政体制转为事业体制的公证机构通过“拿编制换待遇”所获得的改革红利几乎全部归零——人社部门规定30人以下的事业单位通常不设置高级技术职称岗位，这导致全国多数由行政体制转为事业体制的公证处用技术职称弥补公证员在行政体制内职务上升空间狭窄的预期落空；人社部门对事业单位工资实施“托底限高”的政策也使改为事业单位的公证处原来实行的提成工资被迫中止。在这种严酷的情形下，为了能够继续发展，很多公证处提出进一步“拿编制换待遇”，即放弃事业编制换取更加灵活的职称评聘政策和绩效工资政策，于是山东省提出公证机构的编制可以实行“备案制”、浙江省提出公证机构可以“零编制”、河南省提出公证机构可以不要编制改为“登记设立”、深圳创设了“法定机构”、浙江省东阳市公证处甚至改为国企……但是，几乎所有的进一步“拿编制换待遇”的尝试都是有花无果，没有取得

任何实质性效果,[①]公证员的绩效工资和技术职称的岗位设置依然被严格限制,导致公证员这一入门标准极高的职业对符合入职条件的人员而言毫无吸引力,由此导致公证行业的从业人员逐年减少。

4. 政府不断减少、降低行政事业性收费,导致事业体制公证机构的业务范围不断萎缩

鉴于中央政府近些年来一直在致力于减少、降低行政事业性收费,公证机构保留事业体制,公证收费标准必定被控制在很低的标准,根本无法体现公证员智力劳动的价值和风险分担的补偿。例如,诸多省份的遗嘱公证收费都在每件1000元以下,不如律师遗嘱见证收费的1/5,过低的公证收费标准导致事业单位公证机构的业务范围不断萎缩,因为在"自收自支"的财务管理模式下不可能让"亏损"的法律服务项目持续发展。

综上所述,无论是从公证机构预防纠纷、分担风险的基本职能分析,还是从公证的行业特性与国家事业单位改革的总体政策严重冲突分析,公证机构在事业体制内搞活机制都是极度困难的。因此,继续推进改革,将公证机构逐步转为合作制甚至转为合伙制就成为公证行业发展的"华山一条路"了。而在进一步深化公证改革过程中,往往是先下手吃肉,后下手喝汤,甚至是后下手遭殃,因为人才流失了,市场流失了,改革的本钱就会越来越少。因此,合作制试点不但应当推进,而且应当尽快推进。

---

① 实行"编制备案制"、"登记设立"或"零编制"遇到的最大阻力是放弃编制后,公证处在以下问题上无法获得充分的政策支持:(1)原在编人员的退休待遇或辞职待遇是否享受事业单位的原有待遇;(2)在人事管理方面能否自主招聘,不再通过事业单位统一的招聘考试;(3)财务管理是否可以不实行收支两条;(4)在薪酬管理方面是否由司法局核定薪酬标准;(5)在采购管理方面可否不纳入政府采购;(6)税务政策方面行政体制转为自收自支事业单位,作为新设单位,可否免税二年;(7)国有资产是否退出或者采取混合所有制。

历史的忠实记录者

青岛市市中公证处

一、走过历史风雨

青岛初识公证，是帝国主义带给城市的附属物。1898年3月，清政府与德国签订《胶澳租界条约》，青岛成为德国的殖民地。1903年2月，德国胶澳总督发布德国首相关于胶州湾地区公证人职权范围的法令;5月，发布胶澳帝国法院关于公证人职权的规定，由此青岛大地上出现了中国近代史上最早的公证制度和公证人。

1914年8月，日本对德宣战进攻青岛并于11月占领青岛。1919年，“五四运动”爆发。1922年12月，北洋政府收回青岛。1923年，青岛颁行《公证试办规则》，它被认为是中国历史上第一个关于公证的立法性文件。

新中国成立后，仿效苏联建立现代公证制度。起始，在青岛市人民法院内部设立公证室。1954年后，公证业务逐渐由法院转交给司法行政机关。1956年，正式成立青岛市市中公证处的前身——青岛市公证处，这是人民共和国最早成立的公证处之一。

1956年从法院分离出来后，青岛市公证处即迁址至江苏路21号。作为正式独立的办公场所，江苏路21号一直被很多人认为是青岛公证的发源地。这个三层小楼一直到今天仍是青岛西部的一个主要公证作业点，它不仅见证了青岛公证的发展历史，也曾是很长时期内青岛公证的标记。

青岛市德县路2号，胶澳帝国法院旧址，青岛市中级人民法院曾驻节此处，现为青岛市市南区人民检察院住所地，新中国的青岛公证也从这里起步

1959年，司法行政机关被撤销，青岛市公证处和公证业务划归青岛市中级人民法院，重回德县路2号。司法行政机关重建后，1981年3月，青岛市公证处又从青岛市中级人民法院划出，作为独立法人机构归青岛市司法局领导。

2003年10月，青岛市公证处于迁总部于青岛市市南区新浦路6号，自此再未动迁。2007年，青岛市公证处与青岛市第二公证处合并，根据司法部的规定，组建成立山东省青岛市市中公证处（以下简称市中公证处），成为山东省公证行业的航空母舰，市中公证处的发展由此重装重启。

二、服务国计民生

新中国成立之初，市中公证处为推进和完成社会主义经济改造鞠躬尽瘁，存立了大量那个时代记录国民经济生活的珍贵文献。在20世纪的法律虚无主义时期，市中公证处也从未停下脚步，通过办理涉外公证使这座城市保持与外界的接触与交流。改革开放后，尤其是社会主义市场经济建设开启后，市中公证处充分发挥“服务、沟通、监督、证明”的职能作用，进入了飞速发展的模式，成为青岛城市经济、文化、基础建设的助推力和记录人,为岛城的经济发展和对外交流作出了积极的贡献,维护了广大当事人的合法权益。

青岛市江苏路21号,青岛市司法局曾驻节此处,毗邻青岛大学附属医院

1992年,青岛市政中心东迁,市中公证处东部开发指挥部公证室、高科技工业园区公证室同步成立。自此,市中公证处与青岛的命运更加休戚与共。从国有土地使用权的出让转让到商品房的转让抵押,从港口码头的勘察设计到建设工程的规划施工,从棚户区的拆迁安置到工业企业的乾坤大挪移……一份份公证文书服务于城市布局与开发的优化与变迁。青岛啤酒上市股票发行、市属国有企业转型改制、黄岛发电厂向德方贷款融资……一份份公证文书助力于构建开放、公正、有序的城市经济生态。在2008年夏季奥运会帆船比赛场馆设计与建设、青岛海湾大桥建设、流亭机场扩建、住房制度改革与保障房分配等重大项目中,市中公证处身处一线,提供现场监督、保全证据、合同文本公证等综合性服务,这些耗时长、资金大的重大项目的圆满完成,蕴含着"市中公证处"的角色担当、公正原则和专业精神。

新时期,市中公证处坚持质量监控、业务实践和理论研究并重。日检月检季检、自检互检他检等相结合,风控体系体系完备,办案质量优良;国内业务与涉外业务、商事业务与民事业务、市场交易与财富传承、继承与创新并重,作业领域日新月异。不动产交易、股权转让、资金监管、保全证据、电子商务等公证事务,开全省风气之先;婚姻家庭事务公证、金融信贷事务公证、公司事务公证等方面成绩显著;涉外公证文书发往域外一百多个国家和地区使用,通连世界。

在执业过程中,市中公证处始终将为人民服务放在公证工作的首要位置,致力于温情服务,更新服务方式,提高服务层次,提升当事人的体验满足感,自觉接受社会监督。市中公证处加大硬件投入,打造宽敞开阔的办证环境;增设咨询窗口,施行一次性告知,节省当事人的时间成本;设立专门的"录音录像室",以保护当事人隐私;针对特殊情况不能亲自到场的当事人,提供上门服务;对于耗时费神的遗嘱公证,以预约登记制和首问负责制,承办了全市近90%的案件量;打造多功能的网上服务平台,实现网络化办公,形成网上咨询、网上办理的多功能一体化服务;聘请社会监督员,不时与媒体等进行沟通,在办公处所醒目位置公示服务承诺,化公共监督为前进的动力。那些微笑、专业、周到、快捷、客观、公正的背后,体现的正是市中公证处对"公正、诚信、和谐、发展"理念的坚守。

除新浦路6号和江苏路21号外,市中公证处还在青岛市不动产登记中心(青岛市巫峡路9号)、市北不动产登记中心(青岛市南京路236号)、四方不动产登记中心(青岛市重庆南路120号)、李沧不动产登记中心(青岛市峰山路117号)设立有公证室,基本覆盖整个青岛市内行政区域,为人民群众就近办理公证提供了极大便利。

三、投身社会公益

诞生于山东文化土壤、延续千年的齐鲁道义,在市中公证处诞生之初,就融入了其发展的血脉精髓,呈现独有的精神文化风姿。多年来,市中公证处以"心手相连、扶危济困、关爱他人、传递温暖"为主题,坚持"济危扶困、回馈社会"的宗旨和"一方有难、八方支援"的人道主义精神,通过捐款捐物等各种慈善行为向各类困难群体和受灾群众奉献爱心,彰显出关爱社会、奉献爱心的公益思想和人文情怀。

青岛市新浦路6号，青岛市市中公证处总部所在地

在面对家庭困难的当事人时，会主动为其申请法律援助，减免公证费用；在当事人心有难解、情绪低落时，会主动为之免费进行心理疏导；在社区群众有需要时，会给予力所能及的各种帮助；在祖国大地发生突如其来的重大灾情之后，会及时施以援手，贡献自己的绵薄之力……

春蕾女童援助计划，是对家庭困难的女童给予资金扶持的一项政府活动。市中公证处一坚持就是十几年。每年在新学期开学时，都会驱车三个多小时将资金亲手送到学生手上，确保资金到位，并在与受资助学生会面时，充分考虑与尊重他们的自尊。

公益工作难于坚持，更难于持之以尊重与平等。大爱无疆，大音希声，以公平、公正为天性的公证人应为所当为、为所必为，并时刻保持一颗警醒、慈悲与尊重的心，这就是市中公证处的公益品格。

四、加强组织建设

多年来，市中公证处坚持以党支部建设为核心，不断完善主任负责制、岗位目标责任制、质量管理、民主管理、考核培训等各种机制，努力提高公证队伍的职业素养和执业技能，全力打造一支“坚持信念、精通业务、维护公正、恪守诚信”的战斗团队。

市中公证处获得的部分荣誉

为更好地适应时代的发展，市中公证处定期以讲座、交流、论文评比等方式进行政治、道德和业务培训，将理论与实际相结合；不时请进来走出去，寻找差距弥补不足，因时制宜因地制宜；省内率先设立研究室，理论研究水平在全国同行业中始终处于前列；设立编辑部，主办内部刊物《公证视野》，作为对外宣传与机构文化建设的载体；通过工青妇组织，定期开展各项文化、体育活动，增强公证人员凝聚力，培养团结、互助的“家人”精神……

精雕细琢之下，市中公证处已经拥有了一支素质高、能力强、业务精、善钻研的富有战斗力的队伍。在上级机关的正确领导和亲切关怀下，这支队伍以严谨的工作作风、高尚的职业情操、文明的工作模式、卓越的工作效率、出色的工作成绩赢得了上级机关和广大当事人的普遍赞誉，不仅有五人获得山东省优秀公证员、山东省十佳公证员、全国优秀公证员、全国十佳公证员光荣称号，机构更是获誉连连。连年被评为山东省文明单位；先后被青岛市司法局、山东省司法厅、司法部评为公证质量先进集体；被山东省司法厅授予“省级文明公证处”光荣称号；被山东省人事厅、山东省司法厅授予“人民满意司法行政单位”光荣称号；被司法部授予“全国法律服务行业文明服务窗口”光荣称号；被司法部授予“部级文明公证处”光荣称号；被司法部记集体一等功。

五、承载时代使命

“……他们对于当事人既是无私的顾问，也是其意志的公正的表述人；他们使当事人明了对契约应当承担的全部义务，明白地表明了这些义务，并赋予契约以公证性质和终审裁决的效力；他们使当事人保持对契约的记忆，并且完整地保管契约文本，防止善意人之间产生分歧，同时，满怀信心地使那些贪婪的人放弃提起不正当要求的念头。这些无私的顾问，这些公正的文书起草人，这些作为使契约当事人恪守义务的一种自愿的法官，就是公证人，这种制度就是公证制度。”这段记载于法国《风月法》中的波拿巴·拿破仑的观点，被认为是对现代公证制度精神内核的经典阐释。

中国当前正走在复兴之路上，这是一个变革的时代，更是一个伟大的时代。在民族复兴的伟大征程中，贯彻落实党和政府关于公证工作的决定、政策，坚守社会主义法治理念，在传承、创新与转型中，秉持“服务、沟通、证明、监督”的公证职能，践行法治、服务城市、服务民生，是市中公证处必须承载的历史使命。

市中公证处记录的是历史，同时他们也是历史的一部分。回首峥嵘，再启新篇。在新的起点和新的征途上，不忘初心、不懈努力，镌写属于青岛公证事业的新篇章。

我与公证

冷　春*

公证是什么，对于我来说一句话很难说清楚。

20 世纪 80 年代末，我大学毕业分配到公证处工作。当时对于我来说，“公证”完全是陌生的字眼，我人生中第一次知道还有公证这个行业，那时公证不过是我走向社会的第一份工作而已。

当年的公证处工作环境是艰苦的，只有两间办公室：大的有十来位同事挤在一起办公，小的在北面，仅十余平方米，常年阴暗潮湿。当时我们的主要业务就是办理学历、无犯罪记录这类涉外民事业务，简单而单调，学校所学的专业知识一点都用不上。刚工

* 青岛市市中公证处主任。

作的我一直很苦闷,不知道自己的工作有什么意义,常常感觉在浪费青春、浪费生命。那时公证是我一心想逃离的地方。这种苦闷情绪萦绕着我,直到有一天我接待了一位赴台探亲的当事人,我的想法才开始改变。当事人的名字我已忘记,只记得他六七十岁年纪,穿着得体,一副退休干部的模样,当时刚刚开放赴台探亲,他说他要到我国台湾去,我问他去看谁,他说他就是台湾本地人,他的父母兄弟姊妹都在台湾地区,他动情地给我讲起他的故事。他是为了抗日偷偷从台湾地区跑到了大陆,加入了国民党军队,抗战胜利后本想返回家乡,怎奈又开始了内战,1949 年他随所在的部队起义,参加了解放军。随后他又参加了抗美援朝,后来转到地方工作,历尽磨难,近半个世纪没有踏入故乡的土地,没有父母的消息。他说着说着竟呜呜地大哭起来,我一时手足无措,不知如何安慰。最后,他紧紧地握住我的手,恳求似地对我说:"只要你帮我办好公证书,我就可以回家乡了。"我只是拼命地点头。送走了这位老人,我突然感到我的工作还是有意义的,被我一直看轻的公证,对于他人还有这么大的作用,产生这么大的帮助。我以最快的速度为老人出具了亲属关系公证书。老人拿到公证书时再次热泪盈眶,像捧着宝贝一般,一个劲地对我说"谢谢!谢谢"。经过这件事情,我开始重新思考我的工作。公证并非像我以为的那样无足轻重,它可以帮助到别人,公证是一份有意义的工作。

之后的两年,单位指派我办理全市的涉台继承公证,又是一位老人震撼了我,改变了我,让我至今难忘。那是位平度乡下的老人,他的哥哥是台湾老兵,在台湾地区过世了,他来办理继承遗产公证。出具公证书以后,台湾地区相关部门发文称遗产已经由台湾亲属领取了,涉台继承一般来说到此就终结了。突然有一天这位老人来办公室找我,还扛着一个麻袋。我已记不清

作者在企业工地现场公证

这位满脸皱纹、又黑又瘦的老人是谁,我问他有什么事？他说他是办理继承他哥哥某某遗产的,我才记起他。我告诉他:他哥哥遗产已经被台湾地区亲属领走了。他说他知道了,他早就听说他哥哥在台湾地区成家了,是台办让他来办公证的。“那你还有什么事?”我很疑惑地望着他问,老人把麻袋打开,露出里面的东西,竟是一堆地瓜。老人说:“闺女,你别嫌乎,这大半年为我家的事一直麻烦你,我过意不去,这地瓜是自家地里刚刨出来的,拿给你尝尝鲜。”我呆住了,一时竟没有反应过来。平度距青岛有 100 多公里,坐长途车得折腾半天的时间,我只是做了我的份内工作,并且还没有帮助到他,他竟特地从平度给我扛来了半麻袋的地瓜。我本能地想拒绝,可望着老人朴实的面孔,拒绝的话竟说不出口。老人说还要赶着回去,就匆忙地走了。

作者(前排右二)在中法公证论坛会议

这位老人和这半麻袋地瓜就这样深深地留在我的脑海里。我的一点工作竟得到了如此真诚的回报,我开始为我的职业感到自豪,我的职业不再是例行公事,开始变得有分量、有情感、有温度,值得我去付出。

以后的日子里我始终真诚地对待我的工作,对待每一位当事人,主动为书写困难的当事人填写申请表,为有需要的当事人跑邮局寄送公证书……我在工作中感到了充实和快乐。多年以后,竟有不止一位当事人从国外回来专程到公证处来看望我,虽然我已经不记得他们,显得多少有些尴尬,但我的心里很温暖,我对我的职业充满了感激。

1992 年以后,青岛的经济发展进入了“快车道”,公证机构也不再仅仅局限在办理涉外业务,开始融入了经济发展的大潮中去,高科园开发、东部开发、土地出让转让、房屋买卖、金融贷款、企业改制处处活跃着我们公证的身影,公证保护公民、法人合法权益,预防纠纷、减少诉讼的职能作用真正得到了发挥。公证开始深入社会的各个角落,走入千家万户,广为人知,这样的公证让我更加自信、更加自豪。进入新世纪,公证的天地更加广阔。我们不仅服务于经济建设,服务社会治理能力的提升,服务于民生的改善,我们还把为经济社会全面发展提供综合性法律服务设定为我们前行的目标。公证对于我早已不再仅仅是一份职业,它已融入了我的生命中,成为一项神圣的事业,值得我一生去追求,去奋斗。

武汉公证改革的实践探索

徐　研*

随着波澜壮阔的改革开放的伟大征程，武汉市公证人初心不改，锐意进取，以改革破难题，以创新补短板，在闯关夺隘中勇往直前，在蹄疾步稳中奋勇争先，谱写了公证事业的新篇章。

体制决定着公证事业的方向、活力和效果。武汉市公证行业在改革开放初期恢复重建后，在行政体制下经过多年的磨合努力，取得了长足的进步。2007 年又从行政体制逐步改制为事业体制，这一步使公证工作创新的源泉涌流，活力彰显，取得显著的社会效益。

随着社会主义市场经济逐步建立完善，国务院 2000 年批转了司法部《关于深化公证工作改革的方案》。2005 年，武汉市行政机关统一实行"阳光工资"，公证人员原有微薄的绩效停止发放，队伍积极性受挫，自下而上的公证改革内生动力不断增强。2006 年 3 月，《公证法》正式实施，公证事业改革迎来的重要战略机遇期。当时武汉地区共有公证机构 16 个，分别隶属于省、市、区三级司法行政机关，其中省级 1 个，市级 2 个，13 个城区各有 1 个，均为行政机构，公证员都是公务员身

* 武汉市司法局原副巡视员、武汉市公证处主任。

份。由于公证机构体制单一、机制不活,亟待整合、规范。

面对挑战,武汉市司法局以贯彻落实《公证法》为契机,认真谋划推进全市公证改革工作。市司法局在深入调研、广泛动员的基础上,集思广益,将改革的工作重点集中在转换体制和整合机构上,即将原市公证处、原市第二公证处和七家中心城区公证处等九家公证机构整合为七家公证机构,并由行政机构改为自收自支的事业单位,统一设置在市一级层面;原公务员身份的公证员自愿选择回机关或继续放弃身份任公证员。改革的整体思路清晰后,武汉市司法局制定了《关于我市公证机构改革工作实施意见》上报省厅和市委市政府,明确公证机构改革调整的指导思想、目标任务和工作要求,在改制和整合的过程中,公证改革工作呈现以下特点。

作者在公证处工作中

一是领导高度重视,部门协调联动。市委、市政府对公证改革工作高度重视,市政府常务会议专门听取公证改革工作的汇报,市人民政府办公厅下文转发了市司法局《关于我市公证机构改革工作实施意见》,省司法厅下文批复同意了武汉市公证机构改革实施意见。市委市政府分管领导两次主持专题会议,统一协调相关城区和有关部门的工作,市政府指派一名副秘书长协调督促抓落实。市财政、编办、人事和社保等部门各司其职,积极研究制定和落实配套政策,为全市公证改革顺利推进提供了坚强的组织保障。

二是强化大局意识,凝聚改革共识。改革是公证工作的推进剂,也是对各方利益的再调整。公证工作不仅是司法行政机关的重要职能之一,历来也是司法行政机关工作经费补充的一个重要渠道,将 7 个中心城区公证处收编为市司法局直属机构,必定有争论,有阻力。面对躲不过、绕不开的现实问题,市司法局多次召开七个中心城区的司法局长会议,并主动分别听取各中心城区政府领导的意见。经过反复沟通协商,市、区司法局认识渐趋一致:公证处设置在市一级层面,公证队伍依然是全市法治建设的一支重要力量,是全市司法行政系统的一支基本队伍,从长远看,更有利于全市公证事业的科学发展。对区司法局提出的问题和建议,如各公证处如何配合各区的中心工作、区局相关人员的安置、改制后公证人员进社保所需经费等问题,市相关部门尽可能统一协调解决,从而较好地赢得了各区政府尤其是各区司法局的理解和支持,进一步为公证改革工作铺平了道路。

三是公证处改制与公证机构整合工作同步推进。根据《公证法》关于公证机构设置的法律规定和司法部、省司法厅关于公证改革的部署精神,结合实际,市司法局明确了公证处改制与公证机构整合工作同步推进的目标任务:将现有行政体制符合改制条件的 9 个公证处整合为 7 个事业体制的公证处,改制后的公证处成为执行国家公证职能、自主开展业务、独立承担民事责任、按市场规律和自律机制运行的事业法人,由市司法局统一管理,6 个远城区公证处隶属关系不变,待条件成熟后再行改革(这 6 个公证处已于 2016 年全部改为事业单位体制)。原行政体制公证处的人员愿意回行政机关工作的,可回行政机关工作保留公务员身份;留在公证处工作的一律不再保留公务员身份。

四是将队伍建设与业务建设统筹结合,促进区域协调发展。改革前,原 9 个公证处之间存在发展不平衡问题。改制后 7 个公证处均为市司法局直管,为在全市范围优化公证队伍骨干和业务资源配置,促进公证工作区域协调发展带来了新的契机。在选优配强公证处领导班子时，市局将政治业务素质过硬、开拓能力强的公证员骨干调整到相应公证处担任领导，不仅优化了班子结构，增强了整体功能，更为重要的是带好了队伍，促进了公证业务的大开拓、大发展，呈现队伍建设与业务发展相互促进、协调发展的喜人局面。

五是在机构设置上实行总量控制，合理布局，凸显便民原则。武汉素有“九省通衢”的美誉，长江、汉江穿城而过，形成了汉口、汉阳和武昌三镇鼎立的城市空间布局。在公证机构布局上，7 个改制后的公证处分别设在 7 个中心城区执业，确保每个中心城区地域内有一家公证处，既遵循了总量控制、合理布局的原则，又充分考虑经济发展、人口、自然交通状况和对公证服务的需要，服务地方党委政府的中心工作和方便群众办证需求。

作者(右)在公证工作现场

从 2007 年 12 月起，改制后的 7 家公证处相继挂牌成立，运作顺利，成效显著。从改制后十年的实践看，公证改革工作为全市公证事业的创新发展提供了的动力源泉和体制保障，公证工作焕发出了巨大的活力和竞争力，公证事业迎来了跨越发展、华丽蝶变的黄金期。2017 年 9 月 9 日，《法制日报》以《“去行政化”助公证事业蒸蒸日上——武汉公证体制改革十年观察》为题，头版头条进行报道，得到省市领导批示肯定。人民日报、湖北日报、长江日报等主流媒体均进行报道。

第一，公证办证数和收费数大幅增长。改革后，全市公证行业围绕中心、服务大局，积极主动提供优质高效的公证法律服务，赢得了党委政府的充分肯定。在服务大局工作中实现了公证办案数和收费数大幅增长，推进了全市公证事业跨越式发展。十年之间全市办证量和收费额同比增长 207%、1138%；分别达到近 30 万件，1.4 亿元。一是彰显公证价值。各公证处主动靠前服务，积极担当作为，在服务中心工作中彰显公证工作价值。琴台公证处紧扣政府招商引资“一号工程”中心工作，主动为“归元太古里拆迁征收”项目提供服务；与中铁大桥局海外部签署“一带一路”公证服务倡议合作协议，受到市领导肯定。中星公证处助力地铁 6 号线工程“拔钉子”，央视《今日说法》进行报道。江天、钢城和黄陂等公证处发挥地缘优势，服务长江新城、长江主轴和左右岸大道建设。中星、琴台和东西湖等公证处成立服务军运会公证法律团队，围绕场馆建设、重大赛事活动等提供优质高效的公证服务。洪兴公证处依托光谷办事处，将其更名为洪兴公证处(湖北自贸区武汉片区)办事处，提高服务自贸区实效。二是拓展公证服务领域。坚决贯彻执行公证执业“五不准”，大力推进赋强公证，防范化解金融风险，取得明显成效。长江、江天、琴台等公证处加强与银行建立战略合作关系，公证占比稳步提升，业务结构进一步优化，近几年市公证协会与湖北银行业纠纷调解中心就公调对接工作达成了合作意向；与市房管部门协调，在副省级城市率先开展刚需房摇号工作，全年办理 344 件现场监督公证，社会反响良好。江天公证处设有专门的知识产权服务部门及相关专职公证工作人员，知识产权公证呈稳步增长的态势。琴台公证处一个月为腾讯公司办理 44 件保全证据公证。三是创新公证服务方式。市公证行业出台“减证便民”公证服务十大承诺，对 42 项公证最多跑一次，对 197 项公证实行证明材料清单制度，有效提升办证群众的获得感。前移服务窗口进驻旧城改造项目，对房屋征收现场解答咨询，组织人员到学校集中批量受理假期出境学生申办公证,进企事业单位为员工集中受理公证申请。探索"互联网 + 公证服务"取得新进展,推动服务方式向线上线下互补转变,公证认证一体化服务模式,提供公证认证一体服务,提高办证效率。

2007 年 5 月,中国公证协会会长段正坤(右一)、作者(左一)与国际公证联盟主席吉安卡洛合影

第二,公证质量明显提高。质量是公证工作的生命线,体现公证工作的公信力。一是开展教育培训,筑牢执业根基。每年组织公证人员参加岗前培训、业务培训、执业纪律培训、执业道德教育等,联系实际,教育引导公证队伍时刻牢记生命线意识,不断增强全员风险责任意识,自觉落实到具体办证实践中。二是压实基础管理。指导督促公证处建立岗位责任制、优化了工作流程,健全和完善了公证赔偿制度、公证执业保证金制度和过错追究制度,公证质量激励约束机制不断健全。三是加强日常监管。连续十年将公证投诉查处率纳入市委对司法局绩效目标考核体系,强化目标考

核，突出刚性约束。市司法局制定了《全市公证机构考核标准》，建立了以公证质量控制为核心的目标管理责任制。先后制定《武汉市公证机构公证复查处理办法（试行）》《公证复查争议投诉处理工作小组议事规则（试行）》等文件，规范公证复查投诉工作。针对日常投诉查处中暴露的问题，坚持每季度编印一期《公证诉情通报》。每年定期开展公证质量评查活动，市公证协会制定《武汉市公证案卷质量检查评定办法》，公布公证质量检查情况，针对公证质量检查中发现的突出问题和薄弱环节，要求公证机构全面加强整改，切实规范公证执业行为。四是严肃追责问责。制定了《武汉市公证有效投诉追责办法》《武汉市公证协会纪律维权委员会惩戒工作规则》，对有效投诉责任人指名道姓进行通报，给予行业惩戒 3 人，严肃问责，形成震慑。

第三，“两结合”管理效能稳步提升。一是保障行业规范发展。2008 年，武汉市司法局在征求财政、人社部门意见的基础上，及时出台了《关于事业体制公证机构资产管理和收入分配的意见（试行）》，保障和促进了公证事业的规范发展。公证体制改革促进了司法行政机关职能转变，推动管理重心由对公证处的直接管理转向加强质量监管和优化执业环境上来。积极协调财政、人事、档案等部门，用足用活政策，办理公证人员养老、医疗和公证处档案移交管理等现实问题，解决他们的后顾之忧。二是提高信息化管理水平。2012 年启动全市公证信息化系统建设，全市公证机构在统一办证系统上运行，提高了监管工作的信息化水平。先后协调房地产、婚姻、外事等部门，建立了互联互通的共享平台，提高办证效率，保证了办证质量。三是促进行业有序竞争。改制后，经省厅批准，赋予了各公证处都具有办理涉外公证业务的资格，改变了以前集中在市属两家公证处集中办理的状况；将原来 13 个执业区域调整为一个执业区域，引导公证机构将竞争意识、行为体现在服务态度、服务效率、服务水平、服务质量上来，着力打造服务品牌。四是推进政会分离。建立健全科学合理的“两结合”管理模式，形成行业协会与司法行政机关公证管理部门分工明确、配合紧密的职能体系。支持培育公证协会充分履行自律管理职能。2008 年以来，协会先后召开 10 次常务理事会，制定 14 份规范性文件，2015 年创办《武汉公证》季刊,大力加强文化建设。2017年召开全市公证员第三次代表大会,选举执业公证员担任协会领导。以此为契机,推动市局管理处与协会"五分离"(人、财、物、办公场所和工作职责)。2017年底,协会又招聘2名专职工作人员(目前共4名),另行租用办公场所,不再与管理部门合署办公,成立6个专业委员会,完善了协会组织架构与议事规则,协会自律管理正式实现规范化运行。

第四,公证队伍建设进一步加强。队伍强,事业兴。市司法局大力加强公证队伍教育监督管理,着力建设一支信念坚定、执业为民、敢于担当、清正廉洁的高素质公证队伍,为全市公证事业的科学发展提供坚强的人才保障和智力支撑。一是壮大队伍规模。为适应公证事业发展需要,2012年,市属公证处招聘了7名在编公证员。在此基础上,又于2014年招聘了编外合同制公证员17名和公证员助理10名,两次招聘工作一定程度上壮大了队伍规模,加强了人才储备,增强了发展后劲。2014年招聘的27人中,全部具有全日制法学本科以上学历,其中研究生15名,在准入门槛、招聘程序、人员规模和素质等方面,均为前所未有。近两三年来,武汉市新城区公证处如东西湖、车都、江夏、黄陂和新洲等公证处在改制后都引进了1~3名法学硕士充实公证队伍,公证人才建设呈现百花齐放、满园春色的可喜局面。二是改善队伍结构。改制前,公证员都是全能型、万金油式的,从咨询、受理、核实、拟稿、卷宗整理归档,都是公证员亲力亲为。改制后,为适应证多人少的困境,公证处先后招聘了一批素质较高的公证员助理和行政后勤辅助人员,承担公证员制作笔录、拟稿、整理卷宗等事务性工作,促进公证员将主要精力放在业务拓展和公证质量上来。市公证协会还制定《武汉市公证员助理管理办法》,规范了公证员助理准入的条件、工作职责、公证员与公证员助理的配比、薪酬待遇与监督考核,保障了公证员助理的合法权益。三是提高队伍素质。大力加强公证员业务培训,2014年以来,坚持走出去,组织优秀人员到南开大学、浙江大学、清华大学、厦门大学等高校,甚至世界公证大学,进行高级研修,开阔眼界,提高理论水平。一改以往公证人员继续教育培训的传统做法,创新培训形式,以武汉公证论坛为载体,为武汉市公证人员搭建一个自我展示、自我教育、自我提高的平台。论坛紧紧围绕业务发展中的热点、难点问题进行分析探讨，不定期邀请国内行业领军人现场指导授课，目前已成功举办十期，反响良好。此外，自 2011 年开始，市属公证处和新城区各公证处通过“一对一”或“一对多”结对子的方式进行帮扶互助，互派人员学习，开展业务研讨，提高全市公证队伍整体水平。

第五，业务用房显著改善。公证体制改革十年，全市公证机构业务用房大大改善，公证行业形象得到提升。2007 年改制前，武汉市公证机构 15 家，除原市属两家公证处外，其余都在所属区司法局办公楼内办公，普遍场地狭小，设施陈旧。改制以后，公证处建立专项基金制度，通过资产积累，在市司法局的统一协调下，13 家公证处共投入 2 亿多元，以购置、租赁等方式，改善了业务用房，告别“蜗居”时代，目前全市公证机构办公总面积达到 18400 余平方米，是 2007 年的 8 倍。市属 5 家公证处实现自有产权业务用房，有的进行“换新”升级，公证窗口“颜值”不断刷新，如表 1 所示。

表 1　全市公证机构业务用房面积统计表（2019 年）

单位名称	本部面积/产权归属 + 分部面积/产权归属	总面积（m^2）
江天公证处	2028m^2（本部）/租赁 +1300m^2（本部）/市司法局	3328
中星公证处	1599m^2（本部）/租赁 +450m^2（分部）/市司法局	2049
长江公证处	1365m^2（本部）/自有产权	1365
琴台公证处	1355m^2（本部）/自有产权 +877m^2（分部）/自有产权	2232
黄鹤公证处	3305m^2（本部）/自有产权	3305
钢城公证处	1134.72m^2（本部）/租赁	1134.72
洪兴公证处	1467m^2（本部）/自有产权 +282.79m^2（分部）/租赁	1749.79
东西湖公证处	1300m^2（本部）/区司法局	1300
蔡甸公证处	200m^2（本部）/区司法局	200
车都公证处	247m^2（本部）/租赁	247
黄陂公证处	150m^2（本部）/区司法局	150
江夏公证处	830m^2（本部）/区司法局	830
新洲公证处	230m^2（本部）/租赁 +300m^2（分部）/租赁	530

在硬件提档的基础上，市公证协会还同步加强服务功能布局、设施等软件升级。2013 年制定的《全市公证机构文明服务示范窗口创建标准和考评标准(试行)》，对办证接待大厅的服务环境、服务规范、服务礼仪和服务监督进行了规范。市局制定的《武汉市公证机构形象导视应用系统建设指导意见》和市公证协会下发的《武汉公证标识应用手册》，进一步加强传播公证法治文化，展示公证行业形象，培育公证核心价值，增强队伍的认同感、归属感和凝聚力。

2008 年 4 月，作者与时任国际公证联盟主席德克尔先生合影

第六，全面加强公证党建工作。2008 年公证改革之后，市属 7 家公证处 50 名公证员党员在工作中积极发挥模范带头作用，推动全市公证事业蓬勃发展。为进一步加强和改进党对公证工作的领导，2009 年经市局党委批准，正式成立中共武汉市司法局公证委员会。2010 年召开第一次党员大会，7 家市属公证处随即全部独立组建新的党支部，公证行业的党建工作开启新局面。

“法与时转则治，治与世宜则有功。”随着武汉市事业单位改革的深入推进，市属公证机构自收自支的定位与事业单位改革政策不同步、不协调

2013 年 1 月，作者（右一）在上海参加"公证与经济发展"国际研讨会

和不适应的弊端逐步显现。在新的形势下，司法部召开全国公证改革会议并下发相关文件后，武汉市以贯彻落实哈尔滨全国公证工作会议精神为契机，推动武汉市公证改革进一步巩固拓展，实现机构编制备案制。市编办下发的《关于市司法局所属公证机构编制的批复》规定，"市属公证机构仅登记为事业单位法人，原核定的自收自支编制由市编委收回；在编人员实行'老人老办法'，事业单位身份保留，逐步消化。市属公证机构顺利实现编制备案制。实现绩效工资总量核定。省司法厅、省编办、省财政厅和省人社厅联合印发《关于推进公证体制改革机制创新工作的实施意见》，规定仅登记为事业单位法人的公证机构实行企业化财务管理，自负盈亏、业务收入依法纳税后，经主管司法行政机关批准，自主决定分配机制"。基本实现企业化财务管理。经市司法局同意，在市属公证处正式执行企业化财务管理制度，实现市属公证机构企业化财务管理。

十几年来，公证体制和机制的改革给武汉市公证行业带来的活力和变化是巨大的，在新一轮深化改革特别是当前推进试行合作制体制的形势下，我们相信武汉市公证事业将得到新的发展，取得新的进步。

激荡四十年奋力谱写公证发展新篇章

广州市广州公证处

广州公证处是华南地区独立建制最早，公证专业法律人才最集中、业务量最大，广州地区服务网点最多的公证机构。改革开放四十年，是广州公证处锐意进取、改革创新的发展史、开拓史和奋斗史。

一、风雨情深，底蕴深厚

广州公证处的前身是广州市公证处。1951 年 9 月，广东省在广州等地人民法院率先试行公证制度，设立公证科（室），办理公证业务。广州市人民法院结合当时广州发展生产需要，根据中南区发布《中南区公证试行办法》，于 1953 年 12 月 24 日公布《广州市人民法院公证暂时办法》，规定了须经公证方具法律效力的经济合同种类，成立公证科，直属广州市人民法院审判处领导，开始办理本市辖区的公证业务。1955 年 6 月，公证科升格为广州市公证处（处级）。虽经历司法行政机构撤销和“文化大革命”，广州公证处的公证业务始终没有中断。改革开放以来，斗转星移，山河巨变，广州公证处发展延绵不绝，重整行装再出发，广州公证人薪火相传，接续奋斗。

1979 年 8 月 26 日，广州市中级人民法院委员会向广州市委报告[①]指出，随着我国社会主义法制的加强和对外交往的发展，公证和律师业务出现了新的形势：华侨和港澳同胞申请办理公证证件的数量急剧增加，如我市公证处往往全年的办证数仅1000多件，而今年[②]上半年已达8000多件，预计年底将突破2万件，即相当于往年的20倍。当时广州市公证处的办公用房一直未得到妥善解决，严重影响工作的开展。原用的两个小法庭根本无法容纳，造成公证人员要回家办证，华侨和港澳同胞申请办证要在露天等候，接待和登记要在走廊或大街的人行道进行，影响工作效率和服务质量，有的侨胞向上级机关写信控告，有的给外刊写稿提出批评，影响我国政治声誉，而且由于挤占市中级法院法庭，使审判工作无法进行。

古巴司法部长访问广州公证处

① 广东省广州市中级人民法院《关于解决广州公证处、律师代办处迁出市法院问题的报告》(穗法〔1979〕19号)。

② 此处指的是1979年。

随着法制建设的恢复发展，司法行政工作恢复重建，广州市公证处得以新生。2008 年，经市编办批准，广州市公证处同越秀区公证处、天河区公证处调整合并成广东省广州市广州公证处。到 2019 年，广州公证处服务网点全市最多，在越秀城市广场、仓边路、惠福西路、东山龟岗、龙口东路设置 5 个办证大厅，共 20 个受理窗口，日均受理公证近 200 件。在广州中院、天河法院设立司法辅助中心。在街道社区设立 20 个公证服务联络站。在房屋交易登记中心、金融机构网点设立便民服务岗。

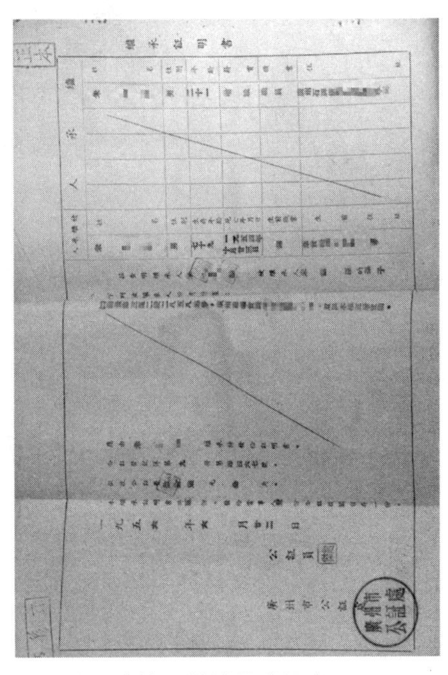

广州公证处第一份继承公证书

回望四十年征程，广州公证处始终与改革开放同向，与党和人民事业发展同步，与法治中国建设同行，走过了不平凡的历程，取得了不平凡的成就。党的十八大以来，广州公证处坚持以新时代中国特色社会主义思想为统领，服务质量、效率和公信力明显提升，业务量占全市业务总量的 47%，赢得了社会各界和人民群众普遍好评。广州公证处先后荣获全国优秀公证处、广东省文明公证处、集体二等功、广东省巾帼文明岗、广州市先进集体、广州市文明窗口、广州市工人先锋号等荣誉称号。

二、聚焦主业，创新发展

改革开放初期，人心思治、人心思法，党和人民认识到公证工作不仅一定要有，而且必不可少。广州公证处法律职能不断完善，在维护国家政治安全、确保社会大局稳定、促进社会公平正义、保障人民安居乐业、服务对外交流合作的大局中的作用日益彰显。改革开放以来，为广州公证的“黄金时代”，广州公证处办理各类公证 577 万多件。国内民事公证原有继承、赠与、收养、遗嘱等 20 多种，到 1989 年增加遗赠扶养协议、留学协议等 6 种。国内经济原有劳务、购销、委托等 22 项，到 1990 年增加租赁承包、抵押贷款、招标投标、预售商品房等20多种。涉外民事公证由原来的16种，到1990年增加国籍、营业证书等4种。涉外经济公证原有14种，到1990年增加租赁、抵押、总经销合同，10年中新增加公证种类共42种。再经过近30年的发展，到2018年增加到各类公证200多种，发往180多个国家和地区使用。

广州公证处开展"公证进社区，护航夕阳红"敬老咨询活动

四十年来，广州公证处紧贴时代脉搏，发展思路和执业理念接续创新。从改革之初"必须为经济建设服务"，到积极践行社会主义核心价值观，再到贯彻"崇法、尚信、守正、求真"执业理念；从简单的民事证、涉外证到构建公证综合法律服务体系；从真实、合法到尽可能地运用各种法律工具和其他方式协助当事人提高法律行为的可行性；从"证出了结"到"公证+"理念，促进公证与服务对象的深度融合、递进延伸。这些思路和理念一脉相承，体现的是以人民满意为标准，党和国家治理体系和治理能力现代化，法治建设理念与公证实践的发展进步。广州公证处国内民事公证1981年才接办613件，①1987年比1986年猛增3倍，达16688件，②以后两年都增长

① 1981年，广东省办理民事公证3871件，比1980年增加1.6倍。详见广东省地方史志编撰委员会编：《广东省志·司法行政志》，广东人民出版社2003年版，第112页。

② 1987年，广东省办理国内民事公证53931件，比1980年增长2.7倍。

一倍或一倍多。

广州公证处开展"情暖民企,优化法治营商环境"专场活动

党的十八大以来,办理国内民事公证33万多件。这类公证对于保护公民的身份、财产的权利和合法权益、减少纠纷和诉讼发挥重要作用。1984年统计,广州市司法机关(包括广州市中级人民法院、广州市公证处和市属六区八县的法院和公证处)受理的继承案件共3538件,其中通过公证解决的有3174件,①占90%。例如,潘某等9名当事人于1963年共同出资在广州市购置了一座房屋。广州某食品购销部经批准征用潘某等人的房地修建门市部,须给业主和他们的继承人遗产补偿。但9名业主中,有6名已经去世。广州市公证处根据业主和征用单位的请求,对已故6名业主作了调查。发现他们虽无法定继承人,但他们的堂弟媳、侄儿等亲属对死者尽了生养死葬的义务,对死者的遗产应当依法享有继承权利。广州市公证处为他们办理继承公证,保护了他们的合法权益。又

① 1984年,广东省办理国内民事公证17103件。

如，某造船厂曾于1985年出资培训一批司机，学成后，很多人“跳槽”去开出租车，严重影响该厂运输任务完成，1986年再选送一批学员进行司机培训时，该厂与学员签订合同，并经广州市公证处公证。由于公证的规范，这批学员学成后能安心工作，未发现随意撕毁合同现象。2018年3月，广州公证处办理全市首例意定监护公证，主流媒体将该案作为重阳节综合性公证养老优秀案例进行专栏推介。根据该案改编的视频《意定的婚姻》在中央和地方媒体平台展播，被中国公证协会评为全国优秀公证业务视频。广州公证处通过综合提供家事公证服务，以普法与家风双教结合助力定分止争，多项公证组合运用实现产权明晰，公证处专员到房屋交易登记中心为当事人提供“一条龙”协助服务，由原来当事人四处找证明、排队办房证改为公证处为当事人跑腿，努力为当事人提供专业、个性化公证服务。

广州公证处率先设立全省首家“公证驻法院工作站”

四十年来，广州公证处法律职能不断完善，在促进经济社会发展、顺利实现民事主体合法权益和扩大对外交流合作的大局中的作用日益彰显。从以涉外民事公证为主，到服务亚运、城市建设管理，再到围绕广州国家中心城市建设全面上新水平、建设国际大都市目标，深入发挥公证职能作用，提高服务大局能力水平，积极参与助力打好“三大攻坚战”，加快发展涉外法律服务，坚决维护国家安全和社会稳定，积极参与推进公共法律服务体系建设。

澳门法务局长到访广州公证处

改革开放以来，广州公证处不仅拓展了公证服务的深度和广度，更重要的是使公证的职能作用为党委政府和广大市民所认识，使公证制度在广州扎下了根。广州公证处的国内经济公证，如购销、联营、拍卖、贷款、承包、购房、拆迁等合同公证，在 1983 年以前尚是空白，从 1984 年开始办理，当年办了 600 多件，翌年陡增 5 倍多，达 3672 件。以后除 1986 年基本与上年持平外，每年都大幅度增长，①到 1990 年达 31622 件，是 1984 年的 50 倍。党的十八大以来，广州公证处办理国内经济公证近 67 万件。广州公证处根据当事人的申请，对他们的主体资格、权利能力、行为能力、合同内容进行认真审查后，予以出证，助力共建社会诚信体系。1986 年，广州某水泥厂原来由几名村干部承包，由于内部矛盾，管理不善，发不出工资，欠债达 5 万多元，面临停产。后重新投标，被 11 名村民承包。几名村干部看到水泥涨价，便利用特权拒绝将水泥厂移交新承包者，造成停产一个多月，损失 12 万元。新承包者到公证处要求办理承包合同公证，经双方协商，依法解决纠纷。办了公证第二天便恢复生产。

广州公证处在全市设立首批“公证服务联络站”

20 世纪 90 年代，广州公证处为首次广州市客运出租小汽车经营权有

① 1985 年，广东省办理国内经济合同公证 120514 件，首次突破 10 万件大关，占当年办证总数的 52%。详见广东省地方史志编撰委员会编：《广东省志 · 司法行政志》，广东人民出版社 2003 年版，第 113 页。

偿使用的竞投中标者与广州市客管处办理合同公证。1993 年 10 月,广州市公证处派出 2 名公证员与广州市中级人民法院、越秀区人民法院、广州市房地产仲裁委员会、广州市城监大队、市房屋测绘所组成联合办公工作组,对东风路改善工程中的 100 多间房屋进行现场勘测和拍照。在册绘图出来后,公证员仅用 3 天时间就制作 83 件公证,有效配合裁决工作进行,使 131 户“钉子户”在不到一个月的时间内搬迁。2002 年,广州公证处首次采用电脑加工合成的肖像图案放置公证书,为我国名(老)医肖像使用权办理许可公证。首创网上信息发布保全证据公证及交易款项提存公证,成为全国首家全面介入互联网公证业务的公证处。配合全市环境面貌“一年一小变”工作,办理了大量证据保全和财物清点等公证。2008 年以来,办理猎德村民回迁安置房摇珠分房、中海金沙馨园限价房摇珠销售、芳和花园经济适用房评分排序等重大民生工程公证,500 个新式电话亭灯箱广告位置使用权的首次拍卖和二沙岛宏城花园别墅以及多条城市主干道改造等重大城市建设管理活动公证。在亚运会会徽、口号、理念的评审现场监督、第一次抽签分配安置房屋、中小客车竞价摇号等公证中,广州公证处都发挥了不可替代的重要作用。

广州市公证处是华南地区独立建制最早的公证机构(这是成立初期照片)

广州毗邻我国港澳台地区,历史原因形成华侨多、侨眷多,所以涉外和涉港澳台公证历来是广州公证处的主要项目,办理数量居全国各大城市之首。这类公证在 1985 年以前已有办理,1986 年有 750 件,以后逐年增加,到 1990 年达 2623 件,1991 年至 2000 年的十年间达到 854743 件,党的十八大以来，办理583002件。改革开放以来，对外交往多、出国人员多，广州公证处有效地维护中国公民、华侨和港澳台同胞的合法权益，有效地保障和促进广州市涉外经济的发展，而且在世界绝大多数国家和地区都享有良好声誉。广州岭南置业公司(甲方)与香港花园酒店有限公司(乙方)于1981年合作建造广州花园酒店。因资金发生困难，到1983年11月尚未竣工。为了筹措资金，乙方须向香港的外国银行借款7亿港元，虽然双方签订了借款合同，但由于甲方没有提供法人担保和办理经公证机构证明的《不可撤销担保书》，贷款迟迟不予付款。广州市人民政府指定广州珠江投资建设总公司作为担保人，并向广州市公证处申请办理《不可撤销担保书》公证。公证书证明广州珠江外资建设总公司系根据法律组成的国营企业，并完备了《不可撤销担保书》的公证手续。公证书交付使用后，

广州市公证处为广州市客运出租汽车经营权摇珠招标仪式办理现场公证

7 亿港元立即汇到广州，保证了酒店建设的继续进行。北京市崇文区居民赵碧琰原是伪满洲国法院院长赵欣伯的遗孀。他们夫妇 1938 年侨居日本时，在东京购置了多处土地、住宅并存藏了大量金银珠宝。1964 年以来，日本、马来西亚和我国台湾地区等地的一些骗子图谋冒领赵家在日本的财产。1976 年，赵碧琰特地赴日本东京出庭，讲清当年在日本居住和购置财产的情况。但东京裁判所长期拖延未决。1978 年至 1984 年的 7 年间，又先后有香港、日本等地的 3 批骗子到广州市公证处，出示多份伪造证件，妄图骗取公证书。其中，有一名叫李岳的香港人，于 1978 年伪造广州市公安机关、广州市第一人民医院出具的所谓“赵碧琰死亡证明书”到广州市公证处，妄图骗取公证书，冒领赵家在日本的财产，后被查证识破。为了揭露骗子的阴谋，广州市公证处为有关部门出具了多份揭露上述骗子的公证书，有力地支持了赵碧琰在日本东京的诉讼，促使日本法院于 1984 年作出判决，将上述巨额财产判决给赵碧琰母子所有，使 240 多亿日元的财产“完璧归赵”。

司法部副部长刘振宇（右二）考察广州公证处

实践证明，全心全意为人民服务是广州公证处最根本的职责使命。公证员要忠于党、忠于国家、忠于人民，对法律心怀信仰和至高敬畏，模范遵守宪法和法律，严格按照法律规定办理公证事项和公证事务，使每一份公证文书都能经得起法律和历史的检验。要落实以人民为中心发展思想，恪守职业道德和执业纪律，坚持诚信为本，操守为重，做社会诚实信用的实践者、推动者和先行者，以良好的诚信保证公证公信力。

四十年来，广州公证处的特色优势不断丰富发展。从 1982 年《公证暂行条例》到 2008 年《公证法》以及《公证程序规则》、《公证机构执业管理办法》、《公证员执业管理办法》，以“公证一法三规章”为主体的执业规范体系建立和逐步完善，再到《关于推进公证体制改革机制创新工作的意见》，为广州公证事业的发展完善提供了更为明确、更具特色、更加有力的法律依据和制度保障；公证处从国家机关到依法设立，不以营利为目的，依法独立行使公证职能、承担民事责任的证明机构；公证员从国家干部、公务员到中国特色社会主义事业建设者、捍卫者，社会诚信的实践者、推动者和先行者，广州公证处围绕创新金融、知识产权保护、司法辅助、服务民营经济发展等多方面的重点、新型业务领域开展业务研究，确保科学有序地拓展创新业务领域，组建专业化公证团队，集中专业优势，为社会提供高质量、专业化的公证法律服务。

台湾公证人学会参访团到访广州公证处

1990 年 11 月 6 日，为了解决借款方违约如何通过运用强制执行的手段追偿贷款的问题，市司法局、市中级人民法院和中国银行广州分行联合发文《关于签订抵押贷款合同和办理公证及经公证的债权文书申请执行有关事项的联合通知》，推进了抵押贷款合同公证工作的开展。1992 年，配合住房制度改革，办理房改公证以及和公有住房买卖有关的《购房抵押借款合同》公证、《售房担保合作协议书》公证。1994 年，广州市公证处为广州市国土房管局与香港鹰发有限公司签订的《广州新城市中心（珠江新城）国有土地使用权出让合同书》办理公证，涉及土地面积 23 万平方米，出让金总额达 50 亿元。2009 年，广州公证处派出 40 名公证员为广州市建设委员会办理 LED 路灯测试的保全证据公证，这是广州公证处在首创《公共事务应急公证预案》后的办理第一件重大公证事项。2018 年 1 月成立广州公证处司法辅助中心，成为全省首家进驻法院和率先在两级法院参与司法辅助的公证处，发挥“三大优势”，以“两个基本点”，搭建“一个信息平台”“云端”，探索“六种工作机制”，协同广州市中级人民法院、天河区人民法院率先开展公证参与司法辅助事务工作的探索，到 2018 年底，参与调解 582 件，成功 214 件；参与送达、执行分别为 20273 件和 6909 件，努力形成可复制、可推广的公证参与司法辅助事务工作的“广州经验”。在全球化的背景下，知识产权的重要性不可言喻。2017 年，广州公证处办理的“摩托车（小型）”的外观设计专利保全证据公证入选国家知识产权局“打击专利侵权假冒十大典型案例”，为树立我国严格知识产权保护的国际形象提供公证服务和保障。

实践证明，坚持改革创新是广州公证处的发展动力。公证员要全面提升政治站位，进一步强化公证业务开拓创新的自觉性，从推进公证事业发展、促进公证服务体系和执业能力现代化的高度，适应信息化时代新趋势、满足市民新期待。要聚焦热点难点，进一步增强公证创新发展的紧迫性，深化公证领域“放管服”改革，促进公证服务和现代科技应用的深度融合，促进公证服务更加便捷化，让公证更加贴近实际、贴近生活、贴近市民。

三、党建引领，创先争优

始终坚持党对公证工作的绝对领导，坚定不移走中国特色社会主义法治道路，确保公证事业正确的政治方向，是做好广州公证处各项工作最根本的政治保证。四十年来，广州公证处队伍建设显著加强，整体素质不断提高。乘着改革开放的东风，广州公证处从小到大、从大到强，从原来的寥寥数人发展到华南地区成立最早、公证专业人才最集中、业务量最大、服务网点最多的公证机构。广州市公证处属司法行政机构，在 1972 年法院恢复时，当时的公证处编制只有 5 人，工作任务不多，所以法院腾出两间小法庭暂供办公使用。到 1979 年，广州市公证处的编制已经增加到 40 人（仍将进一步增加），工作量增加 20 倍。到 2018 年底，广州公证处共有 160 名员工，其中公证员 63 名，中高级职称 29 人；设党委 1 个，下辖 5 个党支部，中共党员 62 名，成为华南地区中高级公证人才最集中的公证机构。在广州公证处涌现出一大批忠于职守、无私奉献、诚信执业、勇于创新的公证先进典型，他们为服务和保障经济社会发展，维护市民合法权益付出了艰辛

台湾海基会赴大陆参访团在广州市公证处

努力,为推进法治广州、平安广州作出了突出贡献。实践证明,始终坚持加强过硬公证队伍建设,不断提高职业化专业化水平,努力锻造一支“坚持信念、精通业务、维护公证、恪守诚信”的公证队伍是公证事业发展壮大最根本的组织保障。

“历史、现实、未来是相通的。”认真和深入总结走过的历程,深刻认识历史必然性和规律性,方能不负通向美好生活的新时代。改革开放以来,广州公证处实践积累的宝贵经验,是我们必须始终遵循的重要原则,也是最为可贵的精神财富,倍加珍惜、长期坚持、不断发展。站在新的历史起点,广州公证处将推动思想再解放、改革再深入、工作再抓实,奋力谱写新时代公证事业新的精彩篇章。

在公证协会的日子里

赵　林*

“年年岁岁花相似，岁岁年年人不同。”马上就到退休的年龄了，转眼在广西公证行业近四十年了，它有我幸福、愉快、美好的工作回忆。

《公证法》于2005年8月28日经第十届全国人民代表大会常务委员会第十七次会议通过，2005年8月28日中华人民共和国主席令第39号公布，自2006年3月1日起施行，对全国公证工作者来说，这无疑是一个激动人心的消息。中国的公证制度始建于民国时期，新中国的公证制度建立于新中国成立初期，但是由于众所周知的原因，公证作为一种法律制度虽然被保留，但是，公证机构全部被取消，当时广西壮族自治区唯一的公证处设立在自治区最高人民法院，公证人员仅有2人，公证业务仅限一些依国际惯例而办理的公证事项，年办证量仅百件。

广西是中国的第三大侨乡，侨居海外的广西籍人口达到500万人，随着经济的发展，广西对外、对港澳台地区交流日益增多，特别是东盟自由贸易区及北部湾经济开发区的建立，吸引了大量海外投资，同时大量的涉外和涉港澳台的民事公

---

* 广西壮族自治区司法厅原公证管理处处长、公证协会会长。

作者在自治区公证会议上

证需求越来越多,一些涉及人身切身利益、特别是突发事件也随之而来。2002年5月20日,华航611航班的一架波音747飞机从台湾飞往香港,起飞20分钟后发生了空难,机上机组人员和乘客共225人全部遇难,当中有3名广西桂林籍的台湾家属。此时,国务院台办、司法部等中央有关单位要求广西相关单位一定要做好3名广西籍遇难者的保险理赔、公证文书等相关工作。作为广西公证协会的工作人员,在自治区司法厅领导的指示下,我立即与桂林市公证处联系,为遇难家属开辟绿色通道。当时遇难家属心情很悲痛,而赴我国台湾地区办理奔丧相关事宜,公证文书要求急时间紧,当事人3天后就要赴台,如果当时按照公证有关的材料提供,很难收集全面。在得到上级部门的指示后,我代表广西公证协会马上与台湾地区海基会沟通协商,并在两岸相关民间团体的配合下,台湾地区方面及时地将相关材料传真到广西,桂林市公证处也以最快的速度为遇难家属办理了公证文书,让他们及时、顺利地赴台湾地区奔丧、办理理赔手续。此次的紧急处理得到家属、台湾地区海基会和上级部门的称赞，《广西法制日报》也对此事进行了专门报道。

多年来，广西公证行业的涉外和涉港澳台业务一直呈上升趋势，至2018年，全广西共办理了涉外、涉港澳台公证业务4万余件，其中涉外3.6万件，涉港澳台4000余件。

在公证协会工作期间，我始终认清形势，围绕经济发展为中心，为保持广西经济社会良好发展势头服务，为广西公证协会承担义不容辞的责任。习近平总书记在十九届二中、三中全会上的重要讲话中提出了新论述新要求。中央的“一带一路”、广西的北部湾经济建设、永久落座广西南宁的东盟博览会，为广西公证行业的发展创造了更好的条件，同时也对广西公证行业提出了更高的要求。提升业务水平、增强服务意思，提高服务效率，更好地为社会、为群众提供优质高效的法律服务，是广西公证协会一直以来的工作方向。

公证处是当地司法行政工作面向群众、联系群众、服务群众的直接窗口，服务质量的好坏直接关系到司法行政和公证员在人民群众中的形象。

2008年4月24日至28日，岩滩库区巴马瑶族自治县巴马镇赐福湖一带湖面，发生大面积的网箱鱼死亡事件，巴马镇赐福村、那坝村上百库区移民养殖户的数十万尾网箱鱼遭遇灭顶之灾。据最终统计，此次死鱼事件涉及库区养殖户114户，所死鱼类有鲤鱼、大头鱼、白鲢鱼、剑鱼、黄蜂鱼及蛙类等。死鱼总量达176327.4市斤，折款2386609.70元人民币，损失惨重。当地县委、政府组织相关部门对死鱼原因进行调查。巴马瑶族自治县公证处在死鱼事件发生后及时主动介入参与调查取证。公证处依据《公证法》《公证程序规则》及相关办证规则的规定，分成两组公证人员（每组有一名公证员），深入死鱼发生地进行死鱼清点保全证据公证。在赐福湖边，呈现在我们眼前的是一幅惊人的场面，湖面上的网箱里飘满了死鱼，发黑浑浊的湖水飘来刺鼻的臭味。镇政府工作人员动员、指导养殖户打捞死鱼，县渔政站工作人员指导养殖户按不同鱼类品种、规格大小将死鱼分类装袋，过磅人员和养殖户主在公证人员的监督下进行过磅，过磅人员和公证人员登记造册，公证人员同时制作了工作记录。此后，公证人员在现场开展公证长达十天之久。同时相关部门在调查后，最终确定为水体污染是导致大量网箱鱼死亡的原因,并确定主要污染源为上游的巴马丰达酒精有限责任公司排污。县人民政府组织调查组、排污企业、养殖户代表召开协调会,丰达公司以事件发生后死鱼过磅没有本方人员现场监督确认,对死鱼数量存有异议为由,拒绝对养殖户进行赔偿。公证处及时出具了现场公证记录及有关公证材料,在铁的证据面前,丰达公司终于愿意赔偿死鱼折款总额80%的损失,其他排污企业承担20%的损失并达成赔偿协议。2008年5月15日丰达公司首次支付赔偿款125万元,2008年6月23日养殖户已全部拿到了赔偿款,受损移民脸上终于露出了笑容。公证处主动介入参与死鱼事件调查取证,进行现场监督保全证据,为库区移民事后索赔提供了客观实在的依据,依法维护了他们的合法权益,为事件的合理解决作出了积极贡献,获得人民政府的充分肯定。

2016年4月15日,广西公证协会接到台湾海基会法律服务处林美佑女士的电话,林女士说:2016年2月6日台湾高雄发生6.7级地震,共造成台南市117人罹难,居住在台北的丘婧莹女士(原籍广西桂林),系台南地震遇难者龚江燕的妹妹,其姐姐龚江燕一家五口在地震中全部罹难,急需办理大陆亲人的亲属关系公证,便于获得台湾保险单位的理赔,而且台湾相关理赔单位有时间限制,但是丘婧莹女士去台湾前原名龚江萍,去台湾后早已改名为丘婧莹,为此丘婧莹女士特意在台湾办理了原名为龚江萍的声明公证书。由于台湾海基会寄送丘婧莹女士的公证书副本到广西公证协会需21个工作日,申请办理公证需15个工作日,共需要36个工作日,台湾海基会法律服务处请求广西公证协会帮忙,能否先由台湾海基会发至广西公证协会的传真件办理比对手续。广西公证协会获知到此特殊情况后,同意台湾海基会法律服务处的请求,广西公证协会将接收到台湾地区的相关公证书传真件和台湾地区公证书的比对结果通知桂林市公证处,并指导桂林方面全力为遇难广西籍同胞亲属办好相关公证手续。由于桂、台两地通力合作,只用了3天时间就办好了丘婧莹女士与其姐姐龚江燕、龚江柳、父亲龚子忠、母亲丘徽辉的亲属关系公证书,使他们顺利地得到了台湾地区相关单位的赔偿。事后,台湾地区海基会法律服务处专门致电广西公证协会表示感谢。

随着我国改革开放步伐的加快，广西全区的公证处也随着 1983 年司法机关的恢复而逐步建立起来。目前，广西壮族自治区共有 89 家执业公证机构，297 名执业公证员。公证队伍的不断壮大，也为广西公证行业的发展打下了坚实的基础，全区公证年办业务量从最初的仅百件提升到现在的 18 万件，公证年收入也从最初的几千元提升到现在的 8000 万元。这些成就对广西的经济发展起到保驾护航的作用，而正是有了《公证法》的出台，广西的公证事业才得以蒸蒸日上。记得 2001 年 10 月，全国人大法工委王胜明主任、司法部律师公证管理司负责同志到广西调研公证立法的情况，广西公证协会根据司法部、中国公证协会及自治区司法厅党委的要求，积极筹备，召开各层次的公证管理人员和公证员会议，听取他们对公证立法的意见和建议，广西公证协会结合广西老少边区的公证实际，从广西的业务发展、机构性质、公证队伍的发展等方面，收集数据，形成了一份详细、充分、精密的材料提供给调研组，得到调研组的一致好评。

广西公证协会于 1993 年成立至今，已经召开四届广西公证员代表大会。几十年来，广西公证协会全体人员在区党委、区政府、司法部、中国公证协会以及自治区司法厅党委的领导下，按照“两结合”的精神，团结广大会员共同努力，围绕中心、服务大局、风雨兼程，为全自治区社会和经济发展做出积极的贡献。

一是自治区公证协会始终把加强全区公证队伍建设放在首要位置。协会共举办全区公证人员培训班 34 期，参训人员 6000 余次；此外选派了 400 余人次参加中国公证协会举办的各类业务培训班。

二是注重理论研究及业务技能水平，共举办了五届全区“公证论文”及“公证案例卷宗”评选活动。2006 年、2009 年、2014 年、2016 年分别组织参加全国公证行业电视知识竞赛、全国公证行业保龄球比赛、全国公证行业羽毛球比赛、全国公证行业拓展比赛、广西公证业务技能大赛等活动。

三是注重先进典型示范引领作用，全区开展“十佳公证处”“十佳公证员”“优秀公证业务能手”等活动，北海市公证处、北流市公证处被评为全国优秀公证处，梧州市公证处黄洁玲公证员、永福县公证处程芳仁公证员被评为全国优秀公证员。多年来，广西公证协会坚持“积极主动、交流合作、扩大影响、发展自我”的理念，积极开展对外交流与合作。第一，加强与公证同行的交流和协作。2007 年以来，广西公证协会先后举办了中南地区公证工作研讨会、第十八届西部公证工作研讨会；协办全国公证统计工作座谈会、第 28 期中法公证法律专题讲座；联合湖北省举办了涉外公证业务培训班，与区外公证同行建立良好的区域协作关系。第二，积极开展对外交流。协会先后选派多名公证员到美国、德国、法国等国家和我国台湾地区进行业务培训和考察；接待了来自我国北京、上海、台湾、香港等地区和法国等国家共计 20 多个公证考察团。通过开展对外交流活动，吸纳和借鉴区外、域外公证界的有益做法，促进了全自治区公证行业的发展。

2014 年 10 月中法公证研讨会在广西桂林举行，作者（左）与法国公证人共同主持会议

四是协会始终把公证信息化建设工作作为协会的工作重点，抓紧抓牢。第一，推动公证信息共享。按照中国公证协会部署安排，将全自治区遗嘱公证业务信息 16618 条录入中国公证协会遗嘱信息平台。第二，争取政策支持。2015 年，中国公证协会将广西作为推进中西部地区公证信息化建设试点推行地区，目的是为中西部地区的公证信息化建设作出示范，并最终推动全国公证信息统一平台的建立。广西将免费使用华夏

正元公证办证系统和华夏正元公证管理系统，并且免收两年的维护费，给予了自治区公证行业信息化建设极大的支持和帮助。广西公证协会抓住机遇，认真开展调研、考察、论证等相关工作，经过紧张的前期筹备，2016 年 6 月 13 日前自治区顺利完成了信息系统的铺建，系统开通运行。同时根据系统推进过程中的实际情况，协会有针对性地举办了集中培训和现场培训，不断提高公证人员对系统的操作能力。目前，广西全部的公证处已经使用统一的办证系统，并全部与全国公证行政管理和行业管理系统进行对接。

五是印发《关于适用简易程序办理小额财产继承公证的指导意见（试行）》《关于谨慎办理以处分房产为内容的委托书公证的指导意见》《关于适用新定式公证书格式的指导意见》和《民间借贷公证业务提示》等多项指导性文件，对公证机构、公证人员的执业行为进行业务指导。规范公证机构的运行管理。制定下发《广西公证机构廉政服务规定》《广西公证机构两公开一监督制度》《广西公证机构主任岗位责任制》等 20 多项规章制度，从人财物等多方面入手，明确公证机构、公证人员的相关职责、权力，规范公证机构的运行管理机制，强化公证行业监管体系。2012 年建立了全区公证机构、执业公证员的执业诚信档案，使公证机构、公证员执业行为有档可查，奖惩有据可循。统一检查标准，制定下发《广西壮族自治区公证质量检查办法》《公证卷宗检查评定表》等相关规定，协同司法行政部门开展公证质量检查活动，对各类型公证案件卷宗进行随机抽查，极大地促进了公证人员质量意识的提高。同时，对近千份有瑕疵的涉台及涉外公证文书予以纠正，并定期进行通报；进一步加大投诉处理力度，协会严格按照《公证法》《公证程序规则证复查争议投诉处理办法（试行）》等法律法规行业规范，处理公证复查争议投诉，较好地维护了当事人、公证机构、公证人员的合法权益。

六是展现风貌，维护权益，开展会员福利活动。协会立足于更好服务广大会员，以将协会建设成为可亲、可信、可托付、可依靠的会员之家为目标，开展会员福利活动、维护会员权益。第一，开展文体活动。协会举办了书法、绘画、摄影、排球等文体比赛，并多次率队参加中国公证协会举办的体育比赛和素质拓展活动，丰富会员文化生活。第二，发放业务书籍。协会统一发放了《中国公证》《中国公证协会业务咨询汇编》《定式公证书格式使用指南》等业务书刊和学习资料，并编印了《广西公证优秀论文选集》、《广西公证协会业务文件汇编》和38期《广西公证》。第三，维护会员权益。2007年以来，协会先后为6名患重疾的公证员争取了健康保险赔偿金共计18.6万元，为2名过世的公证员家属争取了死亡保险金共计18.47万元。第四，做好对口帮扶相关工作。根据中国公证协会的统一部署，广东省公证协会对口帮扶广西公证协会，分两次向广西公证协会捐款共计40万元。广西公证协会积极审慎妥善使用，第一笔20万元帮扶款已落实到位，为部分公证机构采购了电脑打印机等物资；第二笔20万元帮扶款，计划结合自治区正在推进的信息化建设工作，为经济欠发达地区公证处购置信息化建设所需硬件设备，提升全区公证信息化水平。

春夏秋冬，年复一年，回首自己在广西公证协会的日子，感想实在太多，我感谢在困难的时候，司法厅领导对我的关心支持和帮助，更感谢全国同行老朋友的支持，感谢亲朋好友……总之需要感谢的人太多了，一句话，我是一个公证人，今生无悔。

改革不停息　创新无止境

李全一*

一、龙泉公证处体制改革之历程

四川省成都市龙泉公证处成立于1982年11月，彼时，计划经济体制尚未破除，故成立伊始的公证处被确定为司法局下属的行政科室，性质为国家证明机关。由于计划经济与以维护私权利益和交易风险防范为宗旨的公证制度之间存在天然的抵触性，这一时期的公证活动完全行政化，按照政府的指令开展公证工作，与一般国家行政机关的工作性质没有多少区别，因此，运行效果乏善可陈。

20世纪90年代初，随着计划经济束缚的破除和商品经济、市场经济的倡导，公证活动开始逐步回归到为民商事风险防控服务和维护当事人合法权益的制度本位。也正是在此时，龙泉公证处大胆进行了第一次体制改革创新，在全省率先改制为自收自支事业单位。也就是机构和人员都全部脱离行政机关，探索试行以主任负责制为核心的类似于国有企业体制模式。至20世纪90年代末，公证处获得长足发展，公证员由一名增加到四名，公证办证量由建处初期的每年二三百件增加到每年三四千件，业务创收也由每年二三万元增长为每

* 四川省成都市龙泉公证处原主任。

年上百万元。但由于财务管理仍然隶属于政府财政统管序列,并未完全独立,故该阶段公证处仍然没有实现严格意义上的独立经营、自主分配,改革尚需攻坚。

作者在全国公证会议期间

2000 年 7 月 31 日,国务院办公厅《关于深化公证工作改革有关问题的复函》(以下简称《公证改革批复》)下达后,全国开始探索建立适应社会主义市场经济体制的公证制度。《公证改革批复》批准实施的司法部《关于深化公证工作改革的方案》(以下简称《公证改革方案》)中明确提出深化公证工作改革的几项主要任务是:机构改革、内部运行体制改革、管理体制改革、公证方式方法改革和强化公证效力。其中机构体制改革是重中之重。《公证改革方案》强调指出:“现有行政体制的公证处要尽快改为事业体制。改制的公证处应成为执行国家公证职能、自主开展业务、独立承担责任、按市场规律和自律机制运行的公益性、非营利的事业法人。今后,不再审批设立行政体制的公证机构。”同时还要求:“争取在 2010 年初步建成与社会主义市场经济体制相适应的具有中国特色的公证制度。”龙泉公证处抓住契机进行了第二次改革，即从财政预算外管理脱离出来，大胆走依法纳税的经营管理路子。同时，司法行政机关也采取“放水养鱼”的策略，放活公证管理，公证处获得相对独立的人财物自主权。自此始，龙泉公证处进入了高速发展阶段，或可称之为黄金发展期。至 2013 年前后公证处业务发展达到顶峰，人均办证件数和收费额均稳居全省第一。在此期间，龙泉公证处先后荣获成都市优秀公证处、四川省优秀公证处和司法部表彰的全国优秀公证处称号，成为全市、全省乃至全国公证行业学习的改革标杆。同时，由于公证处在为我区改革开放和经济建设提供优质高效公证法律服务中成绩突出，多次受到区委、区政府的高度赞扬。可以说，龙泉公证处的发展与龙泉驿区改革开放与经济发展的步伐紧密相联，甚至从某种意义上说，正是龙泉驿区的改革发展成就了龙泉公证处的改革发展。

作者(左)在公证工作中

2015年，按照中央有关文件的要求，全面开展以分类管理为中心的事业单位改革，公证机构按规定被划入公益二类，同时实行绩效工资管理，公证处的自主分配权受到限制，公证员的办证创收积极性也受到不同程度的抑制，龙泉公证处与全国绝大多数事业体制公证机构一样，办证量和业务创收数都出现了下滑趋势。其原因是多方面的，但也要看到，公益二类的事业体制划分与公证体制的运行规律之间存在一定的不协调性，故而有必要探索新的公证体制实现模式。

二、事业体制公证机构面临的困境

按照事业单位改革的有关政策规定，公证机构属于承担公益事务的事业单位，被确定为公益二类组织①，实行绩效工资管理。由于成都处于西部地区，受到本省经济发展状况的影响，公益二类公证机构的绩效工资普遍定得较低。从正式实行绩效工资的2015年来看，在公证员及助理人数没有变化的情况下，该处的办证件数和业务收入分别比上一年度减少了25.19%和34.69%。这其中，除由于房地产市场起伏变化所造成的贷款公证业务下滑、不动产继承公证受到一定的政策性冲击之外，更为重要的因素，在于公证处的激励机制不完善、不充分。对此，从近三年来龙泉公证处与合作制性质的蜀都公证处的业务发展比较中就可以明显看出来（见表1）。

表1　2015—2017年龙泉公证处与蜀都公证处办证、收费比较

年　份	单　位	办证量/件	收费/元
2015	龙泉公证处	19750	640
	蜀都公证处	228746	9400
2016	龙泉公证处	15984	620
	蜀都公证处	260000	9600

① 从理论上来看，公证法对公证机构的定性是非营利组织，并未明确其一定是公益性组织。虽然通常情况下的非营利组织都带有一定的公益性，但带有公益性与公益组织之间还是存在显著区别。因此将公证机构纳入事业体制管理，尤其是划分为公益二类管理，在理论上存在一定的商榷空间。在《民法总则》明确界定非营利法人与非法人组织的背景下，公益性与非营利性二者的关系更是需要加以厘清。

续表

年　份	单　位	办证量/件	收费/元
2017	龙泉公证处	11313	660
	蜀都公证处	290000	10600

从表 1 中可以看出，内部分配机制更加灵活的合作制性质的蜀都公证处 2015 年到 2017 年三年的业务办证量和公证创收数都呈逐年上升的趋势，而相反，事业体制的龙泉公证处三年的业务办证量则呈逐年下滑趋势，虽然公证收费三年大致平均，但纵向与 2013 年、2014 年相比却几近减半，横向与蜀都公证处相比，这一状况也是比较明显的。

作者在土地出让公证现场

事业体制公证处与合作制公证处相较，为什么会出现如此反差呢？笔者认为，欲弄清其内中缘由，需要首先厘清何谓事业单位。按照有关法规的界定，所谓事业单位，是指凡面向社会，直接为国民经济和社会生活各个方面提供具体的业务性服务(包括知识性服务和非知识性服务),并且不以为国家积累资金为主要目的的非营利性的社会组织机构。[①] 不管这个定义是否科学、准确,但有一点是十分明确的,就是凡划归事业性质的组织,都是公益性的社会组织。要抽象出事业单位的特征非常困难,但为了研究与比较,我们似乎可以从以下方面归纳出它的大致特点:一是经费来源多样化:既有全额预算(国家全额拨款)事业单位,如公立学校等,也有差额预算(国家差额拨款)事业单位,如公立医院、科研院所等,还有大量的自收自支事业单位,如脱离财政、依法纳税的公证处等。1996 年 9 月,中共中央办公厅、国务院办公厅批转《中央编制委员会关于事业单位机构改革若干问题的意见》中指出:“要推进有条件的全额拨款的事业单位按照有关规定开展有偿服务,逐步向差额补贴过渡;差额补贴的事业单位,要进一步创造条件,向自收自支,或自收自支基础上的企业化过渡。”由此可见,自收自支和实行企业化管理是事业单位的发展方向。二是分配方式多样化:全额拨款的事业单位分配与行政机关接轨;差额补贴的事业单位分配有部分自主权;而自收自支并实行企业化管理的事业单位的分配十分灵活,可以自主分配。比如《公证改革方案》明确规定:“实行经费全部自理的公证处可以实行效益工资。”三是国家对事业单位的管理方式多样化:有行政机关主管的,也有行业自行管理的,还有行政机关与行业协会两结合管理的。四是内部运行机制多样化:既有自主经营自主管理的,也有企业化管理的,还有实行各种负责制、承包制或责任制的,后者如事业体制公证机构实行的主任负责制。

从上述简单的分析中,不难看出,事业单位是一个泛概念,在我国是泛指与营利性企业法人和国家机关相区别的一大类组织机构形态或称组织群。我国的事业体制公证处基本具备前述事业单位的特征,即仍然存在管理、分配、内部运行的多样性。已有不少事业体制公证机构已经走上了自收自支、依法纳税、相对自主经营的准企业化发展道路。

---

① 参见 1995 年四川省人民政府颁发的《四川省事业单位登记管理办法》。

事业体制公证机构与过去的行政体制公证机构①相比较，具有自主灵活的经营管理优势，符合《公证法》有关公证机构应当独立行使公证职能、独立承担法律责任的要求。然而，事业单位这一称呼是在《民法通则》对法人采行“四分法”背景下存在的一种公益组织形式之总称，在《民法总则》明确将法人划分为营利法人和非营利法人“二分法”的新形势下，是否有必要对这一称谓加以重新定义，是一个需要讨论的问题。虽然事业单位中的国有自收自支体制的实现方式，较为符合我国公证机构非营利组织的基本要求，但随着我国事业单位企业化改革的发展，现行事业体制公证机构所坚守的产权国有化形态会导致以下不可回避的困境：一是产权不明晰，公证员对机构沉淀资产完全无支配权；二是分配上的不合理限制，阻碍公证员积极性的充分发挥；三是内部管理上难以体现民主化，无法完全避免集权行为。从可持续发展的角度审视，事业体制极有可能丧失作为我国公证机构未来发展目标定位的基本价值。也正是由于事业体制模式对公证业的发展产生不少掣肘，司法部才在全国推行合作制公证机构体制改革试点。

三、深化体制改革势在必行

党的十九大报告指出，要“实现伟大梦想，必须进行伟大斗争。全党要……更加自觉地投身改革创新的时代潮流，坚决破除一切顽瘴痼疾……坚决破除一切不合时宜的思想观念和体制机制弊端，突破利益固化的樊篱，吸收人类文明有益成果，构建系统完备、科学规范、运行有效的制度体系”。就龙泉公证处而言，虽然在改革开放的四十年间，通过自身的变革与探索取得了丰硕的成果，但面对新时代习近平中国特色社会主义思想指引下的深化改革大背景，欲践行新思想、实现新作为，现有的体制机制仍然显得陈旧与落后，因此有必要继续探索新的体制改革方向。

依作者所见，目前，我国深化公证体制改革的路径，或者说在政策层面被认可的途径主要有以下三种：

其一，在现行公益二类事业体制的基础上，以改革和挖掘内生动力的

① 由于我国的行政体制公证机构已于2017年末全部改制为事业体制，故其已成历史。这里仅是为了比较而将其作为分析对象。

方式大胆推行企业化管理,即突破自收自支事业体制公证机构的绩效工资分配模式,实行依法纳税、提足留成下的自主分配,以最大限度地激发公证员的办证服务及创收积极性。该路径的主要政策支撑包括:(1)2014年司法部印发的《关于进一步加强公证工作的意见》(司发〔2014〕12号)指出,要完善公证机构管理运行的机制。"继续贯彻落实2000年国务院批准的《关于深化公证工作改革的方案》和《公证法》。坚持行政制公证机构改为事业体制的方向,坚持公证机构依法设立,不以营利为目的,依法独立行使公证职能,承担民事责任的属性定位。认真贯彻落实中央有关文件要求,积极做好事业体制公证机构分类工作,探索建立符合公证行业特点的法人治理结构,健全决策、执行和监督机制,提高公证机构自我管理、自我发展的能力。"(2)2017年7月14日司法部、中央编办、财政部、人力资源和社会保障部联合印发《关于推进公证体制改革机制创新工作的意见》(以下简称《公证改革意见》),《公证改革意见》提出,要优化事业体制公证机构体制机制,对"具备条件的公证机构实行企业化财务管理"。但其仍然是在公益二类划分的大前提下实施的机制革新,如果能突破公益二类而走向公益三类,则有可能在事业体制框架内释放出公证机构的最大活力。

其二,参照深圳市推行的法定证明机构模式,改造现行事业体制公证处。深圳市人民政府于2014年10月23日印发《深圳公证处管理暂行办法》(以下简称《暂行办法》),自2015年1月1日起施行。《暂行办法》第2条规定,深圳市公证处"是不以营利为目的,依法独立行使公证职能、承担民事责任的证明机构",组建单位为市司法行政部门。由于《暂行办法》没有规定深圳市公证处为事业单位,故被业界称为独立的"法定证明机构",一时成为全国公证行业关注的焦点。"法定机构改革是深圳市政府在我国事业单位体制改革的大背景下,借鉴新加坡及我国香港特别行政区等法定机构运作模式上的一次重要制度创新。"①但要对这一创新模式进行复制的前提,是需要立法的支撑,目前在成都尚难以做到。

---

① 毛剑平:《健全法定机构机制技术先进公证"深圳模式"——访深圳市司法局局长蒋溪林》,载《中国公证》2016年第2期。

作者(右二)在公证处工作中

其三,改制为合作体制性质公证机构。所谓合作制公证处,按照司法部律师公证工作指导司于2000年1月印发的《关于开展合作制公证处试点工作的通知》的定义,是指"由公证员自愿组合,共同参与,其财产由合作人共有,以其全部资产对债务承担有限责任"的公证处。显然,合作制公证处是借鉴了当时国家在国有中小型企业改制中推行的股份合作制形式。这种合作制形式,是一种资合加劳合的股份合作方式,与严格意义上的股份公司的资合性质存在明显的区别,但又具有有限责任公司的某些影子。标准的股份合作制企业,职工需以货币与劳务共同投资,并以股份方式计入企业资本,然而合作制公证处的财产则是不分具体份额的由合作人共同享有,因此,其并非严格意义上的股份合作制,而有些相似于过去的国办"大集体"式企业。但是,由于其承担责任的方式又是有限责任,因此,在资产共有的前提下承担有限责任的做法,又有些像合伙企业中的有限合伙形式。众所周知,由于股份合作制强调严格的资合加人合，即合资人必须同时是企业的实际劳动者，因此，其极大地限制了股东的人身自由，不利于调动人们投资的积极性。故而这种体制在国有中小企业改制中推行一段时间后，即迅速被更为合理的公司化改制所取代。正是这一原因，曾几何时律师行业推行合作制事务所不久，即被更为先进的合伙制事务所形式所更替。目前在我国的组织形态中，合作制企业这一形态已基本消亡。① 合作制试点公证处的出现，给我国公证机构体制改革的创新注入了新鲜的示范。合作制公证机构的业务开拓性、企业化管理模式、全绩效报酬的分配办法，以及有限责任的风险承担方式等，都为进一步探索我国公证机构体制改革提供了可资借鉴的丰富经验。正是基于此，《公证改革意见》要求推进合作制公证机构的试点。

作者荣获全国优秀公证员

---

① 现在的典型的股份合作制企业是农村信用社，但其正在过渡为资合色彩更加深厚的农村合作银行，因为合作银行要向社会公众吸纳股份。

从以上可能的三种改革进路来看，第一种属于小改，第二种为中改，第三种则可视为大改。小改，即在现有公益二类事业体制的框架下，放活内部运行机制，其措施，按照《公证改革意见》的要求，重点包括：第一，落实公证机构自主管理权，保障公证处拥有完整的人财物自主权，建立健全公证处法人财产制度，确保公证处财产不被无偿调用；第二，完善绩效工资分配激励机制，建立健全符合公证机构公益属性和社会功能，能够体现按劳分配、多劳多得要求的工资分配激励机制，使公证人员的收入与岗位职责、工作业绩、实际贡献紧密联系，从而充分调动公证人员的公证服务热情与干劲；第三，建立健全科学合理的公证处运营成本及利润核算与考核制度，推行企业化财务管理制度。小改的难点在于最后一项，即推行企业化财务管理制度。企业化财务管理制度的核心是成本核算理论，追求发展、利润、留成与分配之间的合理比例，在依法纳税的基础上实行自主分配。也就是说参照企业化财务管理，其前提是落实自主绩效考核和自主分配，但这与公益二类事业单位的绩效核定管理形成明显的抵牾，倘若要实现，需要突破现行的顶层设计，迈向公益三类管理架构。小改方式，在短期内可能能够适当激发公证机构的运行活力，但从长远来看，仍是问题丛生。龙泉公证处在无法采取其他改革模式运作的情形下，暂时可按此方案改革，但不宜作为中长期改革目标。

中改，即实行法定机构的公证处体制模式。该模式是借鉴了公司的部分运作理念，且又保留了现行事业机构的一些管理方法而型构的一种新型公证机构体制。其新意在于突破了事业单位的性质，由主管司法行政机关、社会和公证员共同组建理事会作为公证机构的最高权力机关，实际上是引入了社会监督机制的事业机构变形体制。其优势是，不再需要地方政府划拨人员编制，公证处对公证人员实行自主招聘、合同化管理，且内部分配由理事会决定，在依法纳税、提足留成下可实现相对自主的分配，沉淀资产归属国家与机构集体共同享有，有些类似于国有企业。显然，这一模式有利于公证机构的自主发展、自主经营，但仍然存在资产权利不明晰和引入社会监督管理后可能出现的决策机制失范问题。同时这一模式的最大问题是，需要立法支撑，至少需要地方立法的基本保障。鉴于此，目前龙泉公证处暂时无法按此方案改革。

大改,即改制为合作体制。应当说,目前在司法部允许运作的公证机构体制改革模式中,合作制是最佳选择。合作制公证机构的管理运作优势大致包括:(1)产权独立。合作制公证机构的财产权属于全体合作人,在依法缴纳各项税费后,沉淀资产归属合作人共有。真正实现了公证处的独立自主权。由于产权独立,其支配权完整,故开展业务与激励员工的手段就变得十分灵活,有利于新兴业务的拓展,且也有利于凝聚人心和公证处的做大做强。(2)有利于吸引人才。从四川现有的4家合作制公证机构的人员结构来看,人才储备相对合理,且人员的进出渠道不受体制内的诸多因素限制,流动相对顺畅。(3)管理相对民主、规范。合作制公证机构普遍建立有合作人会议制度,公证处重大事项的决策,均须按照合作人章程以民主决策方式议决,体现了相对公平的民主管理机制。相较于事业体制公证

作者在都江堰建设公证现场

机构的主任负责制而言，其管理理念更加符合现代组织的科学管理模式，与行政体制机构命令式管理方式相比，则更加显现出其合理性。(4)分配机制具有激励性。合作制公证机构普遍采行独立核算、自负盈亏、依法纳税、自主分配的财务分配管理模式，有利于激发和提高公证人员的办证积极性。与事业体制公证机构普遍实行的绩效工资分配方式相比，不但其分配的激励性更加灵活性，且更加充分。鉴于此，龙泉公证处下一步体制改革的理想模式应为合作制。但需要特别强调的是，合作制公证机构模式也并非我国公证机构体制改革的终极样本，随着改革的不断深入，诸如合伙制、公证人个人执业等方式将会纳入试点范畴，因此改制为合作制也仅可作为中期目标。

四、结语

改革四十年给龙泉公证处带来了巨大变化，没有不断深入推进的改革便没有龙泉公证处的今天。“一枝一叶总关情、一花一木应知春。”透过龙泉公证处的体制改革历程这一扇微小的窗口，我们不但领悟到改革对我国社会发展带来的进步，也能体会到改革尤如攀登高峰，越接近峰顶越加艰难。改革永远在路上，探索者没有退路，唯有风雨兼程、砥砺前行，方能达致远方的目标。龙泉公证处只有继续深化体制改革，迈向合作制等更加切合公证发展规律，更能激发公证服务活力的新体制，才能在新时代继续保持创新性、实现新作为，走向可持续发展的道路。

我的公证执业生涯回顾

邓忠伟*

退休以来，逢周末就和山友去黔灵山公园登关刀岩，俯瞰每天都在变化的贵阳新貌，特别愉快。有天在山顶，一对六十来岁的夫妇迎面走来，突然对我说："诶，是公证处的邓主任吧，还好吗?"我愣了一下，"请问你们是……""你肯定记不得我们，我们还记得你。那年中华南路拓宽拆迁，我家八姊妹为门面分配和母亲的赡养扯皮。是你们几次来家调解才达成协议。""哦，想起来了，现在还好吗?""二十多年了，母亲已过世，八姊妹都很团结的。这要一辈子感谢你们啊!"的确，这种街上偶遇发生过多次，一次公证服务，人家记得我们，我们却记不得人家。因为你是公证人，你的优质服务会让人家记一辈子你的好。是改革开放，才有了公证事业的发展机遇。而我，也正是赶上改革开放的好时代，才有机会成为一名公证人，见证了改革开放四十年来我国公证事业从恢复重建到今天的蓬勃发展。

一

1964 年，刚入团不到 16 岁的我，初中毕业学习董加耕、邢燕子，自愿选择上山下乡插队，在市郊乌当区洛湾公社当了 7 年知青。1971 年，各区县按上级要求建立五小工业，新建乌

---

* 原贵州省贵阳市公证处主任。

当化肥厂，用半水煤气经150公斤高压生产合成氨、碳酸氢氨，需要一定的化学知识，我们几十个知青即被区里优先招工进厂。8年间我从学徒工当到车间主任，本以为将终身从事氮肥工作时，党的十一届三中全会吹响了改革开放的号角，五小工业因高能耗低产出全部下马，我的两次人生选择就此画上句号。1980年5月，我已调至贵阳市饮食公司基建设备科工作半年多，有一天，市商业局一位老领导秦锡亮找我谈话，说准备借调我参加贵阳市公证处的筹建工作，给我看了市里关于成立贵阳市公证处，任命他当主任的文件。公证是干啥的，他也不清楚，只说是政法部门，代表国家给出国人员出证明。秦锡亮是位老干部，从二野转业后曾经当过检察长。他说我调公司时看过我的档案经历和文笔，认为我适合从事公证工作，问我愿不愿意。我们多年受的教育就是个人服从组织，表示愿意试试。于是，公证选择了我，我也选择了公证，由此和公证结下毕生之缘。在其后的公证生涯里，我曾有调到市人大、省政法干部学院、到市司法局当副局长的3次转行机会，思考再三都被我婉言推辞。因为自从踏入公证之门后，我发自内心地喜欢上了公证这个职业，直至退休也痴心不改。退休后在省、市公证协会又干了5年多。至今因推不掉还在一家公证处当顾问，每周到岗两次，出谋划策帮带晚辈。总之，对公证这个职业的感情之深，连我自己都有点惊奇。

20世纪80年代贵阳市公证处办公用房，一楼六间办公室，合计使用面积不到100平方米

改革开放初期，为完成公证处筹建任务，我们拿着市里的文件到处找办公地点，后来是即将被撤销的市知青办腾出一间15平方米的办公室，成为公证处第一年的办公场所。8个人挤在一起办公，激情依然很高。为完成上级要求的1981年挂牌开业，我们就到司法厅、到高级人民法院去学习有关公证的文件，自1979年以来，省高级人民法院和省司法厅办理的100余份涉外公证卷宗，学习了解基本程序、原则。新年刚过上班时，就来了当事人申办赴美国定居使用的出生公证，领导说我学得比较扎实就交给我承办，使我有幸成为贵阳市公证处恢复重建后第一件公证书的承办人，现在想起来还是乐滋滋的。公证处买了台打字机但是没有打字员，字盘里铅字字钉是反的，专业打字员也需要背熟牢记。我和陈忠诚两个人只得一人找字钉，一人敲键打在蜡纸上。一份几十字的出生公证书，我们花了两个小时才打印出来，英文译文还是请司法厅孙群英帮忙完成的。开业初期那一个月的几十件公证书，我们都是靠这种笨办法来完成。这要是现在，网络办证打开公证书格式模板一分钟就可搞定。改革开放以来的发展速度和成果令人感慨和振奋！好在那时年轻精力旺盛，政策也鼓励在职学习，经考试我被贵阳职工大学录取。繁忙工作之后，晚上和周日我坚持到职工大学上课，辛苦五年，成绩优秀，终于取得中文系大学本科文凭。当过知青的人都知道学习机会不容易，要珍惜。在厂里时1977年恢复高考，1978年的高考也不限年龄，很难得的机会，可惜厂里党委书记说我们几个知青是技术骨干，生产离不开，不同意出证明让我们报名参考。1979年初，我们厂被宣布首批下马，书记很后悔，说耽误了我们，早知要下马就支持我们报考了。

在贵阳市公证处，我曾经当了六年科长、两年副主任、十五年公证处主任，在搞好管理的同时，我始终喜欢亲自办理公证尤其是新型或疑难的事项。截至退休，除承担一定的审批职责外，我独自或参与办理的各种类型公证事项达6000余件，没有发生一件错证假证。因为接触公证时，老主任就说过公证是代表国家出证明，给我留下很深的印象。既然是代表国家，就不能有半点马虎。牢固树立公证质量第一的观念，还得益于我参与的一次涉外公证复查。

1986 年，作者担任经济公证科科长，下班后在办公室撰写工作简报

那是 1981 年 2 月，春节刚过，大年初四正下着雪。我踏着软软的白雪走进白沙巷深处，远远就看见公证处办公室的门前，站着省司法厅公律处的杨处长。心想一定有什么急事。还好，老主任秦锡亮也刚好来上班。进门后没坐下，杨处长就从提包里拿出一份函件给秦主任看，是我国外交部、司法部转下来的，后面还附有美国驻华使馆的照会函件。杨处长说，1979 年省司法厅以“贵阳市公证处”名义，给香港同胞罗某出具过一份出生公证书，证明罗某 1946 年 3 月出生于贵阳。现罗某在香港申请到美国定居，美方对罗某出生在贵阳持有怀疑，要求我方提供更充分的证据。杨处长、秦主任当即将复查任务交给我，安排省司法厅的老邱同志配合，限两个月完成复查任务。

想不到一份小小的公证书，会惊动两国的外交部门。当时我们公证处才开始办理公证一个来月，什么经验也没有。怎样完成任务，对我这个新手来说，无疑是一次严峻的挑战。从函件内容看，罗某的父母亲都是地道广东人,已在香港居住多年。20 世纪 40 年代的贵阳没有出生登记制度,难怪美方会对这份公证书持怀疑态度。从卷宗材料看,要证明罗某出生于贵阳,仅凭罗某父亲写来的信的确不够充分。

想到公证书在涉外关系上代表着国家的声誉,我们一点不敢怠慢。经联系罗某的父母亲,答复说老罗抗战时曾在贵阳的美军运输站当木工,在城郊汤粑关附近租房居住,因年代久远,两广同乡会馆的许多证人已不在世或失去联系,只能提供一些当年贵阳的老地名和运输站美军长官的名字,并保证说孩子的确是在贵阳汤粑关出租房家中出生的。老罗寄来 50 年代孩子在香港上小学的毕业证书原件,上面有毛笔书写的出生地贵阳。这些间接证据行吗?我们拿不准。抱着大海也要捞针的信念,我和老邱决定寻找知情证人。冒着初春严寒,靠两条腿,我们走访了 30 多位当年在贵阳六洞街两广同乡会馆居住过的广东人,但都不认识罗某一家。终于有一次,在离贵阳 40 多公里的清镇九化公司住地,寻访到罗某父亲的一位同乡,回答说虽然认识罗某的父亲,但来往不多,没见过罗某的母亲,也不了解其生育情况。记不清有多少次的希望,变成了失望。也许是我们的执着感动了上苍,当我们从市档案馆 20 世纪 40 年代的史料中,查到老罗当年在贵阳做木工的运输站的文字资料、照片、名册和一些重要线索时,高兴得跳起来。根据这些资料线索,历经周折,我们终于找到当年为罗某母亲接生的老人,老人还清楚地记得当年到汤粑关去接生的细节,并指导他们母子于贵阳解放前回广东的一些情况。一个多月的艰辛,终于有了结果。原来,罗某的父亲是个木工,1943 年被驻在贵阳飞机坝的美军运输站招募来贵阳,运输站负责转运昆明至重庆的援华战略物资,老罗的工作是修理货车车厢。后来老罗将妻子接来到贵阳,先住在两广会馆,后租住城南汤粑关附近农房,老罗一家和接生的老人都是广东人,偶有往来,后失去联系。抗战胜利后,老罗即随美军运输站回广东,其妻因怀孕未能同行。次年 3 月,经该老人到家接生,生下长子罗某。孩子稍大点后,罗某母子即回广东,然后全家移居香港。我将复查报告写好后,附上接生老人的笔录和档案史料中查到的美军贵阳运输站人员照片(翻拍),照片上有老罗和他提到的上司史密斯上尉。复查报告经省司法厅报司法部、外交部转美国驻华使馆。在详尽的调查证据面前，美国驻华使馆和移民局采信了罗某的出生公证书，批准了罗某的申请。

贵阳市公证处公证人员认真耐心地为老年群众办理公证

这次复查得到司法部的肯定，我也受到司法厅、局的表扬，选派我参加 1981 年 9 月在北京木樨地中央政法干校举办的首届全国公证班学习。半年的培训学习中，聆听了张友渔、江平等很多知名法律专家的讲授，增长了不少知识。司法部的陈六书等老公证人也对公证的起源、历史沿革、业务范围、原则、程序、效力结合公证实践教学讲解，使我受益匪浅。1981 年底，司法部在北京任命首批香港委托公证人，班里选出十几名公证人和这批香港公证人座谈交流，我有幸得与参加，记得其中有陈子均、廖耀珠等知名香港大律师。那时，《公证暂行条例》还没有出台，国内公证的需求开始增多。如何办理内容繁多的国内公证事项，各地都在探索。班里有来自全国各地的上百名公证人，我们就经常在一起交流探讨,互相启迪。我们还多次到北京市公证处去参观学习,开阔了眼界。那次北京中央政法干校学习加深了我对公证工作的热爱,日后才会毫不犹豫地放弃好几次转行的机会。

二

20 世纪 80 年代最初的几年,老百姓很容易把公证处当成"公正处",经常有要求落实政策、平反昭雪的群众来到公证处。1982 年,我国《公证暂行条例》颁布,司法厅、局和公证处加大了宣传公证的力度。那时候,当事人需要提交的很多证明材料,都是由公证人员到派出所、办事处、民政局以及有关单位去调取。那时连自行车也要凭票供应,单位买要办理控办审批手续。我们就靠双腿走街串巷,边调查取证,边宣传公证知识。有时候,还必须在晚上请居民委员陪同上门去找下班在家的证人。改革开放后,老百姓的财产逐渐增多,对公证处很信任。有些分家析产或邻里使用(如共用院坝、厨房)纠纷也不上法院,就到公证处来寻求解决。因此,经公证处调解后办理协议公证的不少。当时办理公证遗嘱很新鲜,不少遗嘱人选择公证处作为遗嘱执行人。我们曾应立遗嘱人子女的要求,在办事处居委会人员陪同下,在灵堂前宣读公证遗嘱,平息纷争,现场群众反映很受教育。20 世纪 80 年代改革开放初期,法官也要自己去调查取证,所以我们也认为调查取证是公证工作的份内之事。这种公证工作方式,现在的年轻公证人是很难理解的。20 世纪 80 年代后期,公证业务发展多了,人手不够,限于行政体制和编制,公证处要增加人很难。《公证程序规则》颁布后,明文规定当事人申请公证时应当提交这样那样的证明。久而久之,有的公证人就养成了坐堂办证的习惯,偶尔才会出去调查核实。说实话,当事人申请办理公证,既要交费,还得自己跑路去开各种证明,然后拿一大叠证明来换取一纸公证书,难免社会上逐渐对公证有些看法,认为多了道程序,增加了麻烦。好在近些年尤其是党的十八大以来,公证体制机制深化改革力度加大,有不少公证处开展了证前证后的延伸服务探索,公证服务方式、手段、内容不断创新,依托互联网大数据,参与司法辅助工作等,公证为经济发展、社会民生、国际交往服务的效果、作用更加明显,我国公证事业通过改革必然会迎来更大发展。这是几代公证人不断探索努力的结果，更是国家改革开放、经济社会发展为公证工作提供的历史机遇。

1994 年，作者任市公证处主任。这是毓秀路施工项目留下一幢四周开挖后凌空的房屋，十分危险。作者带头乘吊箱进入三楼室内，对物品进行证据保全，危房得以顺利拆除

20 世纪 80 年代群众很相信公证处，有些纠纷也希望在公证处的公正调解下得到解决。因此，面对有一定纠纷的当事人，我们没有简单拒之门外，只要有和解的可能，我们都乐意为他们排忧解难，努力调解，达成协议后再办理公证。这种做法有其历史特点，且在公证工作恢复重建初期，的确起到了宣传公证制度、拓展公证业务的作用。实践证明通过公证调解，宣传法制，可以及时维护家庭和社会稳定，也更能锻炼公证队伍，使公证更加得到老百姓的信任。在公证调解方面，我印象最深的是下面这个案例。

1982 年夏天，贵州工学院院办的张主任来到公证处，说学院和蔡家关大队（村）的土地犬牙交错，由于历史上几次扩建时征地补偿不到位，双方

土地纠纷从1958年建院起就没停过,“文革”期间发生过几次严重斗殴。1980年,农村开始改革推行土地承包,由于土地界址不清,学院有的征拨用地被村里划给村民成了承包地,学院有些职工也在村民的承包地上种菜。村民们得不到承包土地就到学院吵闹,甚至断路断水,学生被迫停课。最后是省里拨钱付清征地补偿款,又组织工作组重新为双方划定用地范围,组织双方签订了协议,要求这季庄稼收后即返还各自用地。但一年多了,庄稼收了又被种上,村民又提出了很多过分要求。学院几次打的界桩也被村民毁掉,学院的教学楼基建项目被拖了两年,损失很大,省里也不可能为此再组建工作组。张主任说,院领导在报上看到《公证暂行条例》颁布,公证有预防纠纷减少诉讼的作用,就让他来问问公证处能不能就这个事办个公证,督促蔡家关村履行协议。老主任接待后想听听我的意见。我在农村当过知青,知道农民很现实,也明白实行土地承包给农民带来的希望。看到张主任期待的目光,我建议先到蔡家关村了解纠纷的具体情况,如有可能就尽力帮助调解,达成协议后再办理公证。

在其后的三个月里,我和陈忠诚两名公证人每天早出晚归到村里,和村干部座谈了解,并查看双方原先签订的协议,发现协议所列的八条支农措施中,有的根本履行不了。例如,学院的基建工程由该村承揽施工;学院帮助建一家豆腐厂并负责每年提供600吨黄豆等。张主任说学院虽然在协议上签了字盖了章,却是迫于当时断路断水的无奈,没有考虑实际能否做到。承揽基建工程要求施工队伍要有相应的资质等级,黄豆在那些年属国家统购计划物资。学院不加考虑就写进协议,留下纠纷隐患,一年多来履行不了,村民就认为学院不守信用,因此,拒绝交还所占用地,纠纷再起。

找到症结后,我们就到各村民组(生产队)了解听取他们的要求,到村民家中拉家常做工作,反复宣传有关法律和政策,讲清楚写进协议的支农措施,应当实事求是,符合法律政策才能顺利履行,才受法律保护。开始时村民有抵触,认为我们是工学院请来压服他们的。经过多次交谈,村民们觉得我们能平等对待协议双方,能认真听取并理解村里人多地少等实际困难,逐渐认为公证处提出的建议也是为他们好。于是在大多数村民的支持下，村里同意在公证处的主持下和学院协商解决纠纷，重新达成协议。

1996 年 1 月 21 日，《贵州省公证条例》颁布，贵阳市公证人员冒着严寒上街宣传公证，解答咨询

双方最终接受了我们的建议，将履行不了的支农措施修改为：学院的土石方工程，该村村办企业在符合资质的前提下有优先承包权；村办豆腐厂属乡镇企业，可由学院免费为之完成规划设计；另增加：由学院出资架设管道为两个尚未通水的村民组接通自来水；学院的道路清扫、花圃维护优先使用该村村民；双方的土地界桩，由学院出资制作永久水泥桩，统一编号后交由邻近居住的村民承包埋设并负责管护等。协议基本达成，双方都很满意。我们立即配合双方共同重新勘定 370 根界桩位置，一个月后即全部埋设到位，全部现场拍照存档。我们详细记录每根界桩的四至方位，并写进《贵州工学院和蔡家关大队土地协议公证书》中。厚达数十页的协议公证书送达双方后，当年全部得到履行。双方 20 多年的土地纠纷从此化解，昔日冤家成了睦邻。

多年后，已退休的张主任在街上遇到我时，总要说起20世纪80年代初期，我们为之起草并办理公证时的那份辛苦，说至今双方再没有为土地闹过纠纷。这件难度很大的公证被收入司法部公证司编辑的《公证案例选编》，有的省外同行看到后，几乎不敢相信我们会为一件公证耗时三个月，下那么大的功夫。的确，一份公证书能化解院队双方多年的土地纠纷，维护农村土地承包和学院的教学秩序，彰显公证的积极作用，作为公证人付出的努力没有白费，我们感到很值。

1996年11月14日，司法部张耕副部长、段正坤副司长到贵阳市公证处调研涉台公证工作

三

1985年，我担任经济公证科科长。当时《经济合同法》实施不久，建设单位怕施工方拖延扯皮，大都坚持将施工合同办理公证，我们每年都要办理100余件建筑施工合同公证，并配合建委、建行督促施工合同的履行，随时参与协调履行中的分歧和纠纷。针对有的工程需要拆迁，有的出现中途更换施工队伍，以及基础等隐蔽工程需要及时验收存档等，有的建设单位希望我们能开展工程形象进度、现场材料移交、拆迁产权有争议的房屋等

方面的“证据保全”公证。这种证据保全公证在程序上应当怎样操作，当时没有具体规定。既然没有现成模式，只得通过实践探索。我带领本科人员认真研究方案，决定从证据的采集、提取、固定、保存四个要素着手，试着受理了省军区干休所因更换施工队伍的工程形象进度证据保全申请。首先遇到的难题是必须购置摄像、照相设备。1985 年，摄像机、照相机（带镜头）很贵，动辄上万元，还要办理集团购买控办手续。为此，公证处专门召开办公会。老会计首先反对说：小邓你还记得不，公证处开办时只有五千块钱开办费，为了省几块钱板车费，你借根杠子硬是把两个铁炉子从黄金路挑到白沙巷单位上。摄像机、照相机两件东西起码要两三万元，能不能以后再买？是啊，当时一个月工资才几十元，两三万元可不是小数目，公证处积累也不多，财政能否拨款支持也不确定，但是不买，这证据保全工作又如何开展呢？在魏秋河主任和市司法局领导的支持下，为了工作同意购买。我们抓紧写报告、跑财政、办控办、选设备忙乎了十来天，终于置齐了拍摄设备及其相关材料。从此，贵阳公证的证据保全功能在房地产建设和拆迁领域大显身手，短短几年间共办理房屋拆迁和建设工程方面的证据保全公证几百件。有时一件较大或复杂的工程形象进度证据保全，要花几天时间。当时没有这类证据保全公证书的格式，我们就从这类公证的特点和使用需要出发，探索性地书写房屋或工程形象进度证据保全公证书，把受理申请的原因、目的，证据保全的类别、对象、时间、地点、人员、方式方法、现场勘查记录，拍摄照片、录像的数量、保管等据实写进公证书，基本上就是现在通行的要素式公证书。实践证明，这些内容翔实具体的公证书和保存在公证处的照片、录像证据，在建施双方协商解决工程结算或法院诉讼采证中，发挥了证据效力的积极作用。

1992 年春天，司法部邓甲明处长带 5 名专家到贵阳检查公证质量，认为我们的公证质量很好，尤其是这些年办理的证据保全公证很有开创性，决定借 50 本卷宗带回部里，为研究制定房屋证据保全公证方面的规则及其公证书格式提供实践参考，同时抽选我和他们一起到四川、云南参加公证质量检查。此后，邓处长 8 次将部里起草的《房屋拆迁证据保全公证细则》稿寄给我提修改意见，不少意见被采纳。1993年12月，司法部29号令颁布了这个细则，邓处长特意请蔡诚部长盖上签名章，寄给我一份留存纪念。每当想到我们的探索和实践得到上级的肯定和支持，能够为公证事业的发展作点贡献，感到非常欣慰。

1998年11月，贵州省司法厅为贵阳市公证处荣记集体二等功

四

公证工作是一项最需要责任心、最讲诚信的职业。记得1990年春天的一个下午，贵州航天工业总公司三个处长急匆匆来到公证处。法规处的赵处长告诉我说：省经委今天给该公司开出了一份限电证明文件，按国际惯例需要办理涉外公证并译成英文。对方巴基斯坦的谈判代表三天后就要来，时间太紧，希望公证处支持加班完成。听了三位的陈述，看了省经委的证明文件，我明白他们是想以这份文件办理公证后，向巴基斯坦方证明该公司是因为政府限电才无法按期交货（数十架教练机）的。

谈判的核心是争取免除逾期交货违约经济赔偿。职业敏感告诉我，省经委的这份"限电证明"恰好说明限电是政府行为而非不可抗力，这种情况依法应由违约方先向对方承担违约经济赔偿，然后，违约方可就赔偿额向政府请求补偿。经进一步询问了解，1989 年下半年，该公司下属的好几个厂，生产用电是开三停四，每周只能生产三天。限电的真正原因是天旱水库水位低，东风、乌江两个水电站发电量大幅减少。"为什么你们公司不申请办理不可抗力公证呢?"我问他们。计财处处长说:就为这张证明我们已经跑了好几次，不可抗力证据咋取我们心里没有数，而且时间又这么紧。当然，依照公证程序，我按该公司的申请办理这份"限电证明"的印章属实公证也无不妥。可我总觉得只要有天旱严重这一客观事实存在，就应该能够收集到这方面的证据。如果确有不可抗力的客观事实存在，完全可以免责，为什么要放弃呢。一旦对方以"限电证明"为依据索赔成功，对于该公司来说岂不是太冤了，何况遭索赔还关系到国家的声誉和经济利益。在我的耐心说服下，他们同意按不可抗力提出公证申请，专门调配两部车，连夜配合公证人员到电力、气象、水利等部门调查取证。

在有关部门的支持配合下，连续三天的努力，不可抗力的证据链逐渐形成:东风、乌江两电站水库的来水，涉及上游十七个县。而 1989 年下半年，这十七个县的降雨量对比前三十年、前三年的平均值，下降幅度很大。由此造成两水库水位创历史最低，发电机组停开，发电量同比下降几乎一半。按照涉外保密原则，我用比例方法加班写就制作好公证书，这时已是第三天晚上十点，三位处长连夜赶回一百多公里外的安顺市。第二天双方的谈判会上，当赵处长向对方出示公证书，证明逾期是天旱不可抗力造成时，对方没有再提违约索赔。这场逾期交货的巨大金额索赔谈判，在公证书的证据效力作用下，变成了约定新的交货期限的协商。这起不可抗力公证案例得到省司法厅有关领导的肯定，并被 1998 年司法部公证司编辑的《公证案例选编》收录。后来有的同行问我当时是如何想的，我说责任感是公证人的天职，谁遇上都会这样做。

1999 年 10 月,段正坤副部长在贵阳市公证处荣获首批部级文明公证处授牌

五

1992 年,邓小平同志南方谈话后,中国的改革开放再起高潮,贵阳的公证事业迎来了加快发展的机遇。我处办证量从八十年代每年几百上千件发展到每年近两万件。公证书的制作当时还是靠四通打字机,添置了 386 电脑后,也只有依靠打字员用五笔输入法完成公证书打字,不能及时出具公证书已影响公证业务的发展。1994 年初,计算机中文输入实现拼音化,尽管很不完善,毕竟开始了懂汉语拼音就能在电脑上打公证书历程。刚接任公证处主任的我,看到孩子在电脑上打字画图自由自在,处里研究决定办理控办手续,为每个公证员配备一台电脑,要求公证员自己打印公证书,以适应日益增多的公证业务。然而新的困惑又来了,不仅是每个人打出的格式不一,还需要拷贝后送打印机印制,效率仍不高。当时互联网已悄然兴起,电脑不联网只是一台打字机,功能没有发挥出来。既然银行

业可以联网办理业务，公证为何不能。有了联网的思路后，我们托人联系北京中关村，答复说建立20台以上的局域网，开发办理公证的专门软件，约需30万元资金。就当时我们公证处的经济实力，感觉有点高，也有点舍不得。于是，我们联系本地有关专业人士，提出建立局域网办证的初步方案。经过两年的摸索和磨合，反复若干次的修改，终于在1996年建立起自己的局域网，开发的公证办理软件联网试行也基本成功。1997年1月1日，贵阳市公证处开始全处联网办理公证，率先在全国开创了公证处建立局域网，用自己开发的专门软件办理公证的先河，实现了公证受理、承办、公证书制作、审批、出证、送达、收费、归档、统计、查卷全部数字化，办证效率明显提高，公证质量及其管控得到加强。在此基础上，我们又得到司法部邓甲明副司长的支持，于1998年1月，率先在全国建立开通了首家公证信息网站，宣传公证制度、公证知识、法律法规，发布公证信息、公开收费标准，解答网上咨询，扩大了公证制度在社会上的影响。

我们在互联网公证方面的开拓创新，得到市司法局、省司法厅乃至司法部和中国公证协会的肯定。2001年，司法部律师公证司、中国公证协会在贵阳举办全国首次公证行业计算机和网络应用培训班，参训300多人，要求在全行业普及计算机，并建立区域性的网络平台。我处在培训班专门介绍了开发网络办证的思路、体会并进行了演示。不少省外同行参观了我处的网络建设和公证应用软件后，对网络化办理公证不再存有疑虑。1997年以来，到贵阳来考察学习网络化公证包括移植使用的省外同行很多，其中有位上海的软件工程师，受聘为上海的公证处开发公证应用软件，听说贵阳已开发使用后，他不相信该软件是贵阳人自己开发的。于是他亲自来到贵阳，到市公证处观看网络公证运行后，专门和我交谈了一个多小时。当他得知我们从1994年就着手开发公证专业应用软件，并得到我的儿子邓宇亮（1997年就读清华大学，高中时经考试获微软计算机程序员证书，两次获全省中学生计算机竞赛第二名）的支持帮助时，深有感触地说："没想到你们远在西部贵阳，思维方式和开拓眼光一点不落后。"

2001 年 6 月 8 日，司法部部长张福森到贵阳市公证处考察指导、看望公证人员

六

1992 年，贵阳市被列为内陆开放城市，《城市房屋拆迁管理条例》颁布后，旧城改造房屋拆迁量很大，民众要求办理拆迁公证的呼声很高，依法拆迁成为共识。经宣传和联系，市房屋拆迁管理处决定和我们公证处联合行文，将公证机制引入旧城改造房屋拆迁领域，要求拆迁协议必须公证。每个建设项目拆迁前，都要召开动迁会，共同宣讲拆迁法规、公证法规、签订协议办理公证的程序等，公开拆迁补偿标准，重点督促拆迁人（建设单位）依法拆迁，重视保护被拆迁人利益。我处每年办理房屋拆迁补偿安置协议公证、房屋证据保全公证上万件，公证加快了我市建设拆迁进度，维护了拆迁双方的合法权益。一位分管城建的市领导曾在总结会上说，这些年贵阳市城市改造建设速度这么快，公证处功不可没。贵阳市率先在全国城市建设拆迁中引入公证机制的做法，成效明显，得到建设部的肯定，《人民日报》《中国司法》于 1998 年、2000 年都曾作过专

门报道。贵阳公证能够获得全国性的很多殊荣，是贵阳加快改革开放、经济社会发展从而促进公证事业发展的结果，也是贵阳公证人智慧和努力的结果。司法部部长张福森、副部长张耕、段正坤以及几任司法部公证司的领导到贵州检查工作时，都曾到贵阳市公证处看望公证人，对我们的公证工作和取得的成绩给予充分肯定，对我们也是很大的鼓舞。

在改革开放的大潮下，贵阳公证事业以自身独特的发展亮点，始终坚持"公证质量第一、社会效益第一"，努力创新，服务改革开放并在改革开放中发展前进，为贵阳市、为贵州省争得了荣誉：1992 年，司法部授予首批 20 家"全国公证质量先进集体"，有贵阳；1999 年司法部授予首批 20 家"全国文明公证处"也有贵阳；2006 年，全国老龄委、公安部、司法部首次授予"全国老年维权示范岗"，仍然有贵阳。省司法厅、市司法局历年开展的检查评比，贵阳市公证处均先进榜上有名。我本人也于 1993 年获评公证高级职称，被确定为贵阳市专业技术学科带头人、市管专家，为贵阳的改革开放、法治保障，为论证引进项目建言献策，努力使公证工作在促进贵阳发展中

贵阳市公证处荣获首批部级文明公证处授牌仪式

发挥积极作用，得到好评。在中央西部大开发的政策指引下，贵阳的经济社会面貌日新月异，其中也有贵阳公证人的努力。

1998年，我荣获第二届"全国十佳公证员"提名，司法部授予"全国优秀公证员"证书，并获选为中国公证协会第三届、第四届、第五届常务理事。尤其是2006年金秋十月，中国公证协会第五届全国代表大会在首都友谊宾馆召开。当大会执行主席宣布我新当选副会长并请上台就座时，全场掌声不断。我怀着激动的心情从会场中起身走向主席台，几十米路程三次向大会代表鞠躬致谢。我明白，代表们的掌声是对贵阳、贵州，乃至对整个西部地区公证事业发展的认同、赞誉和鼓励，因为此前几届的副会长均来自沿海大城市。代表们的掌声使我感动的同时，也感受到极大的鼓舞和鞭策，觉得责任重大，一定要对得起组织的信任，不辜负代表们的托付。此后，在段正坤会长的带领下，在协会开展的东西部公证对口支援、支持贫困地区公证事业发展、全国文明公证处、优秀公证员考评工作中，我努力尽职做了点工作，直至2009年4月退休，还在省、市公证协会致力公证。

回顾改革开放40年，公证制度恢复重建40年，全国公证事业得到很大发展，贵阳乃至整个贵州的公证工作也成果丰硕。现在全省90余家公证处，锐意改革，创新服务，每年办理涉及公民财产关系、人身关系以及法人经济、民事活动的公证事项十几万件，是20世纪80年代初期的几十倍。公证项目也从当初的十几项发展到上百项。是改革开放给公证事业的发展提供了挑战和机遇，公证事业自身的改革发展、创新和服务，也为我们贵阳、贵州的发展发挥了不可替代的职能作用。是改革开放，使我有幸成为一名公证人。三十多年的公证生涯，能够为公证事业和公证行业的发展做点工作，我感到十分欣慰。作为一名改革开放时代的公证人，我感到很自豪！能够参与并见证改革开放四十年我国公证事业的恢复重建和蓬勃发展，我感到很荣幸。

从来都有期待

段　伟*

我并非一开始就选择了公证，心之所向也非法律事业，但阴差阳错之下，最初的梦想渐渐远去，公证于我生命中却留下深深印迹。一晃26年，我与公证同行，偶有疲惫却鲜有遗憾；仰俯之间，已是云深之处。在几代公证人的努力下，中国公证曲折向前，取得长足发展。然过往虽掷地有声，前路却依旧漫漫。从青年至长者，我与公证之缘愈加深沉，在公证改革的历史当口，一些已经褪去的记忆再次鲜活起来，像是要从时空缝隙中给前行之人以信心和力量。

一、青葱岁月　燃起对法律的向往

少年时我喜读史书，上下五千年的跌宕起伏令人遐想、引人入胜。时间一长，历史与考古便成为我的志向，期待某天从古迹中窥得历史之本来面目，希望以古为鉴为社会发展提供参照。然而，理想与现实总是有一步之遥。那时正在攻读中华律师函授学校课程的父亲，给我定下“报考西南政法学院”的目标。当年，法学是热门而有前途的专业，在平衡个人意愿与父辈意见后，我成为一名法科学生。

走进西南政法学院，初来乍到的我惊叹于同学的知识广

* 中国公证协会副会长、昆明市明信公证处主任。

博和才思敏捷，甚至生出些许自卑之情。为摆脱那种尴尬境地，我开始苦读法律专著，就是那个时期我慢慢走进了法律世界，领会到何为“法的精神”。回想起来，有两本专著让我受益至今：一本是法国启蒙思想家卢梭的《社会契约论》，另一本是社会学法理学派创始人罗斯科·庞德的《通过法律的社会控制》。

2000 年初，昆明市公证处全体员工（第三排左一为作者）

时间是最好的老师，潜移默化间我对法律有了越来越多的认同，向往之情日渐浓厚。到毕业之时，我已经笃定要做一名律师，畅想以法律之剑制伏躲在黑暗中的贪妄之心。

二、踟蹰之间　踏上公证之途

1989 年 7 月，我从西南政法学院毕业回到昆明，满怀希望到律师事务所工作，却没承想被分配到昆明市盘龙区司法局办公室。就这样，再一次事与愿违。

为了尽快成为一名律师，我于 1991 年考取律师资格并向上级领导表明心愿。然而，我的意愿并未得到肯定答复，1993 年我被分配到盘龙区公证处。

所谓“身在曹营心在汉”，从事公证工作的我依然向往着律师职业。只不过，当时公证不仅是法定公证，按规定收费，且公证员也可独立运用法律知识进行出证；而律师尚属国家工作人员。一番比较下，我暂时选择留在公证处。然而，转眼间律师改革大潮来到眼前，原来的“国家法律工作者”转变为“依法取得律师执业证书，为社会提供法律服务的执业人员”，自此律师与公证员社会角色与地位之间的差异日渐明显。尤其在社会飞速发展时期，律师行业顺应需求不断壮大，公证则更像是画地为牢被挤压到不起眼的角落。

1998 年，我调入昆明市公证处担任副主任，也就是今天的明信公证处。两年后，国务院批准司法部《关于深化公证工作改革的方案》，公证机构将成为自主开展业务、独立承担责任、按市场规律和自律机制的执行国家公证职能的事业法人。此时，律师梦又开始在我脑海中萦绕，仿佛再不离开就无法离开一样。

经过激烈的思想斗争，我最终还是提交了辞职信，希望彻底地遵从一次内心。然而，这次的辞职未被批准，在多方劝勉下我只得收回辞职信，放弃离开。从那时起，我便再没提起过要离开公证。

其实，经过几年与公证的朝夕相伴，说没有感情也是不真实的。公证对我而言可能早已不只是一份工作，而我只是不自知罢了。

带我入门的是一位资深公证员，与女歌手王菲同名。她的指导，让我懂得了何为审慎，更让我在法理之外看到情感的真挚与无奈。而这些，都源于一次收养公证的经历。

那对夫妻为生活所迫将年幼的女儿送养他人，整个过程中大家都沉默寡言，送养父母难掩悲伤。我按照程序规定请送养父母在文书上一一签字确认，完成后双方各自离去。当时收养公证办的多，我并未多想，认为这件事到此已圆满结束。然而，在审查手续时王菲却指出其中的一点瑕疵——有一页谈话笔录缺少了女孩生父的签字。我当时认为那只是证明文件而非协议签字，虽有瑕疵但并不会酿成法律错误，于是不以为意。但王菲随后的严厉态度让我诧异不已，她要求我必须找到女孩父亲并补上签名。我遵照她的意见尝试联系本人，也找过其家属，多次未果后心中不满加剧，认为是她在故意刁难我。然而，王菲仍坚持补签，甚至提出陪我一同去找。经过长途客车的颠簸和徒步前行的不易，最终我们抵达那位父亲工作的铁路道岔班，并根据其同事的指点在天黑时找到了村子里的他。表明意图后，这位父亲十分惊讶于我们的执着，可眼角眉梢却满是悲伤。恳谈良久，他终于说出漏签的动机。他与女儿感情深厚，送养他人只是迫于经济拮据和工作环境艰辛。对他而言，文书中的每一处签字都犹如女儿的卖身契一般，为了让自己心里好受一点，便趁我不注意的时候故意少签了一页谈话记录。

他的这种纠结我们岂能不懂，可法律程序的严谨让我们不得不提出补签要求，但在法理之外，我们也提出由收养人承诺用信函方式每半年对女孩生活情况进行通报。最终，这位父亲进行了补签，那微微颤抖的双手至今让我难忘。

半年后，这位父亲专程来到公证处，告诉我们已如期收到信函，知道女儿过得很好后终于放下心来，对我们感谢再三。

通过这件事，我对公证有了重新的认识，感受到公证人对情理的衡平把握和对契约精神的执着。我总想着走上律师生涯去施展满腔抱负，却忽略了公证自有对法律的独特诠释。一番踌躇之后，我终于还是踏上公证之途。

三、壮志年华　执着于创业立业

1998 年，是我来到昆明市公证处的第一年。初到任时，昆明市公证处对内受限于陈旧的管理理念，对外过度依赖涉外公证，白白错失了市场竞争中的良机，导致规模与业绩均排在全市末端，甚至比不过区级公证处，这与云南省历史最悠久公证处的名号不甚相符。

为尽快摆脱这种不利局面，在昆明市司法局的领导下，昆明市公证处开始了首次创业，这也是我第一次开始对公证充满希望。也是在这一年，公证处搬到新的办公场所，购置了第一台电脑，正式实施岗位目标管理。短短三年时间，原来“坐等靠”的思想得到彻底改变，向市场求发展的理念逐步生根。到2001年12月，公证处业绩跻身云南省前三甲，第一次创业目标顺利实现。《昆明市明信公证处志》中这样评价了此次创业，“第一次创业活动改变了公证处面貌，体现了公证处敢于从传统中走出来面对现实，敢于面对残酷竞争的市场，敢于在逆境中崛起的勇气”。

从满目疮痍到重拾辉煌，此次创业带走了我曾经的失望与迷茫，真切感受到公证之顽强生命力，也让我第一次生出“与公证同行”的想法。

2002年，是我职业生涯的又一个分水岭。这一年，我正式升任昆明市公证处主任，承担起更重的任务；这一年，公证处完成了由行政机构向事业单位的改制，开启了公证发展的“新纪元”；这一年，公证处正式启用“公证集成系统”，电子化工作方式由此开始；还是这一年，公证处发起“第二次创业”活动，力争办证业绩与公证处影响力均达到全省第一。

当时改制刚刚完成，公证队伍和办证素质仍然有着明显的非专业化、非职业化特征，而外部公证市场则呈现无序状态，各竞争对手之间势均力敌。这种背景下，我提出进行第二次创业，对内执行新的分配制度以增强激励，同时建立人员分级化管理制度，实现由原来身份关系向契约关系的转变；对外积极介入二手房交易公证和金融贷款领域，并寻找更为便利的办公场所。短短几年间，公证处管理更趋灵活，人员规模与素质都得到大幅提升，凭借体制改革和地利优势，在业务领域也取得领先。

经过六年的艰苦奋战，公证处在全国公证行业的影响力逐步提高。2007年2月，昆明市公证处第二次创业目标宣告实现。

“机遇只留给有准备的人”，面对日渐兴盛的二手房交易市场，我与同事们共同把握住公证飞速发展的历史机遇，成就了在业内一度传为美谈的“昆明公证模式”。当然，这些是外人皆知的事情，他们不知道的是我们改制初期的拮据和业务拓展过程的心酸，没有什么“顺风顺水”，有的只是“敢想敢干”和“咬牙坚持”而已。

改制后“重新归零”的公证处，没有一分钱的流动资金，为了凑齐第一个月的工资，我与其他4位同事各自认缴6000元，共计3万元整。这就是我处注册资金43万元的来源的一部分，另外40万元是对原有办公设备等的折算费用。

犹记得当年公证员们利用下班时间开拓业务的情景，骑着电单车的我们迎着夕阳出发、伴着星辰归家，辛苦异常却仍然朝气蓬勃，或许是因为我们正驶于希望之路上。

随着业务规模和人员规模的扩增，原有管理模式已不能适应“规模作战”的要求。同时，在经历了“昆明二手房公证风波”后，我们也开始自我审视，希望改变原有业务模式，让“当事人选择明信，选择公证，完全是基于明信人工作的价值及其自由意愿”，而非基于“公证是房产交易的前置程序”。

2005 年 3 月 5 日，昆明市公证处举行全年“双休日对外便民办公制”新闻发布会，公证处主任段伟(右一)答记者提问

2007 年 3 月 1 日，昆明市公证处更名为昆明市明信公证处，与此同时，我正式提出第三次创业目标，即“通过一流的管理产生一流的文化，凭借一流的文化产生一流的业绩，使昆明市明信公证处成为西南第一、全国知名的公证处”。

此次创业为明信公证综合法律服务体系的创建奠定基础，企业化管理的引入为明信长期创新发展保持了相当的活力。KPI 绩效考核体系和总部—事业部管理体制的建立大大提升了内部管理效能，一系列绿色服务的创设显著增强了公证的有用性。随着公证法律服务的持续扩展与延伸，公证制度散发出新的活力。

伴随社会的进步，公证也在寻找新的生机。当历史的车轮驶过，留下我们求索的辙印，这说明我们曾认真地活过。每一次的创业历程告诉我们，公证不是公证机构的自娱自乐，也不是行政机构的职能补充，而是历史和人民的选择。每一份公证书的作成不代表公证的结束，切实保证公证书可用、当事人合法意愿实现才是根本目的。

曾经的一起房屋买卖公证让公证处意外“收养”了一个小女孩。周某和刘某是邻居，周某将房屋以 10 万元卖给刘某并办理了公证。在房产过户期间，周某病逝。此时，刘某已付房款 2. 1 万元，尚有 7. 9 万元尾款未支付，产权处因此暂停了过户手续的办理。与此同时，公证处发现，周某曾收养过一个孤儿女孩，周某去世后该女孩暂住在刘某家中。为妥善处理该问题，公证处在多方协调后取得以下结果：刘某由居委会指定为小女孩的监护人；房屋尾款存入公证处专门为小女孩开设的账户进行监管，其每年生活费、教育费等由监护人刘某造具清单向居委会申请，公证处据此额度进行拨款；小女孩年满 18 周岁后，账户内所剩余款交由其自行处理。如此一来，房屋过户问题顺利解决，可怜的小女孩也再次有了家人。

曾有一位公证同仁向我提问，“为什么大部分公证处无法复制‘明信模式’，是因为有地域限制，还是因为有某些背景？”其实都不是，“明信模式”的核心在于分析并满足当事人的真正需求。只要做到“以当事人的需求为导向”，做到以“公证有用性为目的”，就可以复制“明信模式”。在上面的这个真实案例中，公证“主动出手”并做到“药到病除”，就是对“公证有用性”的最佳实践。

总结前后三次创业，其实是一个先破后立、再破再立的过程。沿着“以人民需求为导向”的思路，我们一再认识到公证业务形态、公证人职责、公证效力、公证角色和公证功能的多元化特征，并以综合法律服务践行着公证的使命，我们抓住了机遇，经受了质疑，在辉煌时忧患未来，于挫折处自省其身，多年的坚持让我们成就了一番事业，也给他人提供了有益的参考。

四、天命之年 造梦追梦之心依旧

1968年出生的我，已步入天命之年。有人解释“知天命”是“五十岁之后，知道了理想实现之艰难，故而做事不再追求结果”的意思，我却不以为然。看淡结果便容易不再全力以赴，全心全意自然会祈求一个理想的结果，这于人性而言才是合理的。

在20余年的公证职业生涯中，我深知梦想和忧患意识对事物发展的推动力量。回想三年前的拉丁鹰公证文化节，在致辞环节我发出“位卑未敢忘忧公证”的感慨。公证，早已成为我们这一代公证人的梦，但也始终是我们内心的忧。

自2000年国务院批准司法部《关于深化公证工作改革的方案》以来，公证工作便没停下改革的步伐。我看到很多好的一面，一些合作制公证机构和实施企业化管理的公证机构成为业内的改革先驱，创新思想与实践，大胆探索与突破，一次次刷新世人对公证的认知，为整个行业发展带来激情与活力；但我也看到很多不好的一面，受体制和经济体量限制，区域公证发展的不平衡性不断凸显，一人处、无人处、拒证现象遍及全国，一些缺乏改革动力的公证机构仍依赖传统证明维持生存，公证质量事故的频发让公证公信力沦为人们茶余饭后的谈资。如此多的问题，怎能不让人心生忧虑？

公证革新过程中，除了要应对自身问题，也经受了来自外界的质疑。

以明信参与司法辅助事务的实践为例。2015年底，身处司法改革浪潮的明信公证处与昆明市官渡区人民法院一拍即合，率先建立“多元化纠纷解决机制探索服务基地”，先后对公证送达、调解等开展实践探索。公证处本着“到矛盾纠纷解决一线锻炼自我”的想法参与诉调对接事务，法院则希望依靠公证力量减轻司法压力，使司法资源得以重新优化配置。2016年，《关于人民法院进一步深化多元化纠纷解决机制改革的意见》中要求“引进公证机构等促进诉调对接长效机制的建立”，并明确指出，“支持公证机构……在家事、商事等领域开展公证活动或者调解服务”。该意见虽然为公证介入多元化纠纷调解提供了政策依据，但在没有明确立法的情况下，“公证调解”仍有一定争议，或被视为人民调解的组成部分，或被质疑是否具有适法性，甚至“公证调解”的实践也一度被搁浅。

面对外部质疑，我们没有放弃，最终我们的实践成果得到了最高人民法院的认可。2017 年 11 月 9 日，明信公证处与昆明市官渡区人民法院召开政府采购合同签约洽谈会，公证送达服务与公证调解服务正式进入政府购买服务清单，为司法辅助事务长效机制的形成奠定基础。

记得有句拉丁法谚说，“开一家公证人事务所，关闭一家法院。公证人可以在其能力所及的法律服务领域，运用所能做到的各种方式，去实现‘无讼’的使命”。在司法改革的背景下，各地法院案多人少的困难普遍存在，“关闭法院”显然是不现实的，但既然“无讼”是公证人的看家本领，何不去到矛盾纠纷化解的第一线，去到法官们分身乏术的人民法院，让当事人在司法审判之外有更多的选择呢？

2010 年，明信公证处举行二手房代办业务培训

经过两年的不懈坚持，明信公证处司法辅助事务在无政策、无经验、全公益的情况下获得认可，甚至直接推动了顶层设计的发展，其中的艰辛他人很难尽知。好在事实证明，我们的探索是有价值的，是可复制、可推广的，目前各地人民法院司法辅助试点单位的设立便是最好说明，这对公证

业务拓展而言也是一个令人欣慰的结果。

2017 年,随着全国公证工作会议的召开,公证机构体制改革被提上日程。截至目前,各地已纷纷完成第一批合作制公证机构的改制工作,部分地区开始申报第二批名额。

公证体制问题限制了公证发展,这在业内早有共识。此次在司法部、中国公证协会的推动下,全国公证机构进行全面改革,很好释放了公证机构的灵活性,对疲软发展的中国公证来说无疑是一针强心剂。

我和同事们尤为期待改革的到来,因为改革意味着未来有更多的发展可能。至于改革失败的情景,我们也想过,那意味着明信将退回至公益二类事业单位,大批公证人员必然失去现有岗位,一系列基于规模而进行的探索很可能会就此结束。所以,我们只能前进,即便付出新设合作制公证机构所不能比拟的艰辛,即使再次回到"一清二白"的拮据状态,也都是值得的。

我总爱说一句话,造梦者举旗定向,追梦人勇于担当。其实,造梦者与追梦人是互相交织、身份互换的。比如,在司法辅助创新实践中,明信人一定程度地参与造梦,以自身实践为后来者提供经验;而在公证机构体制改革中,我又是追梦人,期盼明信在更为灵活的体制下发挥更优的价值作用。

当然,虽然体制改革为公证发展带来莫大希望,但这始终不是解决一切问题的法宝。中国公证何去何从,归根结底要看公证人有何作为。

五、梦醒时分"无证可证"或是真正出路

自 2007 年《物权法》立法以来,法定公证逐步退出历史舞台。随着房屋继承公证的废除、《民法典(草案)》对公证遗嘱优先效力的摒弃、不动产登记中婚姻状况审查环节的取消,在法律和政策层面,"去公证化"趋势愈加明显。很多公证机构赖以生存的土壤如釜底抽薪般消失殆尽,蓦然回首间,传统公证已是千疮百孔。

很多人大声疾呼"狼来了",惶惶不可终日;也有人稳如泰山,当一天和尚撞一天钟;甚至还有人希望扭转乾坤,再次回到法定公证时的辉煌。但我却以为,"去公证化"是社会文明进步的标志,因为这里的"公证"更倾向于"证明"之意。前文提到的房屋继承公证、遗嘱优先效力和婚姻状况审查,无一例外都是"他证"的一种体现。

作者在 2016 年第三届拉丁鹰公证文化节上致辞

多年前，我曾就公证的本源进行追根究底。从最开始的古罗马“诺达里”记录者到罗马共和国时期的“达比伦”代书人制度（该制度通常被视为现代公证制度的鼻祖），经历了漫长的历史发展。从“达比伦”代书人制度看，其内容为“通过专业法律人士代为起草法律文书，并见证法律行为的执行”，本质更倾向于法律服务而非“证明”。在我国，1913 年北洋政府发布的《登记条例》中所规定的“民商事法律行为或事实，经登记后具有完全的公证力”是法律上对公证的最早引用，很明显这里的公证如同中人、见证人制度，更倾向于“证明”。几年前，我阅读了唐觉博士在《公证人之民事责任》中的译者序后，对“公证”（notary）一词的含义作了进一步考究，更加肯定了之前的设想——“notary”翻译作“公证”只不过是语言学上的一个误会。然而，两个本不甚相关的词语偶遇后还是随时间推移产生一些融合，也就是“公证”慢慢吸收了“notary”的部分内容，但其核心却仍旧保留了浓厚的“证明”意味，这从我国《公证法》对“公证”的定义可见一斑。

当然，经过公证人多年的探索努力，我国公证已经逐渐由传统简单、单一证明业务发展为综合性公证法律服务，为公证附加了很多延伸服务。然而，无论是传统公证还是新型公证综合法律服务，始终都离不开“公证”二字，始终充斥着对公权力的渴望，被框在“证明”枷锁中看不到法律服务市场的广袤无边。

在“去公证化”的今天，明信一手创建的公证综合法律服务似乎也不再是万能钥匙。未来公证在法律服务行业将扮演怎样的角色，将是一种怎样的被需要，甚至公证是否还会被需要。这些问题骤然变得紧迫起来。

回顾这些年社会的飞速发展，多少事物在经历热门后瞬时退出公众视野，人们来不及怀旧就又被新事物占满生活。曾经的“职业带路人”，任城管、交警怎么劝说、惩戒，总是屹立于市场刚需至上，但随着 GPS 的普及却很快沦为“没落行当”；曾经风靡一时的 VCD、DVD 让露天电影成为几代人儿时的回忆，但转眼间自己又被宽带网络所淘汰；智能手机在培养了一众低头族的同时，也让 MP3、闹钟甚至手电筒等失去了存在的必要；从北宋“交子”出现至今千年的历史中，纸币是社会生活中最不能缺少的东西，但移动支付的出现却将纸币连同信用卡一同打入冷宫。

说到底，除了时间与变化，没有什么是永恒的。公证的历史，追根溯源也不过 2000 多年，近现代拉丁公证制度的创建仅 200 余年，相比人类历史不过是沧海一瞬。我们所推崇的法国公证制度，近年来也遭遇了重大挑战。

所以说，与其在原地伤春悲秋，倒不如想想“去公证化”为何出现，今后之路当如何取舍。这也是我最近常常与同事探讨的问题。

其实，“去不去公证”是由社会发展所主导、由人民需求所决定的。如果说从记录到代书是一种合理的职能延伸，从代书到证明则更多的是一种行政要求，而非社会民众的真实诉求。曾经有人说，“养懒一个行政机关，就养活一个公证行业”，看似玩笑却是现实的写照，比如二手房交易公证曾经是许多公证机构业务版图上最大的一块。然而当行政机关实现由管理向服务的转变，原来一些“交出去的事”不仅可以收回来，还可以通过信息技术、诚信制度的推广而更加高效地完成。此时，公证机构的介入就变成了“出力不讨好”的营生。

在市场经济下，没有哪个产品可以凌驾于人民的需求之上，公证作为法律服务市场的一环，必然要接受服务对象的比较与审视。当“去公证化”成为不可逆的趋势时，倒不如顺势而为，尝试从民众角度、以未来视角去主动拥抱变化，让公证不再成为被“讨伐”的对象。

或许，“无证可证”才是社会文明进步的要求，才是公证发展的真正触底反弹之回力。

回到公证的本源，公证人是契约的起草者和执行监督者，在其职责扩展过程中，会计师、律师、税务师、法官、公共事务记录者等职能均有涉及。公证也并非从一开始就具有国家公权力，而正是因为公证在社会生活中发挥了必要的作用才进入国家治理层面。面对未来“无证可证”的可能，公证人何不回归本源，跳出公证框架，回到法律服务上来。

作为法律服务者，公证人能做的其实很多。可以是“当事人意思的辅佐者”，不仅从法律，而且应该更多地从社会、经济等方面增进当事人法律行为的可履行性；可以是“法律顾问”，接受当事人法律咨询，并提供合法有效的法律方案；还可以是“税法工作者”，从税务及法律上综合为当事人规避风险；也可以是“家事规划师”，为当事人规划家庭财产的保障与传承事务；更可以是“信托人”，为当事人保管资产、了却心愿。所以说，对“去公证化”持悲观态度是大可不必的，当真正放下公证身段之时，或可寻到另一片蓝海。

六、写在最后

中国公证在能力养成时期被赐予“法定公证”的护身符，一度成为“躺着赚钱”的行当。长期以来的慵懒造成了公证服务能力水平与社会民众期待之间的巨大差距。在“去公证化”的紧迫形势下，公证人必须摆脱对权力的迷恋，重走长征路，填补那些曾经缺失的经历。如此，在“无证可证”的山穷水尽之处，方能再次坐看风起云涌。

我是一个想法很多、有危机感，但也乐观的人，当公证人无法再以传统盖章证明手法走下去之时，成为中介企业的权证部门、充当律师的非讼事务协作者、深入司法助手和公务助手本职等，是我认为比较好的路径。在法无禁止领域大胆开拓，公证人定会抵达蓝海。

我与陕西省公证处的那些年

贺晓山*

1993 年 4 月 14 日，陕西省公证处诞生于公证体制改革大潮之中。这是陕西省第一家没有国家一分钱投入、白手起家、自收自支事业体制的公证处。我有幸成为这个公证处的第一任主任，与省公证处同呼吸共命运近 14 年。

1993 年 4 月，省司法厅领导找我，说省公证处主任人选定不下来，问我能不能去。我一口就答应了。这源于：一是我从没有以未接触过为理由而拒绝接受工作任务；二是在省司法厅办公室和法规处工作的几年中我对公证这个朝阳事业的大致概念；三是因为相比较省厅机关，我认为自己更适合事业单位。待省司法厅党组物色人员接了我在司法厅法规处的工作，1993 年 6 月 4 日我便开始了自己的公证之旅。

当时省司法厅公证管理处的同志为省公证处的成立付出许多，我去时已经有几位同志在租住的招待所开始办理业务，只是打印公证书要到省司法厅办公室，盖印章要到省司法厅公管处，很是辛苦。

作为自收自支事业单位，没了财政供养，就得自己解决工资和一切相关费用。购买设备没钱，每人凑点，只是杯水车薪。

---

* 陕西省公证处原主任。

通过关系，向一家信用社借了 10 万元，购买了电脑、打印机、复印机，给公证员配了传呼机。当时在司法厅引起不小的震动："这家伙竟然敢借 10 万元，而且两个礼拜就花完了！"

这种负债经营的做法不符合事业单位量入为出，有多少钱办多少事的原则；但公证处要起步，总得有开办经费吧，况且我们还"狂妄"自定标准：不干则已，要干就必须"高标准、高起点、高效率、创一流"。这就要逼迫自己借钱开局，负债经营了。负债经营与量入为出相比自有其优越性：可以破局，能将不能办的事办成；可以比后者提前先办成事，有利于最大化目标的快速实现，这是一种积极进取的经营风格。公证处从负债经营中尝到甜头，所以，开办后多年的扩大办公场所，增添和改善办公设备，配置通信器材，包括后来解决交通工具等，都是这样解决的。负债经营当然有风险有压力，但压力会变成动力，有动力就不怕事业不发展。这种良性循环显然是公证处"高标准、高起点、高效率、创一流"的催化剂。

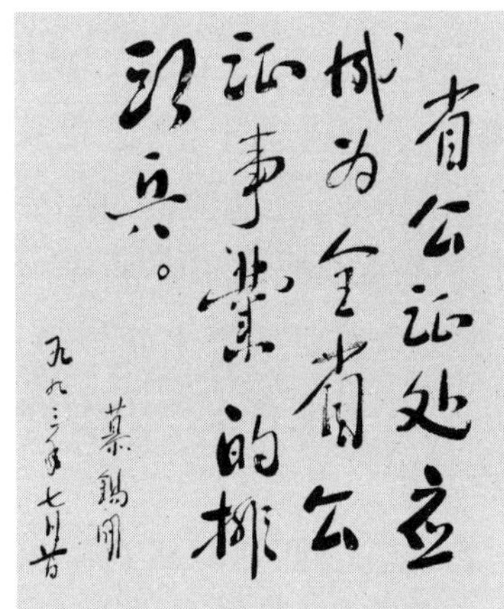

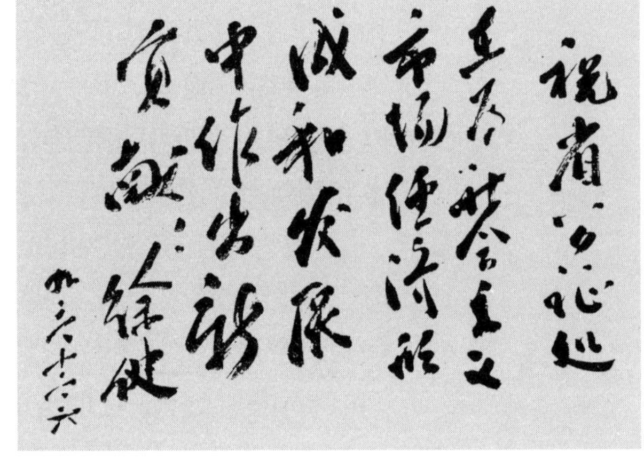

领导为陕西省公证处成立题词

当然负债也不敢盲目，必须控制在公证处发展状况的许可范围之内。开始公证处办公场所很简陋，在西安市西大街文化厅招待所租两间房。第二年也不敢太扩张，5 月搬到新城剧场院内，房子大点，房租还便宜点，办公条件仍差点：冬天取暖靠蜂窝煤炉，围着炉子说事是常态；夏天降温靠电风扇，只穿背心短裤还汗流浃背。我曾经的学生销售空调，实在看不过眼，索性将他们的样机搬来借我们使用。

第三年开始好转，搬进省科技馆，后来又搬进省物贸大厦B座，到2003年搬进省物贸大厦A座，面积越来越大，装修越来越气魄，办公环境宽敞明亮，舒适整洁，现代化办公硬件软件几乎应有尽有。那时的办公条件在西北地区绝对是一流的。全体员工感到自豪、舒心，领导、同行、当事人赞不绝口。

陕西省公证处公证工作人员

据统计，陕西省公证处从成立至2007年1月底，共办理各类公证13.6万余件。共收入8200余万元。审计部门在我的离任审计报告中这样评价："公证处自1993年成立，经多年运营，截至2007年1月31日，净资产达1085万元，其中固定资产393万元，创造了良好的社会效益和经济效益。"这期间，公证处还上缴各项税金190多万元，上缴省厅管理费560余万元。

这说明，省公证处按照自收自支事业体制运行，其财务管理经过预算外资金管理、收支两条线管理和经营性收费管理三阶段，都经受住了考验和锻炼，获得了改革试点的成功。

作为自收自支事业体制的试点，当然还有人事问题。省司法厅一开始就给省公证处下放人事权：除去占编人员必须经过省司法厅审查并办理相关手续外，聘用人员自行管理，无需向省司法厅备案。有省司法厅的支持和信任，公证处实行了全员聘用制：无论是占编人员还是非占编人员，一视同仁，合适就聘，不合适就不聘或解聘，不搞论资排辈，不看资历看能力，不看级别看贡献，形成能者上，庸者下，干者上，看者下的良性循环。这在当时叫引入竞争机制，打破"铁饭碗"，取消"大锅饭"，搬掉"铁交椅"。我们先后聘请了多位法学教授、离退休高级公证员指导和参与业务办理；聘请计算机高级工程师编写公证软件，建立和管理局域网；聘请高级会计师加强财务管理；聘请有实践经验的资深人员管理内务。这些优秀人才能够源源不断地争相进入公证处，与全员聘用不无关系。

在分配方面，省公证处实行生产要素参与分配的效益浮动工资制度。每个人的工资状况与其所在岗位、所承担的职责以及实际贡献紧紧相连，和公证处的整体效益紧紧相连，而且坚持向一线业务人员倾斜的原则，确保多劳多得，极大地调动了全体公证人员的工作热情。

任何一个单位要确保其不断发展壮大，没有制度规范是不行的。省公证处自成立即开始着手进行制度建设，竭力使公证处整个置于规范化、标准化、制度化的科学管理之中。至2006年底，公证处先后制定、修改、完善了数十项规章制度，囊括了从公证业务流程各环节的管理，人事管理、财务管理、网络管理、后勤行政管理、档案管理及学习、会议、考勤、奖惩管理等各个方面。这些制度的建立和实施，使公证处始终沿着科学、严谨的路子健康发展。

省公证处是自收自支的业务单位，日常工作要围绕规范、高效的公证业务进行。进入公证处前，我没有接触过公证业务。那时的信念就是在干中学，边干边学，尽快成为公证的行家里手，成为称职的内行领导。好歹同志们也挺帮我，向我提供所需的法律书籍，一些重要的条文还用红笔画出，提醒我注意。要知道，刚到公证处时与我共事的几位同志，或者是法律专业毕业，或者是从事公证管理多年，公证业务都比我资深的精英人物。当我第一次拒签公证文书要求改正时，承办公证员说我们一直都是这么办的。我说那你们就一直都是错的，必须改过来。最终，我严格规范的管理还是赢得了大家的认可和尊重。

我以前没有经过法律专业学习，因此，我非常尊重和重视经过法律专业学习的专家。我们聘请了西北政法学院的几位教授到公证处，一边参与公证业务办理，一边对我们进行理论辅导。这几位教授对促进省公证处初期的健康发展、对提升公证处的法律素养和整体形象起到重要作用。我们还先后聘请了西安市公证处离退休的几位老主任、高级公证员，老同志热爱公证事业，业务精湛，经验丰富，责任心强，他们的传帮带不仅使年轻同志尽快熟悉业务，他们的职业道德和敬业精神更是为公证处形成良好的作风和氛围奠定了坚实的基础。

司法部公证司领导到陕西省公证处调研

我自己则第一时间报名参加中国政法大学研究生院在西北政法学院

举办的第一期经济法研究生班的学习。上课时间多在晚上，我下班就往学校赶，听完课再回办公室审批公证文书。研究生班三个学年紧张充实的学习将我的知识和眼界都推向一个更新更开阔的高度。

省公证处的年轻人是当然的生力军。我们始终重视吸收优秀的年轻同志，鼓励年轻同志努力钻研业务，不断提高自己。十余年来，我们先后选派五十余人次参加各类业务培训，参加研究生班、本科班学习，参加英语强化、证券期货、计算机等培训。公证处尽可能给大家提供学习、培训进修的机会和经费，还购置大量业务书籍、资料，全处的学习钻研蔚成风气，业务素质有了令人瞩目的提高。

至今想来唯一愧疚的是我忽视业务职称的评定，总觉得与全国那些高水平的公证员比我们还相差很远，应当首先努力提高自己，评职称不着急。结果是延误和滞后了全处包括我自己的职称评定、升级。

一个单位如何凝聚人心，形成合力，形成强大的战斗力，这是一个永恒的命题，对于改革试点单位自然也是必须面对的。公证处年轻同志多，我们充分发挥党团支部、工会的作用，采取多种形式，生动活泼地开展思想政治工作。如组织到革命圣地延安、韶山参观学习，在宝塔山举行党员宣誓，在黄河壶口瀑布高唱《团结就是力量》，还利用节假日举办文艺演出，开展体育比赛等有益健康的集体活动。使公证处全体人员在思想上、政治上同党中央保持高度一致，使全处同志讲学习、讲政治、讲正气的风气日渐浓厚，集体主义、团结互助、忠于职守、爱岗敬业等好作风、好品质蔚然成风。我们明白，要搞好公证事业首先要做好公证人。我们要求每个同志要牢固树立正确的人生观、道德观和职业观，面对同行中的不正当竞争行为，我们率先倡导签订《西安地区公证行业自律公约》，要求公证人员必须严格遵守，做到宁可不办证，也不能不坚持原则。全处公证人员严格自律，以过硬的实际行动向同行、向社会树立起堂堂正正的公证人形象。

我们组织全体员工参加《我为公证作贡献》征文活动，旨在培养道德和情怀。我们对所有征文进行评比并以《感悟》为题汇编成册，再发给每个员工。通过认真撰写、严格评比、反复阅读，起到对全体员工调动思维、激发情感、增添友谊、挖掘潜能、提升正能量的作用。我任公证处主任至 2007

年1月,省公证处共有46名公证人员,他们努力工作,积极进取,勇于探索,充满青春活力和正能量。省公证处于2002年4月被司法部授予部级文明公证处,2004年5月被共青团中央授予青年文明号,几乎每年都被省司法厅、省公证员协会授予各种优秀、先进的称号,这些都证明我们这支队伍是优秀的、卓越的,做到了省司法厅厅长在1993年7月向公证处提出的要求:"省公证处应成为全省公证事业的排头兵。"

在这十余年中,省公证处办理了10余万件公证,为确保民商事活动的正常流转、为维护社会团结稳定起到重要作用。

陕西省公证处旧址

为"六六"空难160名遇难者的赔付办理公证,我们在长达一个多月的时间里,每天24小时不间断地向当事人解答咨询、调解矛盾,协调解决了近百件法律事务,办理了200多件公证书,事后无一例出现纠纷;在这一个多月的忙碌中,没有加班费,没有补助,还累病了几位同志。但大家觉得为安定团结做了有意义的事,值得。

在办理长岭股票发行公证中，我们及时发现并建议修改了股票发行中不适当的条款，确保股票发行正常进行。省政府领导说股票发行成功省公证处功不可没。

公证处还成功办理了诸如企业股份制改造、重大工程招投标、住房改革、企业解除职工劳动合同等涉及项目重大、与民众利益密切、人员众多的诸多公证事项。公证所到，宣讲法律，化解矛盾，稳定了社会，支持了国企改制和经济建设，受到各级领导和各有关方面的肯定与赞誉。

当然，对违反规定的公证事项，我们坚决予以拒证。比如当时炒得火热的"还本销售"，我们受理此项公证申请后及时向管理机关请示，根据司法部指示，在当事人不能提供经济担保的情况下予以拒证，有效维护了公证的信誉和形象。

在一次涉及国有资产转移的拍卖会上，公证员发现程序不规范，在建议无果的情况下立即中止公证程序退出现场。事后有关部门说，你们不顾省上领导在现场就退出，佩服。

一家上市公司的1亿元人民币贷款经省公证处公证，事后法定代表人携款外逃。公司以公证处未审查公司董事会议记录为由状告公证处，要求公证处赔偿损失。公证处复查卷宗后义正词严地答复该公司：公司法和该公司章程都没有规定巨额贷款必须经董事会议审定。公证处办理此项公证无任何不当。而在答复该公司的同时，公证处立即要求公证员办理此类公证时，必须审查公司章程，如果公司章程有巨额贷款须经董事会审定的规定，则必须索取和审查董事会记录。因为该公司在法定代表人携款外逃之后状告公证处之前，就在公司章程中增加了巨额贷款须经董事会审定的条款。

对同行工作中的失误，我们也认真研讨，从中吸取经验教训。2004年3月发生的"西安宝马彩票案"，是由彩票发行承包商串通多名各方相关人员造假欺骗的奇案，震惊了社会各界。由于某区公证员在行使公证监督权力中玩忽职守，未能及时发现和制止犯罪行为，受到法律惩处。事发后，我们引导大家在逐一认真自查的同时展开专题讨论，弄清问题所在，强化风险意识，同时进一步修改、细化、完善现场监督类公证的规范要求。

省公证处作为自收自支事业单位的体制改革无疑是成功的。全处同志都为之自豪、欣慰。但同时,大家也越来越深切地感觉到,自收自支事业体制对于公证事业的更好发展仍然具有局限性。比如,全体员工在没有财政投入的情况下,通过自我发展形成的积累划为国有资产,长期下去就会使法人财产制度徒有虚名,公证处不能够成为真正意义上的事业法人。这肯定会挫伤全体员工自我积累、持续发展的积极性。我们到厦门、南京、成都、杭州、包头多地考察合作制公证处,也与北京、上海、贵州、甘肃、青海等多地公证处进行研讨。在《公证法》讨论稿征求意见时,业内又出现了关于省市级公证处去留的种种说法。综合所有,经过大家积极认真的讨论研判,认为只有将省公证处由自收自支事业体制整体改为合作制,才是省公证处可持续发展的必由之路。

省司法厅党组非常重视我们的意见,专门成立了省公证处转制工作领导小组。在省司法厅党组和省公证处转制工作领导小组的领导和指挥下,省公证处开始紧张、严格、周密的转制工作。

2005 年 12 月 20 日,受省司法厅厅长赵英武委托,省司法厅副厅长、省公证处转制工作领导小组组长陈忠槐主持召开会议。专题研究了陕西省公证处由自收自支事业体制向合作制整体转制的有关事宜。会议经过认真研究讨论,一致同意省公证处提交的《关于陕西省公证处转制工作情况的报告》《陕西省公证处章程》《陕西省公证处合作人出资协议》。会议认为,省公证处按照陕西省司法厅党组关于"同意陕西省公证处由自收自支事业体制整体转为合作制的决定",严格执行省公证处转制工作领导小组审定并报经厅党组会议同意的《陕西省公证处转制方案》,精心组织,认真实施,顺利完成了由自收自支事业体制向合作体制的整体转制工作。在转制过程中,确保了工作不断、秩序不乱、队伍不散、国有资产不流失,而且通过整体转制促进了省公证处全体同志的团结,增强了大家的责任感、荣誉感和使命感,为今后的工作开展奠定了重要基础。会议要求,省公证处在今后合作制的运行中要更加努力开拓业务领域,大胆探索新的管理模式,不断提升管理水平,为构建社会主义和谐社会和建设"平安陕西"提供优质高效的公证法律服务和保障。

2006 年 3 月 20 日，省公证处经省司法厅批准、司法部核准，更名为“陕西省西安市汉唐公证处”并向司法部办理了备案手续。

2006 年 3 月 30 日至 4 月 18 日，省审计厅对公证处审计，审计报告称：“原省公证处能执行国家的财经法规，内控制度比较健全，财务收支真实合法，财务管理基本规范。在国家未投入资金的情况下，转制完成后应上缴国有资产 127 万元，实现了国有资产的保值增值。转制工作实现了平稳过渡。”

然而，就在省公证处踌躇满志地按照合作制改革前行时，省司法厅发生戏剧性转变。

2006 年下半年，在新任省司法厅厅长主持下，省司法厅以执行司法部意见和要求为由，要求省公证处恢复原自收自支事业体制，并派工作组进驻公证处。

陕西省公证处公证人员会议

当意识到所面临的观念思维差距，远远超出自己耐受力的极限时，我辞去公证处主任职务。至此，我在陕西省公证处主任岗位履职共 13 年 5 个月。这时，距离我到退休年龄还有一年多时间。

在近 14 年的时间里，我庆幸能与省公证处全体同志相依相伴，共同克服艰难，一起努力开拓。我们出色完成了改革试点的重要任务，为公证事业的可持续发展作出贡献。我感谢所有支持帮助过我的领导、同志和朋友,感谢给予热情无私援助的各位同行兄弟姐妹,感谢十多年始终如一地给我以信任和拥戴的公证处的同志们。

省公证处成立十周年时,我曾经写过一篇《十年砺炼悟》,刊登在《中国司法》杂志上。那个“砺炼”是我生造的,正常的应当是“历练”。但当时觉得“历练”不足以表达我的真实感受,就硬弄了个“砺炼”。现在重读这篇短文,其景其情其感悟依然如斯。其中一段这样说:“十年的辛勤劳作,十年的酸甜苦辣与省公证处十年的发展融为一体,砺炼了我的意志和品格,升华了我的精神。我感谢十年的公证生涯所给予我的一切。我庆幸我成为这并不是很多人都可以成为的动机与效果统一,主观与客观结合的组织者、参与者和获得者。我的人生价值和意义得以体现,我也因此而充实、富足。”

《十年砺炼悟》说到回忆。现今我退休十年了依然如是:人们常常都在回忆,在回忆中感悟更多的人生哲理,从中得到启迪,得到更成熟的坚强。

我常常回忆过去的辉煌,不断从中获取信心和力量。尤其是喜欢回忆过去走过的战斗岁月,回忆如何在拥挤狭小简陋、夏不避暑、冬难御寒的办公环境中,我们这些创业者艰苦、紧张、团结、奋发地工作情景;回忆我们如何废寝忘食地学习钻研,如何激烈执着地争论探讨;回忆我们在办理“六六”空难等重大公证事项时,不分昼夜,废寝忘食,不顾病痛,倾注了全部身心健康的忘我工作;回忆我们在加班加点的紧张工作之余,积聚在夜市吃烤肉喝啤酒,击节欢唱的酣畅淋漓场面;回忆我们自编自演文艺节目庆祝公证处自己的生日……值得回忆的事情太多了,哪一件回忆都体现了我们这些创业者的执着追求,体现了我们为之奋力拼搏的人生观念和价值趋向;哪一件回忆都值得我们自豪,都值得我们欣慰,都值得我们淋漓尽致地欢乐!

我也常常回忆那来自各方面的关怀和帮助。领导和各有关方面的关心、理解和支持无疑是最难忘的。在改革的道路上,风险与机遇同在,失败与成功共存,我们的改革总是交织在发展与罪错的边沿。你的功劳,常常同时又会被另一些人称之为错误;你的符合潮流、时代,符合改革需求的做法常会被称之为无政策依据,而被用已经显然过时但尚未被废止的红头文件定性为违纪违法。这种由我们自己的观念转变迟缓引发的政策滞后、摇摆和不配套,从而给我们自己设置的障碍不能不是我们的悲哀,不能不使我们付出更多更沉重的代价。在这种情况下,领导和各有关方面的理解和支持的确起着力挽狂澜,起死回生的作用。

从事公证10年的回忆如此,从事公证14年的回忆也如此。只是后者会更深沉更广泛一些,总体而言有富足有遗憾。但欣慰的是,我以有限的时间和能力,已经倾其所有于省公证处的体制改革和事业发展了。我努力了,我尽力了,我无悔了。

2018年,陕西省公证处(现称“陕西省西安市汉唐公证处”)终于实现了由自收自支事业体制整体向合作制的转制。这个转制姗姗来迟了10余年,但毕竟是转制了,前行了,值得庆贺。公证事业在发展,10余年前的观念思维到今天也在发展变化,一切都在发展变化,前方的路还很长很长。公证体制改革远未结束,公证体制改革仍在路上。

我真诚祝愿陕西省公证处,今天的汉唐公证处健康发展,蒸蒸日上;真诚祝愿陕西乃至全国的公证事业健康发展,不断壮大;祝愿中国公证人真正成为书写法律的人。

青海省公证工作改革开放四十年发展回顾

王红英*

改革开放四十年来，特别是我国《公证法》颁布实施后，青海省公证工作取得了长足的发展。全省公证机构和广大公证员紧紧围绕党委政府中心工作，自觉服务大局，改进服务方式，及时主动跟进，努力巩固和拓展服务领域，充分发挥了公证机构服务、沟通、证明、监督的作用。

一、加强公证机构队伍建设，确保公证工作正常运转

（一）公证机构建设

青海省公证机构于20世纪80年代，根据司法部《关于公证处的设置和管理体制的通知》（1980年3月）规定，逐步恢复了公证处建制："在市、县设公证处，暂不设公证处的由市、县人民法院附设公证员办理公证。"从此，全省公证工作开始走出低谷，逐步得到恢复与发展，工作逐渐开展，机构逐渐恢复组建。1980年5月23日，经省人民政府批准，省司法厅设立公证律师管理处，至此省法院将公证业务和公证管理人员移交到省司法厅。青海省人民政府第26次常务会通过了司法厅《关于成立西宁市公证处的报告》（1980年11月），决定成立西宁市公证处，编制6人，县级建制，由青海省司法厅代

---

* 青海省司法厅公证管理处原副处长、青海省公证处主任。

管。1981 年，西宁市公证处恢复成立，11 月 18 日，省司法厅直接管理西宁市公证处。1982 年 7 月 1 日，根据青海省人民政府第 96 次常务会精神，省司法厅将西宁市公证处整体移交西宁市人民政府管理，由西宁市司法局领导，县级级职。同年被撤销的湟源、大通、乐都、民和、化隆、贵德等县 6 家公证处陆续恢复成立。到年底，全省县(区)司法科均设公证处。至此全省县一级均设立了公证处。为了强化公证工作管理，1984 年 12 月 7 日，司法厅将公证律师管理处分设为公证管理处和律师管理处。进一步明确了公证管理处的职能，即负责指导和管理全省公证业务工作。当时，根据青海省政法委、省委组织部、省劳动人事厅、省财政厅、省编委联合行文《关于各州地市县司法行政系统 1985 年底编制数的分配方案》(青政法〔1984〕46 号)文件精神，全省公证员编制 117 人，公证员全部为行政编制。随之根据省劳动人事厅、省财政厅、省编委、省司法厅再次联合行文《关于我省律师、公证员编制和有关经费问题的联合通知》(1986 年 9 月 26 日)文件精神，

作者(右)与法国公证人助理交流合影

全省公证员编制在原有的基础上增加15人。至此,全省各县都有了公证处和公证员指标。为更进一步指导全省公证业务的发展,青海省司法厅根据青海省编制委员会下发《关于设立青海省公证处机构问题的批复》(青编发〔1986〕第190号)文件精神,组建设立了青海省公证处,隶属司法厅领导,编制2名。2007年,根据《公证法》和司法部公证机构改革的精神以及省厅"稳妥地做好公证机构设置和布局调整"要求,组织实施了《青海省公证机构总体设置布局调整规划》、《青海省公证机构调整方案》和《青海省设区市公证机构调整方案》,积极稳妥推进了青海省公证机构的调整工作。经过资产评估、确认、处置、变更登记等法定程序,完成了青海省两个州级公证处和四个区级公证处撤销工作,完成了对青海省恒源公证处整体移交给西宁市。同年4月1日,省司法厅将青海省恒源公证处整体移交西宁市政府,由西宁市司法局接受并管理。西宁市被撤销的四区公证处公证员除根据本人申请,留原区司法局工作外,其余全部归入西宁市恒源公证处。1991年,青海省职称改革领导小组下发了《关于成立公证律师系列职称改革领导小组的批复》,使公证律师职称评定工作走向了正规化和专业化。省司法厅随即调整成立了"青海省公证律师系列职称改革领导小组",为职称管理工作打下了基础。公证员职称评定工作迈入了正常轨道。

(二)公证业务建设

青海公证工作紧紧围绕"政治坚定、业务精通、恪守诚信、维护正义"的总目标,狠抓公证队伍建设,公证员的政治业务等素质有了很大提高。多年来,青海公证管理部门对公证员业务能力的提高充分研究分析,确定采取走出去、请进来等多种形式加强公证业培训,提升公证员业务素质。

一是深入推进全省公证岗位训练和公证队伍教育树形象活动。根据活动实施办法,成立了领导小组,对全省公证行业开展岗位训练和公证队伍教育树形象活动进行了组织、实施、培训和检查督导工作。组织全省公证人员参加司法部统一命题的公证岗位培训考试,取得了良好的成绩,合格率为95%以上。通过活动的开展,公证行业的管理水平进一步提升,公证员的政治、业务素质有所提高,职业道德和执业纪律进一步增强,活动取得了明显成效。

二是组织公证员认真开展公证行业服务和谐社会主题实践活动。根据省司法厅《法律服务和法律援助工作为构建社会主义和谐社会服务主题实践活动的实施方案》，出台了公证行业主题实践活动意见。明确了学习讨论的7项内容，提出了6条10项具体措施，确定了要开展的4条10项工作建设活动。同时，进一步明确了主题实践活动的指导思想、目标任务和方法步骤，切实增强了工作责任感和历史使命感。活动中，始终围绕党委、政府的中心工作提供优质高效的法律服务。

三是组织公证员到省外开展学习交流活动。其中在天津、浙江、上海等地开展专项集中学习6期，每期学习20天左右，受训公证员及公证管理干部达300多人(次)；邀请西部讲师团成员和有关省份资深公证员及本省的法学专家、教授及公证业务骨干讲课，共培训公证人员和管理干部600多人(次)。

四是为缓解全省公证员短缺的问题，省司法厅对省内藏区公证员不足的问题特别关注，专门为藏区举办了为期两个月的首批牧区执业公证员和公证辅助人员培训班。西部藏区近100名公证员和公证辅助人员参加了

全国公证员岗位示范培训

培训。经考核考试,批准特许执业公证员 29 名,并在公证员的指导下从事公证业务辅助工作,缓解了全省公证员短缺的困难,填补了青海省牧区 11 个县多年没有公证员的空白。

五是及时组织公证员参加司法部、中国公证协会组织的各项培训,其中在全省涉外公证员短缺的情况下,选送 2 名公证员参加首期英语培训班。参加国外考察学习 5 次 6 人,为涉外公证业务打下坚实的基础,也为鼓励公证员参加学历教育打下外语基础。通过各种培训学习,全省公证员业务素质进一步提高,对西部大开发、青海大发展中遇到的公证领域的新问题、疑难问题得以应对,同时也扩大了基层公证员视野,增强了办证能力,对提高公证业务素质起到积极作用。

六是在司法部贯彻落实《公证法》第 19 条规定中,青海省选派了 64 名公证辅助人员参加了中国公证协会组织的公证员资格取得培训班。此次培训得到了北京市公证协会的大力支持和帮助。时任北京市公证协会秘书长王士刚了解到,青海省部分藏区公证辅助人员取得公证员资格的培训经费困难的情况后,经研究确定将 3 万元培训费直接转到培训基地,保障了青海省西部藏区学员顺利进行培训。这次参加培训的大部分都是青海西部藏区的公证辅助人员,大多未出过青海大门,还有一位刚满月的藏族妈妈带着婴儿去参加学习。中国公证协会培训部负责人张雪松、樊江宁得知后,积极想办法,热情帮助这些没出过远门的学员,当青海 64 名公证员到达北京西客站时,接学员们的大巴车已经等待,在住宿安排中还特意为怀抱婴儿的学员一家安排了单独住房,使学员们感到了北京的温暖。

七是在中国公证协会的倡议和支持下,青海省认真履行对口支援,并非常珍惜上级提供的学习机会,积极与浙江省公证协会、上海市公证协会结成对口支援帮扶对象。几年中,浙江省公证协会共为青海省免费培训公证人员及管理干部 120 多人,为青海省 40 多家公证处捐助了价值 20 多万元的笔记本电脑、31 部一体机,为 96 名公证员制作了公证服。在上海公证协会的大力帮助和支持下,青海省两次组织 36 名公证管理干部、业务骨干在上海免费进行了为期 20 天的培训学习。上海公证协会精心组织安排,不仅抽调上海公证精英为青海公证员授课,还安排公证员到上海各区公证处进行一对一的带班辅导。而且对青海公证员在上海的生活进行了细致的安排和无微不至的关怀，使公证员们备受感动。

八是组织参与中国公证协会青年公证工作委员会在重庆市举办的《科学发展 公证为民》主题演讲会。青海省公证协会第一次选派了 2 名藏族女公证员参加了演讲。两位藏族公证员孔侃卓、杨秀芬在演讲会上发挥出色、表现突出，演讲内容丰富，宣传了高海拔艰苦地区公证员忘我、奉献的精神，二人荣获个人优胜奖，省公证协会荣获优秀团队奖。

九是大力开展对外交流活动。我国香港中国委托公证人协会“青海访问团”来青海之际，开展了香港与内地法律制度、公证业发展现状的座谈交流，举办了“香港法律制度及个人资料保障制度”讲座，签订了双方合作交流协议。期间，访问了青海省公证员协会，参观了青海省公证处和西宁市公证处。应我国台湾地区台北公证人工会的邀请，由省公证协会会长王小民任团长的青海省公证协会代表团一行 12 人，赴台湾地区进行了为期一周的公证业务考察交流活动。考察期间，代表团先后访问了高雄公证人公会、台中公证人公会，参访了台湾地区士林地方法院公证

考察法国高等法院并与大法官合影，右二为作者

处和台北公证人公会。并与台湾地区士林地方法院公证处和台北公证联合事务所的民间公证人等就我国台湾地区和大陆公证制度和业务进行了友好交流和座谈。在听取台湾地区公证制度等情况介绍后,王小民团长代表考察团就大陆公证法律制度作了简介,同时也回答了对方提出的相关大陆公证制度和业务体系等问题。该次交流考察活动时间虽短,但内容丰富,形式多样,收获颇多。

新时期青海公证工作发展作出新的思路和工作建议。青海公证工作要上新的台阶,要更进一步开拓进取,才能满足社会的需求。因此,一要更新理念,创新发展。创新发展是做好公证事业的先决条件。必须解放思想,抢抓机遇,整合资源,调动办证潜能和力量。继续注重改革导向作用,加快改革工作步伐,并摆上议事日程,制定促进公证事业创新发展的总体规划和思路。青海省公证体制,特别是基层公证处体制模式大相径庭,行政体制和事业体制并存,事业体制中还有差额与全额之分,在人财物和绩效奖励等方面没有自主权,要确立改革思路。二要深化改革,完善体制机制。完善独立法人地位是公证事业深入发展的必然要求,必须落实责任,明确目标,挖掘潜力,激活团队精神。规范全省基层公证处体制模式,确立公证处的法人地位,保障合法的法人自主权。三要改善环境。青海省大多公证处没有统一的公证信息应运软件;全省没有公证信息网络平台和局域网,与房产、银行、公安、民政等相关部门的协调及网络不畅,影响了公证信息共享。加强信息化建设是公证事业发展的基础,公证工作更好服务经济社会发展,必须注重信息化、数字化、自动化,解决手工作坊式办证旧模式,加快全省公证公众信息网平台建设,研究与工商、民政、公安、房地产等部门联网;分年度帮助基层公证处研发和使用公证业务自动化管理系统,并建立局域网。四要拓展公证证源。青海省基层很多公证处证源仍然是老路子、老渠道,缺乏对外协调、拓展证源的机制和人员,依然坐等办证,加之很多部门的相关规定逐渐淡化对公证的要求,浪费了公证资源,也影响了公证地位。因此,扩大宣传是公证事业发展的必由之路,要群策群力,加强沟通,重视协作,不断拓展公证业务领域宣传力度。在积极做好现有证源的基础上,强化宣传,与金融、担保、证券等部门和企业建立沟通协作机制。

二、围绕中心、服务大局，认真履行公证职能服务民生工作

青海省公证管理部门多年来积极引导广大公证员为全省体制改革、招商引资、金融证券、社会主义新农村建设等提供公证法律服务。1982 年至 1990 年，青海省公证工作根据《公证暂行条例》规定，积极开展各类公证业务，为公民、社会团体及企事业单位服务，公证范围不断扩大，业务不断上升。

一是青海省司法厅分别与中国农业银行青海省分行、中国建设银行青海省分行、中国工商银行青海省分行联合下发了《关于借款合同实行公证的通知》；与青海省高级人民法院联合下发了《关于公证机关赋予有强制执行效力的债权文书执行案件管辖及其程序的通知》；与青海省财政厅联合下发了《关于公证费使用和公证费管理暂行办法的通知》等。在当时，对拓展公证业务、保证公证证源、维护当事人的合法权益起到积极作用。紧密抓住省委、省政府大力加强三江源自然生态保护区建设的有利时机，经与省发改委、青海省三江源办公室协调，起草并联合印发了《关于三江源生态保护和建设总体规划项目招、投标及合同公证的通知》，对三江源自然生态保护区保护项目规范运行起到积极的促进作用。努力把改善和保障民生作为公证服务的出发点和落脚点。指导各地公证机构积极参与法律服务团，为党委、政府提供服务。

二是根据青海省司法厅《关于进一步做好律师公证员参与人民调解工作的意见》，组织公证人员参与人民调解工作，大力推进公证服务向基层延伸。引导公证行业进社区、进乡村，参与基层矛盾排查化解，维护基层社会和谐稳定。督导各地公证机构开展与社区“结对子”活动，当时有 27 家公证处的公证员与 20 家基层社区、乡村司法所签订了“结对子”协议；发扬公证工作为建设社会主义新农村服务的精神，积极引导、鼓励公证人员为建设社会主义新农村提供优质高效的法律服务。

三是引导公证行业认真执行省司法厅出台的《公证便民利民十二项措施》。对低收入家庭、下岗失业人员、老弱病残人员提供上门服务和减、免公证费等服务工作。维护了公民的合法权益，预防和化解了基层社会矛盾,为保障和改善民生、维护社会和谐稳定作出积极贡献。

四是在业务质量管理中,在严格管理公证工作的基础上,为公证工作的发展不断采取有效的措施。省司法厅出台《关于办理有奖有息储蓄开奖公证及注意的几个问题》(1988 年 5 月 13 日)、《关于印发办理借款合同等五项公证事项的实行办法的通知》(1989 年 12 月)等。该通知包括办理借款合同、建筑工程承包合同、企业承包经营合同、小型企业租赁经营合同和企业租赁承包招招投标公证实行办法。这几项办法的出台,不仅及时指导了当地公证业务工作,还得到企事业单位和广大群众的欢迎和好评。

五是为保证公证业务的健康发展,确保公证质量,每年组织进行公证质量大检查和公证业务评比及经验交流工作,对强化业务能力、提高公证质量起到重要作用,保证了青海公证工作的健康发展。1996 年,国内公证业务领域不断拓宽。西宁市城中区公证处成功办理了西宁地区首次冷饮摊点竞卖、首家不同性质的企业兼并的公证;青海省公证处为同仁铝业股份有限责任公司股票发行、青海明胶股份有限责任公司创立等提供了公证服务。全省在房屋买卖、贷款、企业租赁承包方面的公证业务大幅增长。

六是为西部大开发提供更好地公证服务,在青海省司法厅指导下,省律师协会与省公证协会在西宁市组织承办了“律师公证员西部大开发法律服务座谈会”,西宁地区的 40 名律师、公证员参加了研讨会,探讨在西部大开发新形势下,青海省法律服务工作的新思路、新任务。同年参与了由青海省委组织部、省委宣传部、省经济贸易委员会、省财政厅、省司法厅联合在西宁召开的《企业家与律师、公证员西部大开发座谈会》。省委、省人大、省政府、省政协领导出席了会议,副省长刘光和作了重要讲话。时任司法部副部长段正坤对召开这次座谈会给予了高度评价。全省 24 家国有大中型企业和民营企业管理者参加了座谈会,西宁市区 6 家公证处的公证员参加了座谈会。座谈会就青海省法律服务行业在西部大开发中所面临的法律问题和法律事务、青海省企业在西部大开发中对法律服务的要求以及律师公证工作在西部大开发中如何为企业提供优质高效和全方位法律服务等方面进行了研讨。至此，确定了今后全省的公证工作以服务经济建设为中心，围绕经济工作热点难点问题，快捷有效优质地为国有大中型企业改革提供法律服务为金融市场服务，为农村、牧区的经济发展服务的方向。西宁市公证处首次为西宁清真食品厂等6家国有商贸企业资产重组提供法律服务，为4家拍卖企业现场公证。以青海省公证处为主，各地公证部门为当地企业改制服务，对下岗安置、下岗再就业等工作上门服务，办理公证，突破了过去的单一开具证明的形式，结合办证，全面开展了为公民、企事业单位和社会提供法治宣传、法律咨询、修改法律文书等整体性服务，公证工作上了新台阶，并得到社会各界的赞赏。公证业务逐年上升，从20世纪80年代起步的300多件，上升到目前的2万多件，公证收费从20世纪80年代起步的几万元，到目前的千万元。

三、加强行业管理、规范执业行为

为规范行业管理，提高办证质量，强化公证质量监督管理，青海省司法厅根据《公证法》及有关规章，先后制定了《严格公证程序、规范执业行为的实施意见》《公证处负责人谈话提醒制度》《从我省实际出发、因地制宜地发展民族地区执业律师、执业公证员队伍的意见》《青海省公证质量管理办法》《关于加强现场监督类公证事项质量管理的通知》等文件，使公证质量管理工作得到进一步规范。结合全省公证机构办理公证抵押登记中反映出来的问题，制定了《关于全省公证机构办理抵押登记有关信息备案查询问题的通知》，并专门设定了统一的《抵押登记证书》，从制度上避免了出现重复抵押的现象。对进一步规范和加强现场监督类公证，并预防和纠正可能发生和存在的问题提出了明确指导意见。1990年5月15日，青海省司法厅制定下发《青海省公证人员守则》，对公证员的管理工作打下良好的基础，加强了公证员的法治观念和廉政建设，提高了公证员防腐拒变的能力。之后，青海省司法厅将1980年7月至1990年5月国家有关法律、法规和司法部、最高人民法院、青海省司法厅等部门下发的有关公证工作的司法解释、规定、文件等整理汇编为《公证工作手册》，印发到全省司法行政机关和公证处，方便公证员参考学习并执行。

青海公证协会质量检查交流

为进一步推进全省公证行业规范化建设,2009 年,省司法厅组织开展了公证机构规范化建设年活动,从规范公证服务秩序、规范办证程序、规范公证收费、规范公证档案管理等四个方面入手,对全省公证处安排部署,指导建规立章,检查验收等方法步骤,使各地公证处的规范建设取得了很大成效。为进一步落实《公证法》《公证程序规则》,修改完善了《青海省司法厅公证质量检查标准(试行)》。并且每年对全省公证质量情况进行全面专项检查。采取调卷检查和现场抽查的方法,对查出的问题及时在全省进行通报,督促限期整改。通过专项检查,各地的公证质量意识明显增强,公证质量普遍提高。1997 年,青海省司法厅依据国家计委、司法部《公证服务收费管理办法》的精神,在各地逐项提出收费方案的基础上,提出并经省价格部门批准,针对公证收费标准在实施过程中出现的问题,省司法厅会同省财政厅、省物价局下发了《关于认真做好公证收费管理工作的通知》,

制定了《青海省公证服务收费标准》，使公证服务收费管理制度化。省司法厅为了加强对公证处的管理、促进公证事业的发展，根据《公证暂行条例》，制定了《公证处主任负责制暂行办法》。该办法共16条。对公证处主任任职条件、产生方式、主要职责、职权、奖励、处罚、任职年限等作出明确规定。为了加大对全省公证工作的管理力度，制定了《关于对全省公证工作实行目标考核的通知》《关于积极为国有小型企业提供公证服务的通知》《关于创建省级文明公证处实施办法》《关于办理土地(草场)延期承包合同公证的通知》《青海省司法厅关于律师公证为社会主义新农村建设服务的指导意见》《青海省公证法律服务便民利民措施》，组织20家公证处与25个农村、社区签订法律顾问协议。一系列的规章制度，规范了管理，解决了问题，指导了业务，保证了全省公证机构积极为社会、为企业改制提供优质高效的法律服务。

四、加强诚信建设，维护公证工作公信力

公证制度作为一项重要的信用保障法律制度，是社会信用体系的重要组成部分，其本质是代表国家对自由经济、民事活动进行适当干预，确保各类经济、民事主体保持诚信，确保各种经济、民事活动真实、合法、公平、公正，避免和减少风险，确保合作、交易安全，并为依法进行各种经济、民事活动和解决各类纠纷提供强有力的法律保障和真实可靠的证据。诚信是公证最大的价值所在，是公证存在和发展的基础，也是公证在社会信用建设中发挥作用的基本前提。特别是公证行业是以公信力为生存依托的职业，因此，提高公证诚信力是公证事业发展的保障。根据上级的要求，2009年在青海司法行政网上建立诚信档案，对全省的公证机构和公证员的名称、业绩、诚信等向社会进行了公开，既有利于社会对公证员的监督，又对社会宣传了公证的诚信度，使社会对公证员及公证机构有了进一步认识。诚信档案的建立，便于行业接受群众和司法行政部门的监督，同时，进一步督促公证机构和公证员依法履行职责，依法执业，严格恪守执业道德和职业纪律。几年来，紧紧围绕诚信建设，做了大量工作。强化了诚信意识，加强了职业道德建设。认真查处投诉案件，坚持有错必究的原则，在处理投诉申诉工作中，做到了及时、依法、公平、公正、透明,近年来几乎没有公证投诉情况,仅受理的三起投诉均已处理得到当事人的满意,有力地维护了当事人和公证员的合法权益。

五、积极开展公证宣传,不断提高公证知名度和社会影响力

《公证法》颁布后,青海省司法厅及时下发青海省司法厅《关于学习宣传贯彻中华人民共和国公证法的通知》,在全省公证行业掀起了学习宣传、贯彻落实《公证法》活动高潮,并适时开展了各种形式多样的宣传活动。

一是在《公证法》颁布实施之日和每周年纪念日,组织全省各州、地、市公证管理部门和公证员在当地商业区、广场等人员流量大的场所开展《公证法》宣传和公证咨询活动。

二是在司法厅的组织下参与农民工"维权月"活动,启动仪式当天,西宁地区全体公证员和公证管理干部在西宁市中心广场举行了集中大型宣传活动。各州、地、市司法行政部门按照省厅统一部署,于相应时间组织当地公证员和公证管理干部,开展了多种形式的农民工维权和《公证法》宣传活动。

三是各级司法行政部门和公证机构,按照"贴近事实、贴近生活、贴近群众"的要求,充分运用广播电视、报刊、橱窗等媒体,大力开展宣传活动,并利用走街道、进社区的形式向群众发放宣传资料,讲解法律、政策,深受群众欢迎,并以报刊为载体,突出公证业务宣传和拓展。2008 年 6 月至 2009 年 5 月,省公证协会在《青海法制报》设立"公证园地"专栏,通过宣传公证知识、公证典型案例和公证人物先进事迹等方式,大力弘扬公证文化。同时采取一事一发的方式,将每一项公证工作的信息发在青海司法行政网和"青海日报"等媒体上,并加强与新闻媒体的联系,为大力开展宣传公证业务打下了基础。通过新闻媒体宣传,有效提高了广大群众的公证法律意识,使社会更加了解《公证法》的基本内容、公证职能和公证文书的法律效力,使公证服务于青海经济建设和社会和谐发展的作用得到有效发挥。

四是组织、指导公证员进行公证业务研讨和公证理论研究。积极组织公证员参与西部公证业务研讨会,近几年在西部公证研讨会上发表论文 20 多篇,在《青海律师》上发表论文 10 多篇,在《中国公证》上发表论文 6 篇。

2005 年 7 月，在青海省承办司法部、中国公证协会“西部公证研讨会”“西部公证风采行”工作中，圆满完成了协办任务，及时编发了《中国西部公证工作研讨会论文汇编》。开展这些活动，有力宣传了公证，促进了东西部公证机构的交流与合作。同时以加强行风建设为主线，形成立体化新闻宣传氛围，就 2010 年在各类报刊媒体刊登文章 15 篇，编发信息简报 36 条。

五是认真做好公证先进典型的总结、表彰工作，展现了新时期公证员的良好形象和精神风貌。制定了“青海省文明公证处评选办法”“青海省优秀公证员评选办法”。近几年，涌现出了一大批先进优秀公证员和文明公证处等先进集体。其中，西宁市大通县公证处、海东地区平安县公证处、原西宁市公证处、原青海省公证处分别获得全国文明单位，1 名公证员获全国十佳公证员，3 名公证员分别获全国优秀公证员等荣誉称号。评选出西宁市恒源公证处等 24 家优秀公证处和 38 名优秀公证员，颁发了全省“文明公证处”“先进集体”“优秀公证员”等荣奖牌和荣誉证书。青海省公证协会通过中国社会组织三 A 级单位认证，被青海省民政厅授予“中国社会组织评估三 A”等级单位。省民政厅于 2008 年 7 月开始，逐步对全省 507 个新社会组织进行评估试点工作。青海省公证协会被列为第一批评估单位，通过对协会机构建设、政治建设、组织管理、内部运作、发挥职能、工作成效等方面的考核，并经过自评、评估专家小组考察初评、评估委员会审核终评，最后在全省确定了 3 个四 A 级单位和 15 个三 A 级单位。青海省公证协会取得“中国社会组织三 A”级单位，并受到表彰。

六、积极参与公益援助活动，强化公证的社会知名度

2008 年“5·12”汶川地震后，青海省公证协会向全省公证行业及时发出“倡议书”，号召全省公证机构和公证员向灾区捐款，体现公证行业为社会承担责任，为灾区分忧的高尚风貌。全体公证人员向汶川灾区捐款 66890 元，缴纳特殊党费 2 万余元。特别是协会领导得知果洛州久治县公证处公证员徐健的家遭受地震灾害的情况后，在第一时间组织了全体公证员为受灾公证员捐款倡议活动，参会公证员积极参与，踊跃援助，共捐款 6470 余元。通过这些爱心活动，感化了人心、强化了全行业的凝聚力，为进一步开展公证工作打下了坚实的群众基础。在青海玉树发生强烈地震后,省司法厅及时开展抗震救灾工作,省公证协会及时提出为灾区服务的请示,得到了律管处领导的认可并推进,当下组织省法律服务团,持续不断地在玉树进行法律服务工作,在地震发生后的两年里,共派出15批(次)共20名公证员赴灾区开展法律服务。法律服务团成员克服高寒缺氧、条件艰苦、语言不通等困难,发扬冲锋陷阵、吃苦耐劳、不怕困难、忘我工作、无私奉献的精神,得到司法部、各级党委政府和广大干部群众的好评,彰显了法律服务队伍的良好形象。法律服务团自成立以来,省公证管理部门和公证协会及时召开座谈会,认真分析灾区公证服务工作面临的形势和任务,充分掌握应对准备工作,并有针对性地进行了专门培训。同时,围绕法律服务团三项任务,结合灾区实际,创新法律服务的有效途径、方式和内容,根据省司法厅制发的相关指导意见,制定了法律服务团规则,积极主动的引导公证员开展矛盾纠纷排查化解等工作,针对灾后各类矛盾凸显的实际,还成立了由州政法委牵头的灾后矛盾化解中心,为灾区抗震救灾和恢复重建的顺利推进发挥了重要作用。在玉树抗震救灾工作中公证服务为

青海省藏区公证员培训

玉树“地震灾区党委、政府在重建工作中提供法律服务，为灾后重建项目工作提供法律服务，为广大受灾群众提供相关法律服务”的三项职能到了充分发挥。

通过对灾区提供公证法律服务的工作，青海省司法厅党委对省西部藏区的公证工作非常重视，省司法厅党委对此进行了调研，针对6个自治州，当地条件艰苦，高寒缺氧，平均海拔3800米以上，公证结构和公证队伍逐年萎缩，尤其2014年之前几年，8家公证处无人，8家公证处只有1人坚守岗位但不能执业的情况，及时下发了青海省司法厅《关于印发西宁等地区律师事务所、公证处与偏远地区“无人所（处）”开展法律帮扶“结对子”工作的实施方案的通知》。根据通知精神，省司法厅公证管理部门和省公证协会及时落实开展了组织工作，及时抽调了省里条件好、业务素质高的公证机构和公证员，积极开展对贫困地区公证机构和公证员“结对子”帮扶和巡回办证活动，并采取了具体的帮扶措施。

总之，改革开放四十年来，青海省公证工作得到空前发展，行业管理和机构、公证员建设取得了满意的成绩，也在丰富实践中积累了一些有益经验。我们深切体会到，若要公证工作更好更快发展：

一是必须始终坚持党的正确理论为指导，才能正确把握公证工作的发展方向。在新时期、新阶段，党和国家的中心工作和发展方向为公证工作的发展提供了强有力的理论基础，也对公证工作提出了新的要求，在新的机遇、新的挑战中，只有立足于深入贯彻党的时代精神，才能正确把握公证工作的发展方向，也才能使公证工作获得更大的发展。

二是必须始终坚持社会主义法治理念，才能切实履行好职责使命。社会主义法治理念既是公证工作改革发展的根本保证，也是我们履行职责的指导思想。只有把社会主义法治理念自觉坚持，并认真贯彻于执业的各个环节，才能切实履行好“三维护”的职责使命，才能不断巩固党在公证行业中的绝对领导和政治核心地位，才能确保公证事业沿着正确的道路健康发展。

三是必须始终坚持围绕中心、服务大局，才能彰显公证的社会功能和价值。围绕中心、服务大局，是公证工作的根本价值所在。紧紧抓住关系全局、影响全局、推动全局的关键问题和重点领域,在服务大局中发展公证业务,在服务大局中检验公证工作,只有把握这条主线,公证工作才能获得更好更快的发展。

四是必须始终抓住队伍建设这一根本,才能提升公证工作的公信力。队伍建设是公证行业发展的永恒主题和不竭动力。只有提高政治业务素质,规范执业、诚信执业,切实提高公证质量,才能履行好法律赋予我们的职责。只有管好队伍,带好队伍,才使党和政府放心,人民满意。公证是维护社会诚信的重要力量。公信力是公证的基石。只有始终维护并不断增强公证公信力,公证工作才能发挥应有作用,才能取信于民,服务于民。

图书在版编目(CIP)数据

公证,四十不惑/北京市长安公证处编. -- 北京 :
法律出版社,2020
ISBN 978 - 7 - 5197 - 4959 - 0

Ⅰ. ①公… Ⅱ. ①北… Ⅲ. ①公证制度 - 中国 - 文集
Ⅳ. ①D926.6 - 53

中国版本图书馆 CIP 数据核字(2020)第 180137 号

公证,四十不惑
GONGZHENG,SISHI BUHUO

北京市长安公证处 编

策划编辑 郑 导
责任编辑 郑 导
装帧设计 乔智炜

出版 法律出版社
总发行 中国法律图书有限公司
经销 新华书店
印刷 天津嘉恒印务有限公司
责任校对 晁明慧 周合芝 王语童
责任印制 张建伟

编辑统筹 独立项目策划部
开本 710 毫米×1000 毫米 1/16
印张 18.25
字数 256 千
版本 2020 年 6 月第 1 版
印次 2020 年 6 月第 1 次印刷

法律出版社/北京市丰台区莲花池西里 7 号(100073)
网址/www.lawpress.com.cn
投稿邮箱/info@lawpress.com.cn
举报维权邮箱/jbwq@lawpress.com.cn
销售热线/400 - 660 - 8393
咨询电话/010 - 63939796

中国法律图书有限公司/北京市丰台区莲花池西里 7 号(100073)
全国各地中法图分、子公司销售电话:
统一销售客服/400 - 660 - 8393/6393
第一法律书店/010 - 83938432/8433
西安分公司/029 - 85330678
重庆分公司/023 - 67453036
上海分公司/021 - 62071639/1636
深圳分公司/0755 - 83072995

书号:ISBN 978 - 7 - 5197 - 4959 - 0
定价:68.00 元
(如有缺页或倒装,中国法律图书有限公司负责退换)